新版

ロジスティクス業界大研究

二宮　護［著］

はじめに

本書の旧版となる前著、『物流業界大研究』が世に出たのは2010年3月のことだ。幸い読者の皆さんの支持を得ることができ、今回、最新の情報を加え、前著の業界全般と各事業者に関するすべてのデータを改め、タイトルまで改めてお届けできることとなった。

旧版発刊から約10年、新版化の話が出てからもすでに数年が経ってしまったのだが、その間、業界では、以前なら考えられないような動きが数多く見られた。外航海運関連では、業界をリードするトップ3社がコンテナ船事業を統合した新会社を設立するサプライズがあった。あるいは、eコマース（ネット通販）市場の急成長に伴い宅配便の扱い高が急増したなか、大手トラック輸送事業者による残業代未払い問題が発覚するなどして、トラックドライバーの労働環境に厳しい目が注がれるようになり、数十年ぶりという配送料の値上げやドライバーの働き方改革などにつながっていった。

また、物流には輸送だけでなく保管、荷役、包装、流通加工、情報管理といった仕事があり、従来は個々の仕事を専担の事業者が請け負うことが多かった。だが、それぞれの仕事の間の垣根が低くなり、複数の仕事をこなしたり、物流全般の仕事を管理しつつそれぞれを担う事業者が増えているのも大きな変化だ。激しい競合の結果だろう。「物流からロジスティクスへの流れ」が、言葉だけでなく実態でも進んだということができ、本書のタイトル変更もそのことを反映している。

さらにはこの10年間で、大きな地震や津波、台風による暴風雨など、残念で痛ましい自然災害が頻発した。その際の活躍を受けて、普段は関心を持たれることの少ない物流が、縁の下の力持ちとして、わが国の企業活動はもちろん私たちの暮らしを支えるとても重要な仕事だという認識が進んだことも、強く感じるのである。

本書をご一読いただき、こうした変化の数々が伝われば幸いである。

最後になったが、資料を提供していただいた業界関係者の皆さん、書籍や論文等で示唆をいただいた業界研究の先達の皆さん、そして新版化を決め進行させてくださった産学社の薗部良徳さんと、編集の労をお取りいただいた蒼陽社の岡村知弘さんに、心から感謝を申し上げたい。

二宮　護

２０１９年12月

目次

Chapter 1 ロジスティクス業界の基礎知識

Chapter 2 ロジスティクス業界の歴史

Chapter 3 ロジスティクス業界の実力地図

Chapter 4 ロジスティクス業界の最新動向

Chapter 5

ロジスティクス業界の主要企業

Chapter 6

ロジスティクス企業の組織と仕事

カバーデザイン：内山絵美（有)釣巻デザイン室）
本文デザイン：野中賢（株)システムタンク）

Chapter 1

ロジスティクス業界の基礎知識

——その機能や市場規模など業界を知る第一歩

1

物流は企業活動や暮らしを支える存在

"縁の下の力持ち"として生産と消費を結ぶ、なくてはならないもの

荷物を運んだりそれに関わる仕事が物流

約43億個の荷物と聞いてその膨大さが想像できるだろうか？　これは、２０１８（平成30）年度にわが国で取り扱われた宅配便の個数。１つの荷物には送る側と受け取る側の双方が存在するので、年間で延べ86億人が宅配便の恩恵を受けたことを示す。別の言い方をするなら、生まれたての赤ん坊から超高齢者まで国民の１人ひとりが年に約70回、つまり週に１・３回以上も宅配便と接した勘定になる。

荷物には、あなたがネット通販で買い求めた商品や故郷から送られてきた特産品もあったはずだ。また、ゴルフ場に送ったキャディーバッグ、スキー場に送ったスキーやスノーボードなどもあっただろう。

本書で取り上げる「ロジスティクス業界」とは、このようにさまざまな荷物を運んだりそれに関わる仕事をしている事業者たちを指している。

ただし、宅配便がどんなにその取扱い量を増大させても、そうした「B to C」（BはBusiness＝企業、CはConsumer＝消費者）つまり企業と消費者の間で送受される荷物や、消費者同士でやり取りされる「C to C」の荷物というのは、物流業界が扱う荷物のうちのごくわずかな部分でしかない。物流の仕事で圧倒的に多数で多量を占めるのは、むしろ「B to B」つまり企業間の荷物のやり取りなのである。

たとえば、原材料を製造業の製造現場に運び込む。そうやって運び込まれた原材料でつくられた部品や製品を、加工業や卸売業、小売業などに納めるために運ぶ。これらはいずれも物流の仕事だ。農林水産

物を原産地から消費地へ運ぶのもそう。

そうした構造は、日本国内の取引に限ったことではない。わが国に不足している食料やエネルギー、工業材料などの多くは、輸入取引として外国から運び込まれているし、国内でつくった工業製品などは、輸出取引として外国に運んでいる。これら輸出入取引に伴ってモノを運ぶのも物流の仕事である。

あるいは、経済のグローバル化によって、日本企業が外国に工場を建設して製品を製造するケースは多い。その際、やはり原材料を工場に運んだり、製品を販売するために現地内を移動させたり、他の外国や日本に運んだりするのも物流の仕事なのである。

重要な仕事だが地味で目立ちにくい面がある

物流は生産と消費とを結ぶ架け橋である。物流業者を介して、想像もつかないほど多くの荷物が国内外で行き交っている。そのことが社会インフラとして企業活動を支え、ひいては私たちの暮らしそのものを支えているため、物流の果たす役割の重要性を否定する人はまずいないだろう。

だが、そんな私たちのライフラインを担う物流の仕事に対して、一般消費者の関心は低かった。日常生活に必要な品々などが小売店頭に並んでいても、生産者や製造者に思いは至っても、物流業者の存在まで想像する人は少なかったのだ。

それがようやく、物流が機能することで、必要な人に必要なモノが必要なときに必要なだけ供給されるのだと、一般消費者にも知られるようになってきた。宅配便が私たちの日常生活に入り込み、集荷や配送をする車を頻繁に目にしたり、コンビニの配送車を見る機会が飛躍的に増えたり、消費者物流の分野で物流の仕事が顕在化した影響が大きいのだろう。

それでもなお、社会が物流に支えられていることを多くの人が実感するのは、たとえば地震等でライフラインに支障が出るなど、非常事態であることが多い。物流活動というのは、本来とてもやりがいのある重要な仕事なのだが、残念なことにふだんは地味で目立ちにくく、問題なく行われているのが当然視される宿命にある仕事だといえるのだろう。

2

物流は流通機能の一部を担っている

商流とともに流通を構成し、距離と時間の隔たりを埋める

生産と消費の間には3つの隔たりがある

「物流は生産と消費とを結ぶ架け橋」だと述べた。この生産と消費を結ぶ機能は一般的に**「流通」**と呼ばれ、物流はその一部を担っているのである。

人類は完全自給自足の生活、つまり生きるために必要なモノをすべて自らつくり、それらを消費するだけで生活することを、実現できなかった。そこで物々交換の仕組みが起こり、それを進めて生産者と消費者とに分かれて経済活動を行い、必要なモノを充足させる社会をつくり上げてきたのだ。

生産者と消費者とに分業化するにあたっては、①所有権、②距離、③時間という3つの隔たりが生じるのは避けられないことだった。モノをつくる人と使う人、モノをつくる場所と使う場所、そしてモノをつくったときと使うときのタイミングのそれぞれに、ズレができるようになったのである。これらのズレを埋めて、生産と消費がスムースに行われるための役割を果たすようになったのが、流通の機能だ。

3つの隔たりのうち、①**「所有権の隔たり」**に対しては、たとえばあるモノがそれを必要とする消費者の手に渡るようにするために、生産者や製造者の間に流通業者（卸売業、小売業）が介在したり、国境を越えて貿易が行われるなどして、取引（価格を決め、売買をして所有権を移転すること）を繰り返す。これが、流通が所有権の隔たりを埋めるために果たす、**「商的流通」**（**商流**）という機能である。

また、②**「距離の隔たり」**については、生産地や製造地から消費地へモノを運ぶ「輸送」の機能でそ

れをカバーする。さらに③「**時間の隔たり**」に対しては、生産されたときから消費されるまでモノを「保管」する機能で、その隔たりを埋めるようにしている。この「輸送」と「保管」の機能を担うのが、「**物的流通**（physical distribution）」（**物流**）の活動だといえる。

活動段階ごとに物流は4つに分けられる

物流はまた、生産から消費までのどの段階の活動なのかによって、次の4つに分けることができる。

調達物流＝生産に先立ち、必要とする原材料や部品などを調達する活動。

生産物流＝生産現場において、調達した部品やつくり上げた製品を保管・管理する活動。

販売物流＝いわゆる流通段階である卸売業や小売業を通して、モノを消費者に送り届ける活動。

回収物流＝消費された後、包装を廃棄したり、再利用のために容器を回収したりする活動。

近年、金融取引の一部などで行き過ぎがあり、それが実体経済にまで大きな悪影響を及ぼしている。その点、物流は実体そのものであるモノの流れに関わっており、まさに実体経済の重要な担い手であるということができるだろう。

〈図表1〉物流は生産と消費の隔たりの一部を埋める

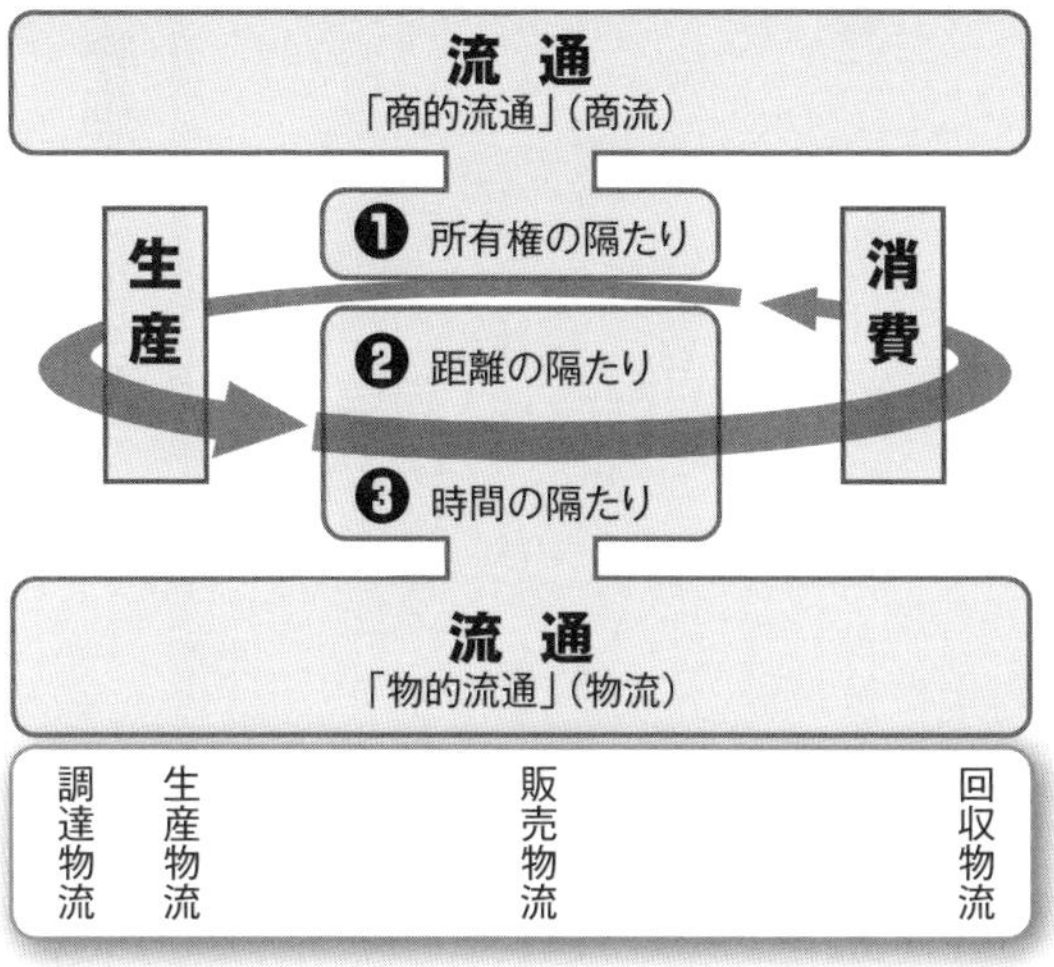

出所：著者作成

3

運ぶことだけが物流の仕事ではない

輸送、保管に加えて荷役、包装、流通加工、情報管理などを行う

輸送を中心に関連する6つの活動を行う

「物流の仕事ってどんなこと?」と聞かれたら、モノを運ぶ輸送活動を思い起こす人が多いだろう。では、重ねて「輸送と物流はどこが違うか?」と尋ねられたら、答えに窮する人が大半ではないだろうか。

たしかに、輸送活動は物流の中心ではある。だが、輸送活動の周辺には、保管、荷役《にやく》、包装、流通加工、情報管理といった、輸送に関連した活動が存在していて、これらも含めたものが物流の仕事となる。

こうした活動は、一般消費者にとって目にする機会も少なく、輸送活動以上にブラックボックスになっている面は否めない。そこで、輸送も含めてそれぞれの活動の内容を簡単に紹介しておこう。

「輸送」＝トラック、鉄道、船、飛行機といった輸送機関を使って、モノを移動させる活動。

厳密にいうと、地域間で長距離大量の移動を行うのが「輸送」で、近距離で小口の移動は「配送」、工場や物流センター内などの狭い範囲内での移動は「運搬」と分けて考えられている。

「保管」＝運んだモノをいったん留め置く活動。

これにより、①需要に応じたタイミングで供給するための需給調整、②大量輸送されてきたモノを、輸配送するために小分けしたり行き先別にまとめたりする輸送調整、③包装や流通加工などの活動を提供するための物流拠点という、3つの機能を果たす。

「荷役」＝モノを輸送したり保管したりする際に、輸送機関から積み降ろしたり、倉庫に出し入れしたりする活動。

「包装」＝輸送や保管をするにあたって、そのモノの価値や状態を保護したり、向上させたりするために、適切な容器に入れたり包んだりする活動。

「流通加工」＝生産者や流通の川上から送られてきたモノを、川下の業者や消費者に便利なように加工する活動。たとえば、メーカーから大きな箱に大量に詰めて送られてきた商品を、小売店頭で扱いやすい小さな化粧箱に詰め替えたり、値札をつけたり、キズがないか検査するなど。商品の一部を組み立てて、完成品にするようなことも含まれる。

「情報管理」＝こうした諸々の活動がより合理的に行われるために、運ぶべきモノがどこにどんな状態であるかといった情報を、コンピュータや通信回線を使って管理する活動。

企業物流コストの約6割は輸送活動による

物流の仕事のうちこれらの活動は、それぞれどの程度を占めているのだろうか。日本ロジスティクスシステム協会が毎年行っている調査では、年間の**物流コスト**（後述）の物流機能別構成比は、輸送費が56％、保管費が17％、その他（包装費、荷役費、物流管理費）の合計が27％となっている（**図表2**）。

この数字は、物流事業者の事業（活動）別の売上構成を示すいわゆるマクロ的なものではなく、アンケートに回答した荷主企業220社弱の年間の物流コストの内訳を示したミクロ的なものである。

<図表2>物流コストの物流機能別構成比（2017年度実績）

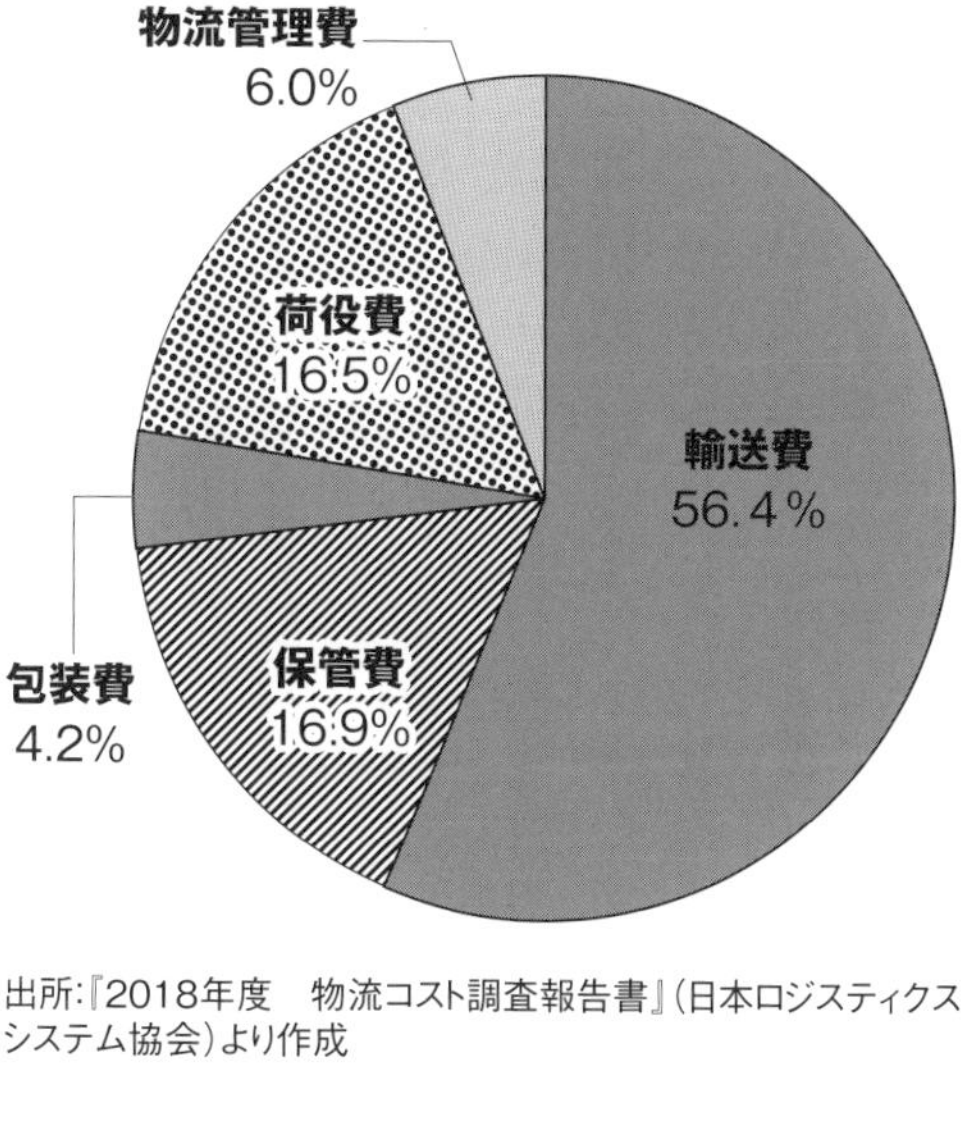

出所:『2018年度　物流コスト調査報告書』（日本ロジスティクスシステム協会）より作成

4 産業としてのロジスティクス業界とはどんなものか

「物流」から「ロジスティクス」や「SCM」に対応する事業者が増えている

物流の概念と仕事の間口が広がった

前項で紹介した物流を構成する6つの活動は、それぞれが単独で行われる場合もある。だが、その一部や全部が有機的に結びつき、連携して実行されることが増えている。そうした背景には、物流の概念の拡大と各活動の技術革新がある。

現在でも、物流の仕事の内容について曖昧な人や、物流は輸送のことだと誤解している人が多い理由には、わが国では1950年代までは物流という概念がなく、輸送は輸送、保管は保管、その他の活動もそれぞれ個別の仕事と考えられ、実行されていた点が大きい。

だが、そうしたやり方では手間も時間もコストも余分にかかるし、合理的ではない。そこで見直しが行われ、それらの活動を有機的に連携させるべく管理しようと物流の概念が芽生えた。

実務でも、以前はそれらの活動を各企業が営業活動の一部のように扱ったり、卸売業者などに代行してもらったりしていた。しかし、しっかりとコスト管理などを行うためにも、**物流子会社**をつくってそこに発注したり、物流業者にアウトソーシング（外注化）したりする企業が増えた。

物流業者側も荷主のニーズに応える形で、それぞれの活動を専門に請け負うだけでなく、たとえば、輸送会社が事業の中に保管活動を加えたり、倉庫会社が流通加工活動を加えるといった、仕事の垣根をまたぐような動きが見られるようになった。

そのうち物流は、企業が行う原材料の調達から販売までのモノの流れと、それにまつわる物流全般を管理する**「（ビジネス・）ロジスティクス」**が主流になっていく。

さらに物流は、ロジスティクスで1社の企業内物流を最適化するだけでなく、取引先である原材料や部品の提供業者から製造業者、倉庫業者、輸送業者、販売業者等々をすべて巻き込んで企業間物流の最適化を図る**「SCM（サプライチェーン・マネジメント）」**の考え方へと発展する。

それとともに、それらをトータルで請け負う**「3PL（サードパーティー・ロジスティクス）」**と呼ばれる事業者も現れ、勢力を伸ばすようになった。

物流はどんな事業者によって行われているか

現在の物流の事業にはどんなものがあり、ロジスティクス業界というのがどんな産業として認識されているのだろう。1つの手立てとして、まず『日本標準産業分類』の助けを借りることにする。

『日本標準産業分類』の中には、大分類**「H　運輸業、郵便業」**という項目がある。そのうちの旅客対象事業である中分類「43　道路旅客運送業」と、中分類「45　水運業」に含まれる各旅客海運業を除いた内訳が、次頁の**図表3**（アミ部分）である。

図表中の中分類を挙げると、「42　鉄道業」「44　道路貨物運送業」「45　水運業」「46　航空運輸業」「47　倉庫業」「48　運輸に附帯するサービス業」「49　郵便業（信書便事業を含む）」とある。鉄道業、航空運輸業については、モノを運ぶ貨物部門だけでなくヒトを運ぶ旅客部門が含まれている。

郵便業が含まれることに違和感があるかもしれない。だが、郵便法でいう親書は対象外ではあるものの、宅配便事業者がメール便を扱っていることや、日本郵政傘下の日本郵便が「ゆうパック」で宅配便に参入していることなどからすると、むしろ当然だといえる。

一方、物流関連の事業を管轄する**国土交通省（国交省）**では、運輸省時代からの運輸業という呼び方はあまり使わなくなり、現在では貨物輸送・物流業などのように、物流という言葉がすっかり市民権を

〈図表3〉産業としての物流とは

大分類・中分類	
A	農業、林業
B	漁業
C	鉱業、採石業、砂利採取業
D	建設業
E	製造業
F	電気・ガス・熱供給・水道業
G	情報通信業
H	運輸業、郵便業
42	鉄道業
44	道路貨物運送業
45	水運業
46	航空運輸業
47	倉庫業
48	運輸に附帯するサービス業
49	郵便業（信書便事業を含む）
I	卸売業、小売業
J	金融業、保険業
K	不動産業、物品賃貸業
L	学術研究、専門・技術サービス業
M	宿泊業、飲食サービス業
N	生活関連サービス業、娯楽業
O	教育、学習支援業
P	医療、福祉
Q	複合サービス事業
R	サービス業（他に分類されないもの）
S	公務（他に分類されるものを除く）
T	分類不能の産業

小分類・細分類		
441		一般貨物自動車運送業
	4411	一般貨物自動車運送業（特別積合せ貨物運送業を除く）
	4412	特別積合せ貨物運送業
442		特定貨物自動車運送業
443		貨物軽自動車運送業
444		集配利用運送業
449		その他の道路貨物運送業
451		外航海運業
	4512	外航貨物海運業
452		沿海海運業
	4522	沿海貨物海運業
453		内陸水運業
	4532	河川水運業
	4533	湖沼水運業
454		船舶貸渡業
	4541	船舶貸渡業（内航船舶貸渡業を除く）
	4542	内航船舶貸渡業
461		航空運送業
462		航空機使用業（航空運送業を除く）
471		倉庫業（冷蔵倉庫業を除く）
472		冷蔵倉庫業
481		港湾運送業
482		貨物運送取扱業（集配利用運送業を除く）
	4821	利用運送業（集配利用運送業を除く）
	4822	運送取次業
483		運送代理店
484		こん包業
	4841	こん包業（組立こん包業を除く）
	4842	組立こん包業
485		運輸施設提供業
	4851	鉄道施設提供業
	4852	道路運送固定施設業
	4853	自動車ターミナル業
	4854	貨物荷扱固定施設業
	4855	桟橋泊きょ業
	4856	飛行場業
489		その他の運輸に附帯するサービス業
	4891	海運仲立業
	4899	他に分類されない運輸に附帯するサービス業
491		郵便業（信書便事業を含む）
	4911	郵便業（信書便事業を含む）

出所：『日本標準産業分類』（総務省。2014 年 4 月 1 日施行）より作成
※　大分類「H　運輸業、郵便業」の内訳から旅客関連の事業を除くなど、手を加えている

得ている。同省で扱う統計類などでは、次のようなものを物流関連の事業として挙げている。

まず、輸送関連は陸海空の輸送機関によって、**自動車（トラック）輸送業**、**鉄道輸送業**、**船舶輸送（外航海運、内航海運）業**、**航空機輸送業**に分類。

これら自社の保有する輸送手段を使って輸送サービスを提供する事業者を**「キャリヤー」**、他社の持つ輸送手段を活用して運送事業を行う事業者を**「利用運送業」（フォワーダー）**と呼ぶ。

さらに、保管、荷役などの活動をする**倉庫業**や、**港湾運送業**、**トラックターミナル業**などを加えたものが、物流産業の全体像になる。

図表4は、そうした物流産業の概要を国交省の各種統計から示したものだ。**「内航利用運送事業者」**と**「自動車利用運送事業者」**が含まれていないこと、実態が報告書提出事業者に限られている事業が多いこと、調査方法や調査期間の異なる事業もあることなどから、一覧するには整合性を欠く面もあるが、物流産業のアウトラインを捉える助けにはなるだろう。

〈図表4〉数字が示す物流産業の概要（2015年度）

区分	営業収入	事業者	従業員	中小企業の割合
トラック運送業	14兆5,449億円	6万2,176	188万人	99.9%
JR貨物	1,363億円	1	6,000人	―
内航海運業	8,370億円	3,510	6万8,000人	99.6%
外航海運業	4兆7,561億円	194	7,000人	53.3%
港湾運送業	1兆736億円	868	5万1,000人	88.5%
航空貨物運送事業	3,028億円	21	3万5,000人	23.8%
鉄道利用運送事業	2,970億円	1,090	7,000人	87.2%
外航利用運送事業	4,625億円	911	5,000人	78.8%
航空利用運送事業	4,975億円	195	1万3,000人	66.0%
倉庫業	1兆6,587億円	6,037	8万9,000人	91.7%
トラックターミナル業	283億円	16	600人	93.8%
合計	24兆5,947億円	7万5,019	216万1,600人	―

出所：『物流を取り巻く現状について』（国土交通省物流政策課）
※1　データは平成27年度分のものだが、一部に例外、推計値が含まれる
※2　一部の業種、項目については、報告提出事業者のみの合計数値
※3　この他の物流事業者として「内航利用運送事業者」と「自動車利用運送事業者」が存在する

基礎知識　歴史　実力地図　最新動向　主要企業　組織と仕事

5 物流産業の経営規模はどのくらいか

事業者数、従業員数、売上高など決して小さくはない産業である

〝運輸〟産業の売上高は40兆円弱だが

前項では国交省の資料から、2015（平成27）年度の物流産業の事業収入、事業者、従業員等の概数を示した。この同じ資料から、**運輸産業**という括りで物流と旅客運送とに分け、それぞれの営業収入と労働就業者数を明らかにしたのが**図表5**である。

これによると、物流産業の営業収入は、図表4と同じ統計を基にしているので約25兆円。労働就業者は、総務省の調査を基にしているので、約254万人と国交省の調査に比べるとやや多くなっている。

一方、民間の調査機関である矢野経済研究所がまとめた市場調査結果、『物流市場の現状と将来展望2017年版』では、15年度の物流産業の市場規模（運賃および保管料、荷役料、関連サービス料等を含む事業者売上高ベース）を20兆4110億円と推計している。これは、先の国交省の統計をまとめた約25兆円とも、あまり大きな差はない。

ここでの調査対象は次の17業種。海運／システム物流／宅配便（国内）／特別積合せ運送／普通倉庫／フォワーディング／一般港湾運送／その他（冷蔵倉庫、引越、航空貨物輸送、鉄道利用運送、軽貨物輸送、国際宅配便、鉄道貨物輸送、トランクルームおよび周辺事業、バイク便輸送、納品代行）。

このうち、**「システム物流」**は、前項でも触れた3PL事業や共同配送など、特定荷主の物流業務を一括で行う総合的な物流サービス事業を指す。また、**「特別積合せ運送」**は、トラック輸送のうち、貸切便と異なり、不特定多数の荷主の荷物を預かって定

〈図表５〉物流産業の経営規模

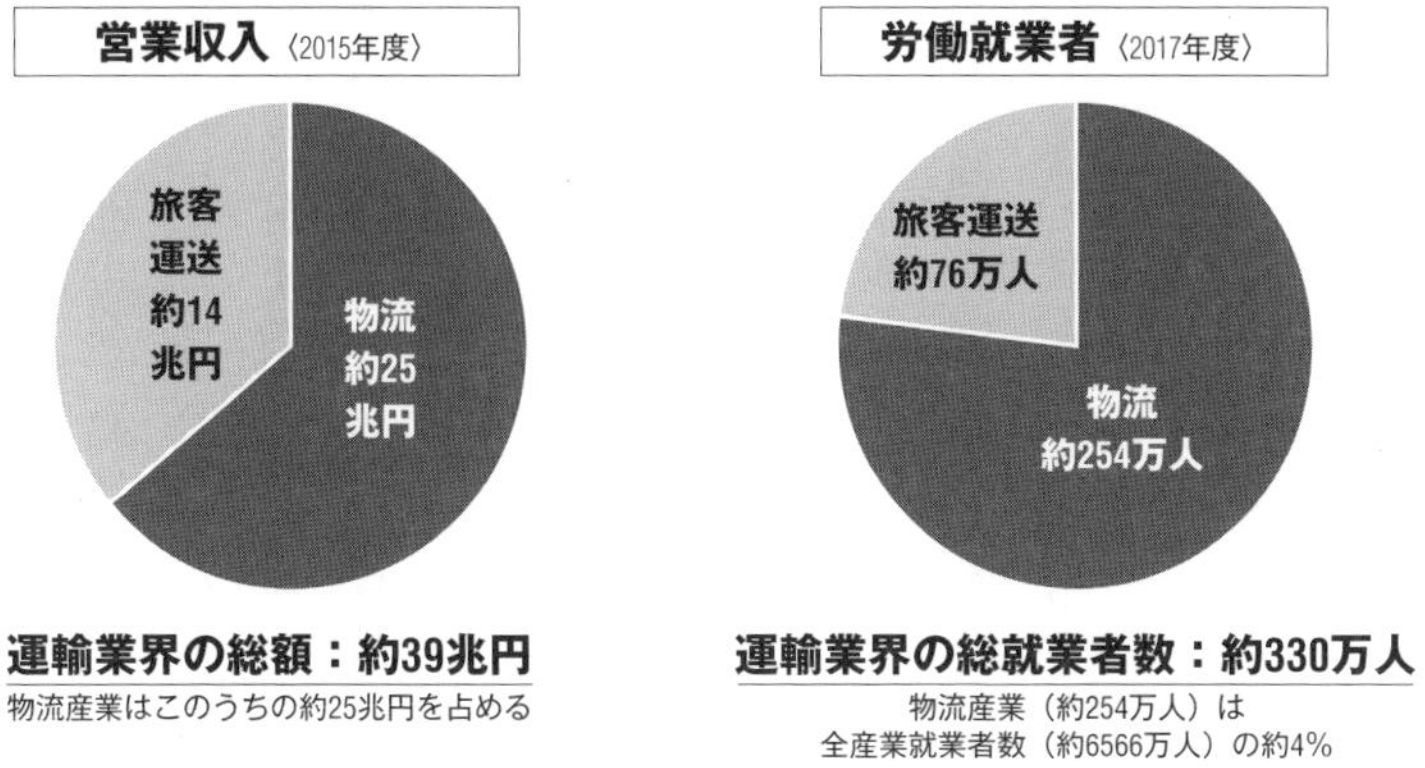

出所:『物流を取り巻く現状について』(国土交通省物流政策課)
※1　営業収入は、2015年度事業実績報告書(一部は2014年度事業実績報告書)等から国土交通省物流政策課が作成
※2　労働就業者数は、総務省『労働力調査』2017年(水運業は「物流」に算入)から国土交通省物流政策課が作成
※3　旅客運送の営業収入については、一部中小事業者を除く

時輸送する事業のこと。

「**フォワーディング**」は、やはり前述した、他社の持つ輸送機関を活用して運送事業を行う利用運送事業のこと。「鉄道利用運送」が別に挙がっているので、それを除いた航空利用運送、海運利用運送などの事業ということとなるだろう。

「その他」の中に「納品代工」を独立させて考えている点や、「宅配便」「軽貨物輸送」「バイク便輸送」「トランクルームおよび周辺事業」「引越」など、や**消費者物流**寄りの比較的新しい物流事業を取り上げていることなど、ユニークな点が見える。

他産業と比較してみると

さらに、財務省のシンクタンクである財務総合政策研究所の調査をまとめた『法人企業統計年報　平成27年度』に目を転じてみよう。

この調査における各産業の分け方は、総務省の『日本標準産業分類』によるもの。したがって物流については、前項で示したように大分類「H　運輸業、郵便業」が対応する。産業分類で運輸業の中に中分類として郵便業が含まれたのは、07年11月の改定からである。本調査では、09年度年次別調査から日本郵政、郵便事業、郵便局を含んだ数字になり、その後、12年10月付で合併した郵便事業会社と郵便局会社分を、日本郵便として扱うようになっている。

図表6のように、運輸業、郵便業は事業者7万9200社、売上高で69兆7700億円、従業員354万人の規模。内訳を見ると、事業者数で運輸業、郵便業の8割弱、従業員数で同7割強を占める陸運業が売上の6割弱を上げる。事業者数で5％超、従業員数では2％にも満たない水運業が売上のほぼ1割。残りの3割強の売上が、事業者数で2割弱、従業者数で3割弱のその他の運輸業によっている。

表中最下段、国交省の資料を基にした物流産業の概数（参考値）はそれぞれ、7万5000者、24兆6000億円、216万人。事業者数こそほぼ変わらないが、従業員数と売上高では『法人企業統計年報』の数字（運輸業、郵便業分）とに差が出ている。これは、物流産業の概算値には網羅性が不足していることと、『日本標準産業分類』の「運輸業、郵便業」には、営業収入に貨物運輸事業分だけでなく旅客運輸事業分が含まれていることが影響している。

つまり、鉄道にしても航空にしても、海運（船舶）や陸運（自動車）にしても、多くの事業者はいずれも旅客部門を抱えており、そこに属する従業員の人数分、そしてその部門から計上される売上分が上乗せされているというわけである。

加えて、鉄道事業者などのように、輸送事業のみならず流通や不動産、レジャーその他といった関連事業のウエートを高めて事業展開している事業者が少なくない。そうしたところでは、運輸業者でありながら物流事業以外の従業員を多く抱え、物流事業以外の売上を多く上げており、それらの存在がこうした数字の差になって現れている。特に売上高の差が極端に大きいのは、このためだといえる。

物流産業の事業者数は8万弱。裾野の広い建設業や、消費者の近くに多数出店して競合も激しい小売業、そうした流通を支える卸売業に比べると6分の1から8分の1程度の規模。だが、トラック輸送事業者には零細事業者が多いなどということもあって、さまざまな製造業を凌駕している。

また従業員数については、統計によって差はあるものの250万人程度である。物流には労働集約的な側面が残っており、時に〝人海戦術〟的に人員が投入されたりするために各製造業などよりは多くなっているが、やはり同様な部分を持つ建設業や卸売業、小売業よりは少なくなっている。

〈図表6〉各産業の経営規模と物流産業

産業	事業者数（社）	売上高（億円）	従業員数（人）
全産業合計	276万5968	1431兆5341	4052万9931
製造業小計	35万6217	397兆8421	929万4345
食料品	4万6167	44兆8239	147万119
化学	1万853	42兆4500	64万9299
石油・石炭	815	13兆7329	3万2710
鉄鋼	6358	16兆5187	23万8448
金属製品	4万4620	19兆756	69万936
はん用機械	9880	6兆7130	20万5512
生産用機械	3万28	22兆5757	67万5873
業務用機械	9140	15兆5409	36万1451
電気機械	1万3951	28兆6078	67万750
情報通信機械	1万4955	34兆4874	73万3660
輸送用機械	1万5213	70兆9125	114万6158
非製造業小計	240万9751	1033兆6920	3123万5586
建設業	45万9728	122兆7135	326万8116
卸売業、小売業	63万3422	526兆3809	934万9549
不動産業	33万2412	39兆3835	85万2362
物品賃貸業	75万8422	15兆7019	22万8827
情報通信業	11万1682	66兆4510	193万9978
運輸業、郵便業計	**7万9236**	**69兆7736**	**353万7365**
陸運業	**6万2655**	**40兆6678**	**252万5101**
水運業	**4160**	**7兆7189**	**6万6345**
その他の運輸業	**1万2421**	**21兆3868**	**94万5919**
電気業	3508	20兆5180	14万556
サービス業	75万8422	9兆2870	1161万719
【参考】　物流業	**7万5019**	**24兆5947**	**216万1600**

出所:『法人企業統計年報　平成27年度』（財務総合政策研究所）より作成

※1　2015年度（2015年4月～2016年3月）に迎えた決算の数字を集計したもの

※2　「全産業合計」および「非製造業小計」に金融業、保険業は含まれていない

※3　製造業と非製造業の内訳は、全産業を網羅しておらず抜粋したもの。それぞれの「小計」や「全産業合計」の数値には、ここに掲げた以外の産業分も含まれる

※4　最下段の「物流業」の数値は、前項で示した国土交通省の統計による参考数字

6

物流コストから見る物流の市場規模

専業者だけでなく荷主自身の行う物流も含めたコストを知る

モノの値段に含まれる物流コスト

さまざまな商品や製品といったモノの値段には、いろいろな決め方がある。最も一般的には、「原材料費」をベースにして、そのモノがつくられ販売されるまでに携わった人々の手間に見合うような「製造・販売コスト」や「物流コスト」、それに製造業者や流通業者の儲けとなる「マージン」分を加えて決められる。タバコや酒類などのように、これらに「税金」分が加わる場合もある。

物流コストというのは、商品や製品を輸送したり保管したりするのにかかった費用のこと。物流の機能は、生産と消費の間にある隔たりを埋めることだが、そのための人手や手間を費用化して回収するために、コストとして加えているわけだ。

本書ではここまでのところ、わが国の物流産業の市場規模を物流業者の売上高（営業収入）から見てきた。ここではそれに加えて、この物流コストという観点から、物流産業のみならず物流事業全体の市場規模にも触れておくことにしよう。

物流事業は物流の専門事業者にアウトソーシングされるばかりでなく、荷主自身で倉庫やトラックを保有して「**自社物流**」で行われるケースも少なくない。一般的な消費財など、輸配送や保管等を行うのに極端な専門性を必要としない商品では、かなり日常的に自社物流が行われている。

たとえば、わが国の緑ナンバーの**営業用トラック**と白ナンバーの**自家用トラック**を比べると、車両数では営業用が1に対して自家用が4・4倍と圧倒している。ところが、輸送量（重量＝トン）を比較すると、営業用が自家用の2・2倍を、重量に輸送距離を掛けたトンキロでは、営業用が自家用の6・1倍を運び、自家用よりも車両数の少ない営業用がメーンとなっているのだ（いずれも2016年度。国交省『自動車輸送統計年報』より）。

自社物流コストも含めた物流市場は49兆円

もちろん、自家用トラックは事業として物流行為を行っているわけではないので、運賃を受け取って他社の荷物を運ぶようなことはしない。だが、こうしたトラックの購入や維持管理にかかる費用、保険料、減価償却費、ガソリン代、運転や荷役等に要する人件費などは、物流コストとして荷主自身が把握しておくべきものである。

だが、自社物流に関するコストを正確に把握することは、実はそれほど容易ではない。物流事業をアウトソーシングした場合なら、物流業者に支払った分が損益計算書に「支払い物流費」だとか「支払い保管料」といった勘定科目で計上されるのでわかりやすい。しかし自社物流に関しては、そのための勘定科目を用意している事業者はほとんど見当たらず、先のような細かな費用はさまざまな勘定科目に紛れ込んでいるのが実状だからだ。それらから自社物流に関する部分を案分計算して取り出し、合計するなど複雑な処理が必要なのだが、各事業者によって計算の範囲や計算の仕方が異なっていることも多い。

そこで、中小企業庁などが物流コストを算定する基準やマニュアルなどを発表。1992（平成4）年8月には、旧・通商産業省（現・経済産業省）から『**物流コスト算定活用マニュアル**』も発表された。日本ロジスティクスシステム協会では、このマニュアルに準拠して93年度から毎年、実態調査を行い、『物流コスト調査報告書』にまとめている。

同調査によると、2016年度のわが国の経済全体に占める物流コスト（**マクロ物流コスト**）の総額は48・8兆円で、GDP（国内総生産）に対する割合は9・1％である。49兆円の物流コストのうち33・8兆円（69・3％）が輸送コスト、13・4兆円

基礎知識
歴史
実力地図
最新動向
主要企業
組織と仕事

（27・5％）が保管コスト、1・5兆円（3・1％）が管理コストとなっている。

国交省の各種統計による物流の市場規模24兆6000億円は、荷主がアウトソーシングして物流業者に支払った金額と考えられるから、48兆8000億円から24兆6000億円を引いた残りの24兆円余が、荷主の自社物流コストだということになる。

ちなみに、同調査によると、アメリカの16年度のマクロ物流コストは1兆4078億ドルで、同じくGDPに対する割合は9・1％。1兆4078億ドルの物流コストのうち9020億ドル（64・1％）が輸送コスト、4090億ドル（29・1％）が保管コスト、960億ドル（6・8％）が管理コストとしている。

売上高に占める物流コスト比率の平均は約5％

この調査では、アンケートに答えた217社を業種ごとに分類。売上高に占める物流コストの割合と、その物流コスト比率の内訳を「自家物流費」「支払物流費（対子会社支払分）」「支払物流費（対専業者支払分他）」に分けて示している（図表7）。

本項目については、220社弱のサンプル総数を業種でさらに細分化した結果なので、厳密に実態を反映しているとは言い難いが、17年度の売上高に占める物流コストの割合は、全業種で4・95％、そのうち製造業が4・90％、卸売業が5・55％、小売業が4・50％という結果となっている。

各業種で最も物流コスト比率が高いのは、製造業では「出版・印刷」（10・21％）、卸売業では「卸売業（食品飲料系）」（7・43％）、小売業では「その他小売業」（6・56％）。他に製造業では「紙・パルプ」「窯業・土石・ガラス・セメント」「プラスチック・ゴム」「石鹸・洗剤・塗料」「食品（要冷）」「鉄鋼」「食品（常温）」「化粧品」「一般機器」が、卸売業では「日用雑貨系」、小売業では「生協」などが、それぞれの業種平均より高い比率だ。一方、物流コスト比率のあまり高くないのは、製造業の「電気機器」（2・41％）、「卸売業（機器系）」（1・88％）、「電力・ガス」（2・76％）などである。

〈図表7〉主な業種の売上高に占める物流コストの割合

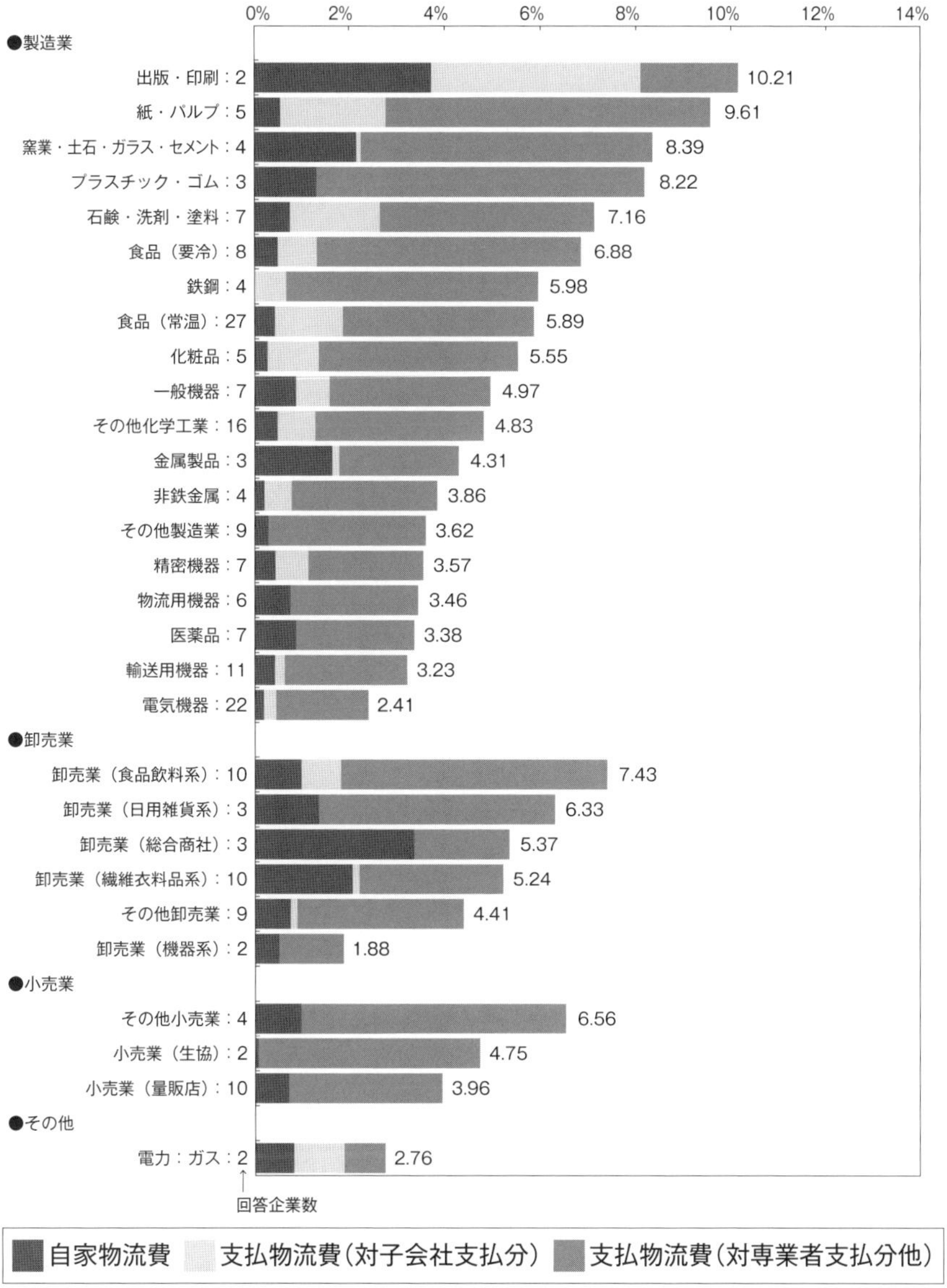

出所：『2018年度　物流コスト調査報告書』（日本ロジスティクスシステム協会）

Chapter 2

ロジスティクス業界の歴史

――「モノを運ぶ仕事」からロジスティクス、SCMへの流れ

1

事業としての物流の誕生

すでに旧石器時代からあった「輸送」行為。わが国で事業として始まったのは平安時代から

モノを運ぶ行為は人類の誕生とともに始まった

従来の輸送や保管といった個別の機能を統合して、物流の概念がわが国で明確に意識されるようになったのは1960年代のこと。そうなると、物流の歴史はここ半世紀に集約されてしまう。だが、人類は自分たちの生存を賭けて物々交換や経済活動を行い、必要なモノを充足させる社会をつくり上げてきた。つまり、物流の概念が誕生したのが現代になってからだとしても、実質的な物流活動は人類の誕生とともに営々として続けられてきたといえる。

特に「モノを運ぶ」行為は、すでに旧石器時代の人々にも見られるものだった。彼らは狩猟や採集を行いながら一定地域を移動していたとされるが、狩猟具や生活具に使用する石器の材料として、産地が限られる良質な黒曜石を使っていたことがわかっている。たとえば南関東地方には、現在の伊豆や箱根、長野県下の八ヶ岳や霧ヶ峰、さらには海を渡った神津島などからも黒曜石が運ばれていたようで、当時から陸上および海上の輸送が行われていたと推定される（**図表1**）。

わが国ではやがて稲作が始まり、定住して集落をつくるようになると、狩猟具や生活具の材料に限らず道具そのものや食料など多くのものが交換されるようになり、それに伴って**輸送行為**が頻繁かつ広範に行われるようになった。また、食料などでは倉庫をつくって一時的に蓄えておく**保管行為**も日常的になった。さらに、手工業も発達して工業技術者の集団も生まれると、朝鮮半島を通じて中国大陸から鉄

〈図表１〉旧石器時代の物流

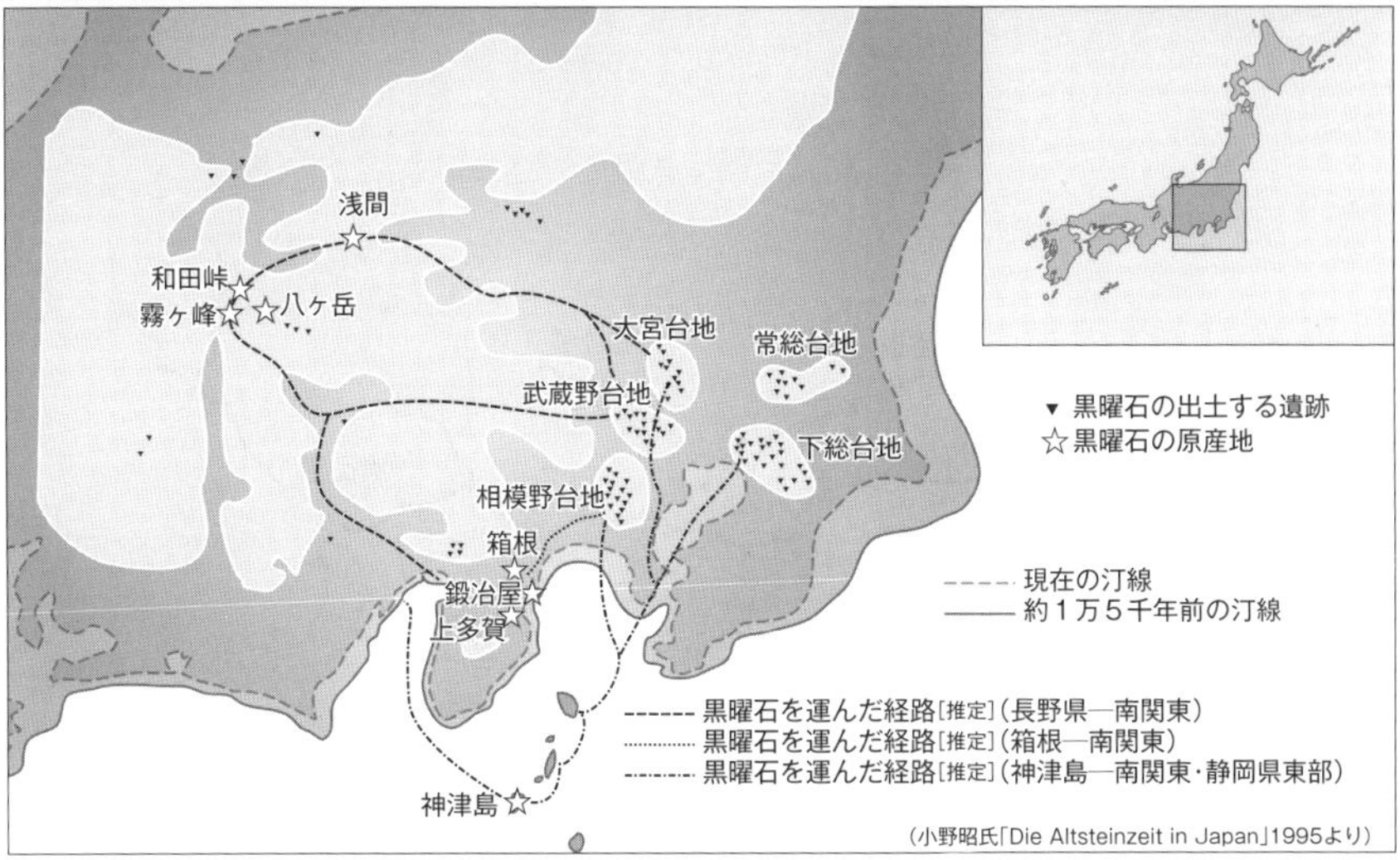

出所:『物流がわかる本』（利用運送振興会）

器や青銅器などが入ってくるとともに、その製造技術や技術者自身も日本に渡ってくるなど、よりグローバルな動きも見られるようになったのである。

わが国の物流（輸送）事業者の先駆けは

こうして人口が増加してくると集団の規模も大きくなり、その中で支配者と被支配者層が分かれ、個人が自分の生活のためだけでなく集団や支配者のために輸送行為を担う機会も増えていく。ただし、仕事として専門的にそうしたことを行う人が出てくるのはさらに時代が下ってからだ。

奈良時代に入り、律令国家として統一が進むと、さらに支配を強固なものにしようと交通制度と交通路の整備が進められた。具体的には幹線道路網が敷かれ（次頁**図表2**）、そこには約16キロごとに駅を設置して駅馬を置き、各郡にも伝馬を配備して、緊急時の通信手段とした。これが、現在の陸上競技の駅伝のヒントになった「駅伝制」である。

また国家を維持するために、整備された交通路を

〈図表2〉律令国家の幹線道路網

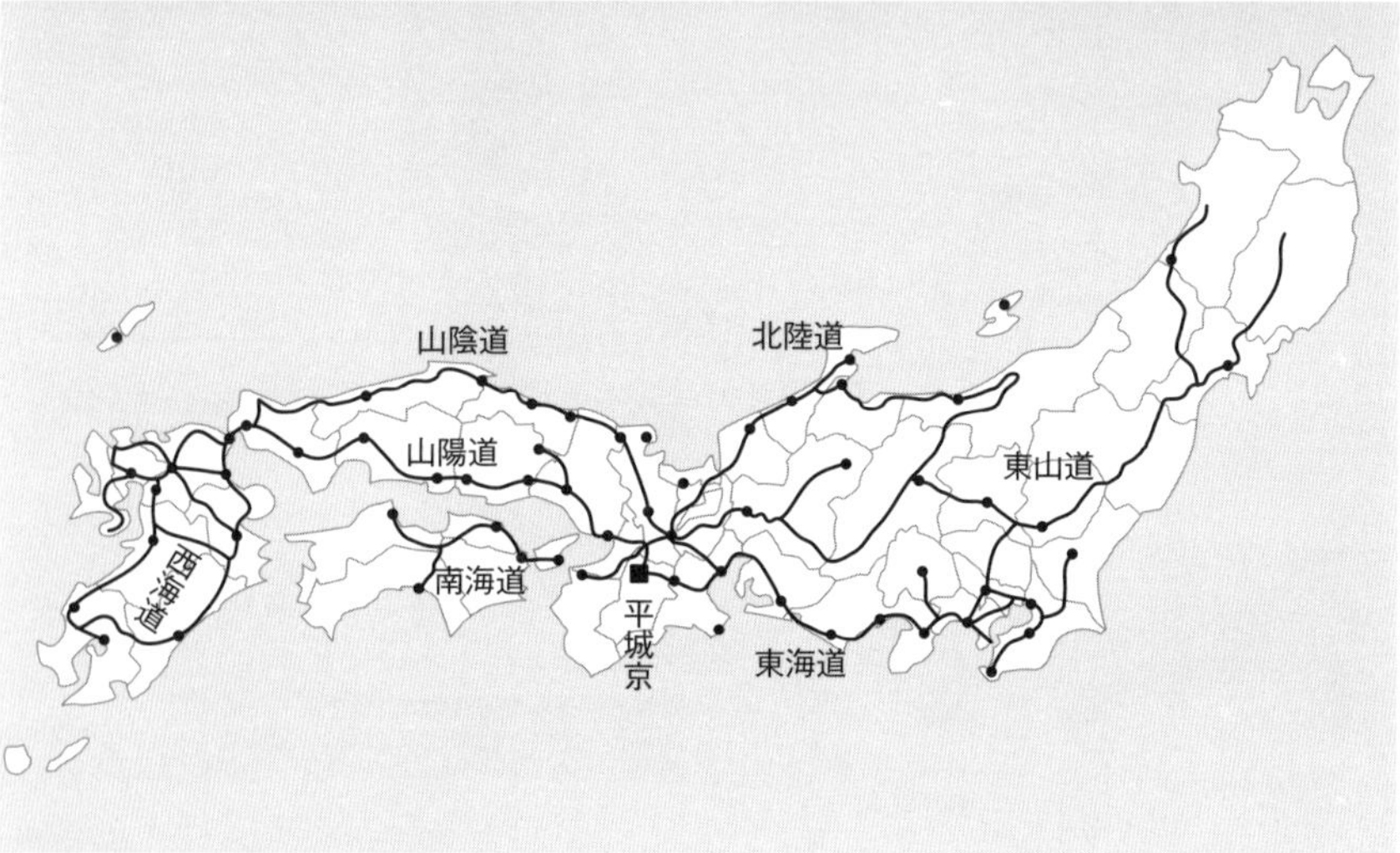

出所:『物流がわかる本』(利用運送振興会)

使って全国各地から税を集めた。地方の農民や漁民などをはじめとした税を納める者に、それぞれ農産物や水産物などを背負って都にやって来させたのである。税となる荷物には税を納めた人の名前、税の種類、品目、数量、年月日などが書かれた荷札（**荷札木簡**）が付けられていたという。

　だが、税として納めるものの種類も増え、重量物や大きな荷物も運ばなければならなくなると、人力だけでは限界がある。そこで、次第に荷物を馬に載せたり牛に引かせた車に載せたりする者も現れた。また、川や湖では船を使った輸送行為も多く見られるようになった。

　こうして平安時代を迎えた頃には、都である平安京（現在の京都市付近）に近い交通の要衝とされる辺りに、車を所有して輸送を請け負う専門の事業者が出現した。彼らは「**賃車《ちんしゃ》の徒《と》**」とか「**傭賃《ようちん》の輩《やから》**」と呼ばれたという。一方、ほぼ時を同じくして、馬を使って荷物を運ぶ「**僦馬《しゅうば》の党《とう》**」という集団が東国に現れている。これらにわが国の物流（輸送）事業者の先駆けの姿を見ることができるだろう。

2 流通活動の広まりと各地の物流の道

中世には物流活動のウエートが大きくなり、歴史を転換させるできごとも

流通活動の拡大が物流活動の拡大を生んだ

平安時代に誕生したとされるわが国の物流事業だが、以後その数と種類を増やし活動の場を拡げていく。飛躍的に収穫量が増えた農水産物などは、税として中央国家に納める以外に地方に保管される分も多くなり、それが各地に運ばれて「**市**」で売買されるようになったことなどがその背景にある。

新たに出現した商人などの手を経て、農水産物以外にも肉類や乳製品、塩や調味料、酒、燃料、糸や布や綿、染料、鉄や鉄製品、鉱物などが商品として各地に流通するようになった。生産と消費を結ぶ機能が流通であり、その中でモノの移動や保管などを受け持つのが物流であるから、流通活動の拡大は必然的に物流活動の拡大を生んだのである。

11世紀の中頃には、「**馬借**《ばしゃく》」や「**車借**《しゃしゃく》」と呼ばれる輸送事業者の活動が歴史の資料に示されている。また、12世紀に入ると各地で**廻船**が活動を始め、水運の発達につれて主要な港には商品の輸送・保管・販売を行う「**問丸**《といまる》」や、そうした事業者の集まりとして「**座**」も誕生していたとされる。

中世を通じて貨幣経済と物流も含めた流通活動の発展には目覚ましいものがあったが、反面で商人の特権組織である「**市座**」の存在や、関所を設けて通行時に徴収する「**関銭**」などがそれらを阻害していた。戦国大名の多くは、領国内で誰でも商売のできる「**楽市・楽座**」や関所の撤廃を進めたが、これらの施策を全国的に展開したのが織田信長である。そして京都や大坂（当時の表記）などの大消費地では、

従来の露天の市に加えて屋内に「見世棚《みせだな》」を構える商人が現れ、そうした常設の店舗での販売が定着していくのもこの頃である。

また、12世紀後半からは平氏政権による中国（当時の宋）との貿易が始まり、15世紀の室町幕府による明との勘合貿易に発展。幕府が衰退してから後は、戦国大名がそれぞれ南蛮貿易として海外との貿易を始めるが、16世紀半ばには種子島への鉄砲の伝来という歴史的なできごとにもつながった。

物流の道は文化交流の道でもあった

富山県の糸魚川から長野の松本城までの約120キロを結ぶ千国街道は、別名「**塩の道**」とも呼ばれる。海のない信州に日本海の海産物や塩を運んだ輸送路としての呼び名だが、古代には前項で触れた黒曜石が運ばれた「黒曜石の道」でもあり、その後も近世まで多くの物資が行き来する物流の道だった。

日本各地には塩の道をはじめ絹の道、鯖の道といった頭に産品名をつけた俗称で呼ばれる旧街道が数多く存在する。これらのほとんどは重要な輸送路であるにとどまらず、戦国武将の挙兵時に使われた道であるとか、信仰が伝播していった道であるとか、さまざまな顔を持っていたといえる。

モノが動くということは経済活動そのものであるが、それに伴って新しい技術や広い意味での文化も伝わっていく。モノとともに人が動いて交易が行われれば、そこにさまざまな情報も付随して動くという側面もある。その経路がこうした物流の道であり、各地を歩く商人や物流事業者は当時の最新の情報通として流行の伝達者でもあった。

これは世界規模でも同様で、紀元前に始まった東西交流・交易は、次の3つの物流の道を中心に行われている。当時の三大文化圏・経済圏である西方（現在のヨーロッパの一部）、西域（現在の西南アジアの一部）、中国（の一部）の間では、ユーラシア大陸の北方を通る「**草原の道**」、中央アジアの砂漠のオアシスを結ぶ「**オアシスの道**」、南方の海上を巡る「**海の道**」でつながれていたのである。

このうちのオアシスの道は、主として中国特産の絹を西方に運んだいわゆる**「絹の道」（シルクロード）**であり、東西貿易と文化交流の大動脈だったことはよく知られている。シルクロードに代わって東西交流の主役となった海の道は、西方から香料を中国からは陶磁器を中心に運んで繁栄した、「香料の道」であり「陶磁器の道」でもあった。それら以外にも家畜や毛皮、毛織物、絹織物、紙製品や金銀銅器、漆器、ガラス器、宝石、茶など、多くのモノが運ばれたし、情報や文化の交流も行われて相互に影響を与え合ったことはいうまでもない。

やがてヨーロッパ世界の拡大とともに植民地政策が採られるようになり、いわゆる「大航海時代」が始まる。以後、ヨーロッパ（西欧中心）とアジア（中国・インド・東南アジアが中心）の東西交易に、ヨーロッパとアフリカ（西岸中心）、アメリカ大陸（中南米中心）の**三角貿易**が加わった。

その中では、インド産の胡椒がヨーロッパで大いに珍重され、海上の**「胡椒の道」**が賑わった。肉食文化のヨーロッパでは、冷蔵庫のない時代に防腐、消臭、調味の役割を果す胡椒はまさに魔法の香辛料。それが気候的に栽培できないために、大変な貴重品だったからである。また、アフリカからアメリカ大陸に大量の奴隷が渡り、その奴隷の手によるアメリカ大陸原産のジャガイモ、トウモロコシ、トマト、カボチャ、タバコ、落花生、唐辛子などが世界各地に伝わっていった。いまやトマトはイタリア料理に欠かせない素材。ジャガイモはヨーロッパの飢饉を防ぎ、ドイツなどでは現在も主食である。

こんなふうに「モノを運ぶ」ことを軸に歴史を見直しただけで、これまで意識していなかった新しい発見がたくさんある。もっと単純に、古代エジプトのピラミッド群には260万個もの石が使われているそうだが、当時それだけ大量の巨大で重い石材をどうやって運んだか、あなたは興味が湧いてこないだろうか。日本の城郭の石垣などもそうだろう。

モノが動けば何らかの変化につながり、その結果、歴史も動くことになる。そういう意味で、大航海時代の一環としてヨーロッパから伝わった鉄砲が、最終的には日本を統一に向かわせ、歴史を大きく変えていくのは象徴的なできごとだといえる。

3 幕府管理下の江戸時代の物流活動

幕府の強い管理下に置かれた陸運に代わって、水運が大いに利用される

公用荷物が中心の伝馬制度が採用される

群雄割拠による戦国時代も終わりを告げ、徳川家康の全国統一によってわが国の近世が幕を開けると、家康は江戸を中心とした交通網の整備を行った。その手本としたのは、古代律令国家が導入し11世紀には崩壊していた駅伝制だ。東海道をはじめとした五街道を整え、それぞれに宿場を配して宿場ごとに1日当り一定の数の人馬を用意させ、荷物などをリレー形式でつないでいく「**伝馬制**」が採用された。

宿場は現在のトラックターミナルのように物流の結節点となり、荷物を積み替えて次の宿場に送るとともに、通行者に宿を提供した。人馬を交替する場所は「**問屋場**《といやば》」、そこに控える役人は「**問屋**」と称され、宿場の長である問屋は住民の中の旧家の者が代々その役目を果たすことが多かった。各宿場が1日に用意しておく人馬は宿場に対する一種の税のようなもので、東海道では100人・100頭、中山道で50人・50頭、甲州・日光・奥州道で25人・25頭と大きな負担を強いられた。

一方、人足や馬の運賃については、運ぶ荷物の重量などによって標準的な相場が決められていた。御朱印や御証文という将軍や幕府の証明書があれば無料だが、幕府の役人や大名・武士・寺社などは幕府の取り決めた低料金の「**御定賃銭**《おさだめちんせん》」が適用された。当時の庶民が荷物だけを送るようなことは少なく、旅行者として荷物を運ぶのが一般的だったが、その場合は人足や馬方と直接交渉する「**相対賃銭**《あいたいちんせん》」の方法が採られ、御定賃銭の倍額ほどを払わされた。

伝馬制は通信制度としても活用され、幕府の公用文書は「**継飛脚**《つぎひきゃく》」によって宿場をリレーし、江戸・大坂間は4日程度で届いたという。さらには商業の中心地として繁栄しつつあった大坂で、17世紀の半ば頃に「**定飛脚**《じょうひきゃく》」と呼ばれる民間の飛脚が誕生。上方商人の江戸への進出に伴って書状、為替、金銭、荷物などを運ぶようになり、それらの元締めとして飛脚問屋も繁栄した。これらが、明治時代以後の郵便事業やいわゆる「**通運事業**」の原型となっていく。

伝馬制度は公用荷物の輸送が前提なため、民間の物資は後回しで宿場に留め置かれることも多かった。しかも運賃は割高で、宿場ごとに手数料がかかる半官半民に近い制度。さらには幕府が、敵対する者などが簡単に全国を行き来できないように、関所を設け川にはわざと橋を架けないといった政策を採ったので、民間の陸運事業の発展は妨げられていた。

陸運に代わって水運の利用が大いに伸びる

その一方で、農林水産業や軽工業などが盛んになって生産物が増え、流通活動も拡大した。制約が多く大量輸送に向かない陸運では間に合わなくなり、代わって船による水運が伸びていく。当初は年貢米の航路が整備されたが、江戸が一大消費地に発展していくにしたがって、その生活物資を経済の中心である大坂に求めるようになり、17世紀の初めには江戸・大坂を結ぶ定期航路が開設された。そこに使われたのが日用品主体の「**菱垣廻船**《ひがきかいせん》」であり、酒が中心の「**樽廻船**」も遅れて加わった。

それでも、後に人口が100万人を超え当時の世界最大の都市に膨張する江戸の物資調達は充足できなくなり、東北から太平洋沿岸を通って江戸に物資を運ぶ「**東廻り航路**」が17世紀後半に確立された。1年ほど後には、東北から日本海沿岸、下関、瀬戸内海を通って大坂を結ぶ「**西廻り航路**」もできた。西廻り航路の船は「**北前船**《きたまえぶね》」と呼ばれ、黒潮に逆らって航海しなければならない東廻り航路に対して運賃が安く、東廻り航路を凌駕していく。北前船では、大坂から酒、塩、砂糖、紙、木綿などを運び、松前（現在の北海道）や東北からは米や昆布、ニシ

〈図表3〉東廻り航路と西廻り航路

出所:『物流がわかる本』(利用運送振興会)

ンなどを運んだ（**図表3**）。

地域内の物流については、山間部では農民などが私的に牛馬を用いて行うほか、河川を使った水運も大いに利用され、「**河**《か》**岸**《し》」と称される川の港が栄えた。関東地方では、荒川や利根川などを使った輸送がよく知られている。

「鎖国」政策が採られた外国との交易は、長崎の出島でだけ行われていたが、江戸後期には幕府に隠れて海外貿易をする地方大名も現れた。特に西南雄藩では、海外貿易で入手した武器や蓄えた金銀によって倒幕活動をするなど、ここでも物流が歴史を変えていく起爆装置の1つになったことがうかがえる。

4 物流近代化の幕開けとその後の発展

明治維新以降には急速な近代化が行われ、現在の物流の原型がつくられていった

鉄道輸送の登場や本格的な外航海運の誕生

19世紀後半に明治維新が成立すると、新政府は全国的な輸送網の整備に乗り出した。宿駅制度を廃止する一方で、江戸期の飛脚業者などが設立した「**陸運元会社**」を保護。宿場の問屋を中心に設立した各地の陸運会社や河岸問屋などを分社組織にして、全国的な輸送機関につくり上げていく。ただし、輸送形態は相変わらず街道を「人馬継立《じんばつぎたて》」でつないでいくか、馬車などを使って行われていた。

革新的な動きとしては、１８７２（明治５）年に新橋（汐留）・横浜（桜木町）間にわが国で初めて鉄道が開業。その後、明治20年代にかけて東海道線（新橋・神戸間）、東北線（上野・青森間）など国内幹線網を充実させた。１９０５（明治38）年には総延長で７５００キロを超え、旅客運輸はもちろん物流においても中心的な役割を果たすようになる。

それとともに重要度を増したのが、駅を中心に荷物の集配や積み降ろしなどの荷役を行う「**小運送**《こうんそう》」と呼ばれる業務。これはわが国の近代的な物流事業の始まりであり、鉄道フォワーダーともいえる「**通運事業**」へと発展する。だがこの事業は比較的、参入が容易だったこともあって中小業者が乱立し、過剰な競争が行われるなど業界が混乱。そこで政府が業者同士の合併を進め、後に「**内国通運会社**」（陸運元会社を改称）を母体にした半官半民の国策会社「**日本通運**」の誕生につながっていく。

一方で水運は、和船に加えて河川では蒸気船が、海上では西洋式帆船や汽船が導入されるなどして拡

大した。ただし維新直後には、沿岸の貨物輸送は米英に独占された。当時の日本には西洋の近代船を操れる人材がおらず、新政府は欧米の船員を雇いつつ日本人船員を育てる学校を開設。そして新たに沿岸航路を開き、日本の船会社の育成にも力を入れた。1885（明治18）年には政府主導で共同運輸と郵便汽船三菱を合併し、「**日本郵船**」を誕生させた。

やがて「沿岸から遠洋へ」と、世界に向けた航路が次々に開かれて外航海運が発展。日清、日露、第一次世界大戦を経て、世界第3位の海運国となった。

なお、明治末期には内国通運会社が4台の貨物自動車で自動車輸送を始め、大正末頃からは台数も急拡大。昭和初期になると、近距離区間では鉄道輸送と競うまでに存在力を増した。航空機輸送については、大正末期に始まっているが、本格的な輸送機関として定着するのはさらに先のことになる。

戦時体制を経て主役が交代した国内輸送

こうして発展してきたわが国の物流事業だが、1931（昭和6）年の満州事変を皮切りにした太平洋戦争（やがて第二次世界大戦に発展）によって、大きく成長が頓挫する。戦時下には、戦時物資の輸送を最優先するために陸海運ともに国家の統制下に入れられた上に、戦争によって船舶や人材をはじめ経営資源の大半を失ってしまったからだ。

その混乱は戦後も続いたが、復興期から経済成長期にかけては鉄道が陸運事業の中心として牽引していく。1955（昭和30）年当時は、国内貨物輸送のうち**輸送トンキロベース**で53％を鉄道が占め、高度成長期には臨海工業地帯を支える輸送基盤として大きな役割を担った。そして鉄道による貨物輸送事業に欠かせない通運事業についても、49年には1駅1店制が解かれて新規参入が進んだ。

ところが、60年代に入ると自動車による貨物輸送が急速に増加し、鉄道は70年度をピークに輸送量を減らし続ける。輸送トンキロの分担率では、65年度には全体の26％だった自動車輸送が、70年度には39％、80年度41％、90年度50％とどんどんシェアを上げていく。それに対して65年度に31％だった鉄道の分担率は、70年代後半には10％を切り、85年度には5％までに落ち込んでしまった。

戦前には当時のわが国の主力エネルギーである石炭輸送で分担率を伸ばした内航海運も、この間に輸送量を増やす。輸送量全体も伸びるなかで分担率は65年度43％、75年度51％、そして90年度には45％と比較的、安定して推移した。一度に大量輸送が可能という点と、政策的に予算が注ぎ込まれて港湾整備が進んだ結果、輸送コストが低減できたことが大きな原因だと思われる（**図表４**）。

こうした輸送機関の主役交代という事態は、自動車生産が本格化され、高速道路をはじめとした道路網の整備などによる、**モータリゼーション**の進展の影響が大きい。それによって自動車輸送のコストが下がり、輸送時間が短縮されたことなどが自動車輸送にプラスに働いた。

一方で、素材型産業から加工組立型産業への移行というわが国の産業構造の変化によって、鉄道輸送が中心だった石灰石、セメントなどの輸送量が激減したこと。臨海型から道路志向型に産業立地が変

〈図表４〉輸送機関別の国内貨物輸送量の推移

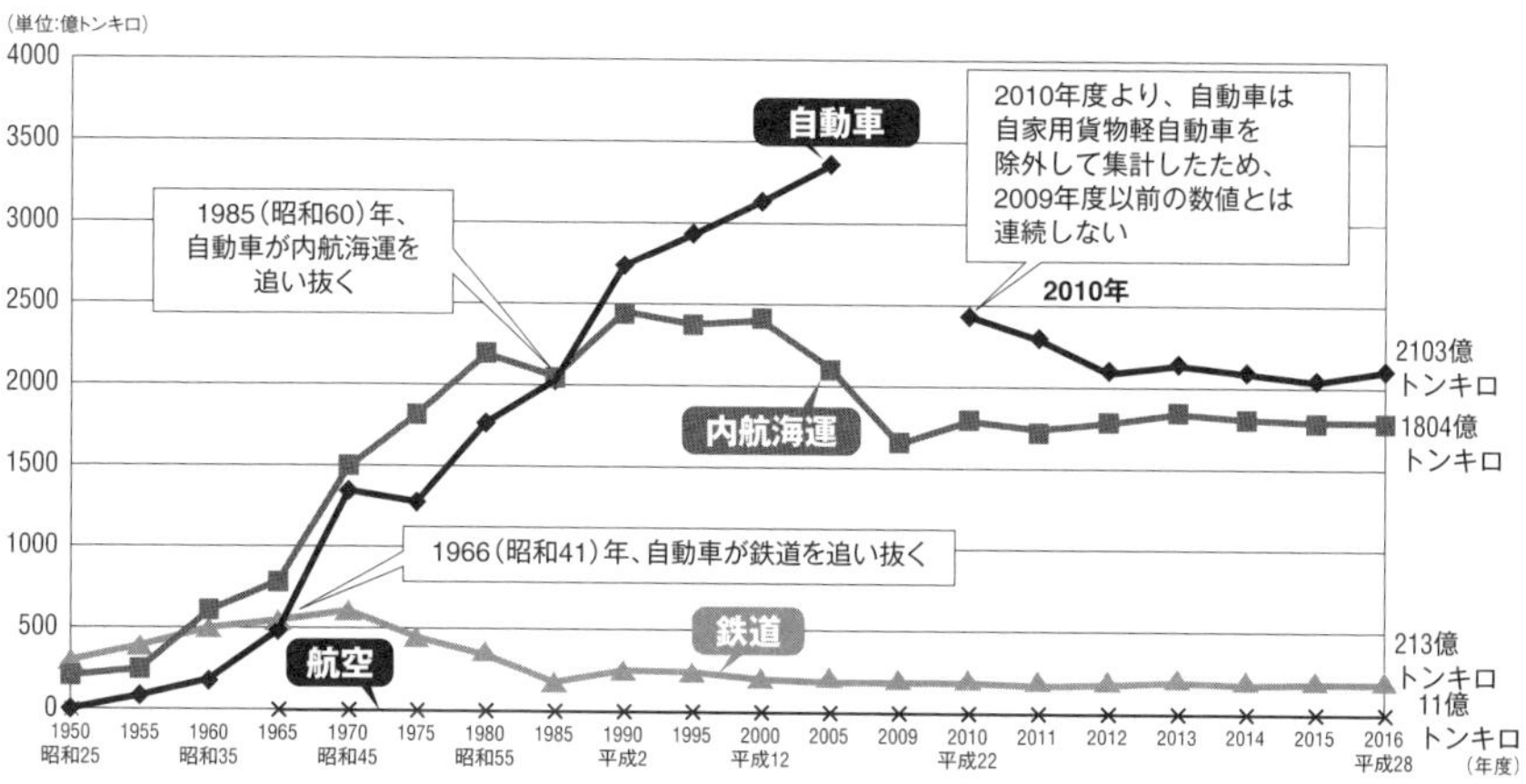

出所:『物流博物館HP』（利用運送振興会）より作成
（元資料は国土交通省『自動車輸送統計年報』『鉄道輸送統計年報』『内航船舶輸送統計年報』『航空輸送統計年報』）

わったこと。石炭から石油へエネルギー革命が進展したこと。さらに荷主がジャスト・イン・タイムや少量多頻度というきめ細かな輸送サービスを求めるようになったのに、小回りの利かない鉄道輸送がそれに対応できなかったことなどが、鉄道貨物輸送にマイナスに作用したといえよう。

こうした動きに呼応して、鉄道輸送の周辺で仕事をしていた通運事業者が、鉄道から離れて当時の「道路運送法」の「**一般路線貨物自動車運送事業**」（路線トラック事業）や「**一般区域貨物運送事業**」（区域トラック事業）に進出していく。それも、当初は近距離輸送中心だったのだが、自動車道路網が整備されるにしたがって、中距離、遠距離へと輸送距離を伸ばし全国路線網を整備するようになった。

国が道筋をつけた戦後の海運業界の流れ

戦後の海運事業については、経営は国の統制下から民間に戻されたが、壊滅的な打撃を受けた船隊の整備なしには産業、経済の再生もないとして、そのための法制度や施策を国が行っていった。それ以降も、60年代前半に起こった深刻な海運不況に対して、「**内航海運業法**」と「**内航海運組合法**」の内航二法を成立させるなど、国主導の体制が続く。

60年代後半にかけては、製造業が発展して産業構造が高度化するとともに、石炭から石油や天然ガスへのエネルギー革命が進行。それにより内航海運の輸送量が急拡大し、内航事業者の乱立にもつながった。東京オリンピック後の景気低迷期にも重なって船腹過剰が問題になり、事業者の過当競争と老朽化した船舶を解消するべく、「**内航海運船腹調整事業**」が始まった。

これにより、船舶を新たに建造する際には一定の比率で既存船を解撤させなければならなくなり、船腹需給の適正化と船舶の大型化・近代化の促進、運賃水準の維持が実現できた。その一方で、このような保護的色彩の強い施策が、海運事業者の経営基盤強化に向けた構造改革が進まない一因ともなり、業界活性化の支障となった面もある。

その後、経済のグローバル化などを背景に、海運

基礎知識
歴史
実力地図
最新動向
主要企業
組織と仕事

業界を取り巻く経営環境は大きく変わり、自己責任の原則や市場原理の導入が強く求められるようになった。そうした環境変化に適応し、より市場原理が強く働くことを目指し、同制度を段階的に解消する目的で導入されたのが「**内航海運暫定措置事業**」である。新たに船舶を解撤する海運事業者には解撤する船腹量に応じて交付金を交付し、船舶の建造者には建造する船舶量に応じて納付金を納めてもらうという内容だ。実施は98年からだが、これにより船舶建造の自由度が高まり、老朽船の代替・解撤が進み、船舶の近代化が促進される結果となっている。

戦前、戦後を通じて海運業界は何度も不況に見舞われたが、60年代前半の不況は特に深刻だった。そのため、63年には「**海運再建整備臨時措置法**」と「**利子補給法改正法**」の海運再建二法が成立。外航海運大手企業ではこの法律を受けて多くの合併が行われ、6社体制に再編成された。これがいわゆる「**海運集約**」である。さらに89年には大手5社体制に、そして98年、99年に行われた大型合併によって、現在の大手3社体制につながっている（**図表5**）。

〈図表5〉日本の外航海運大手企業の再編成

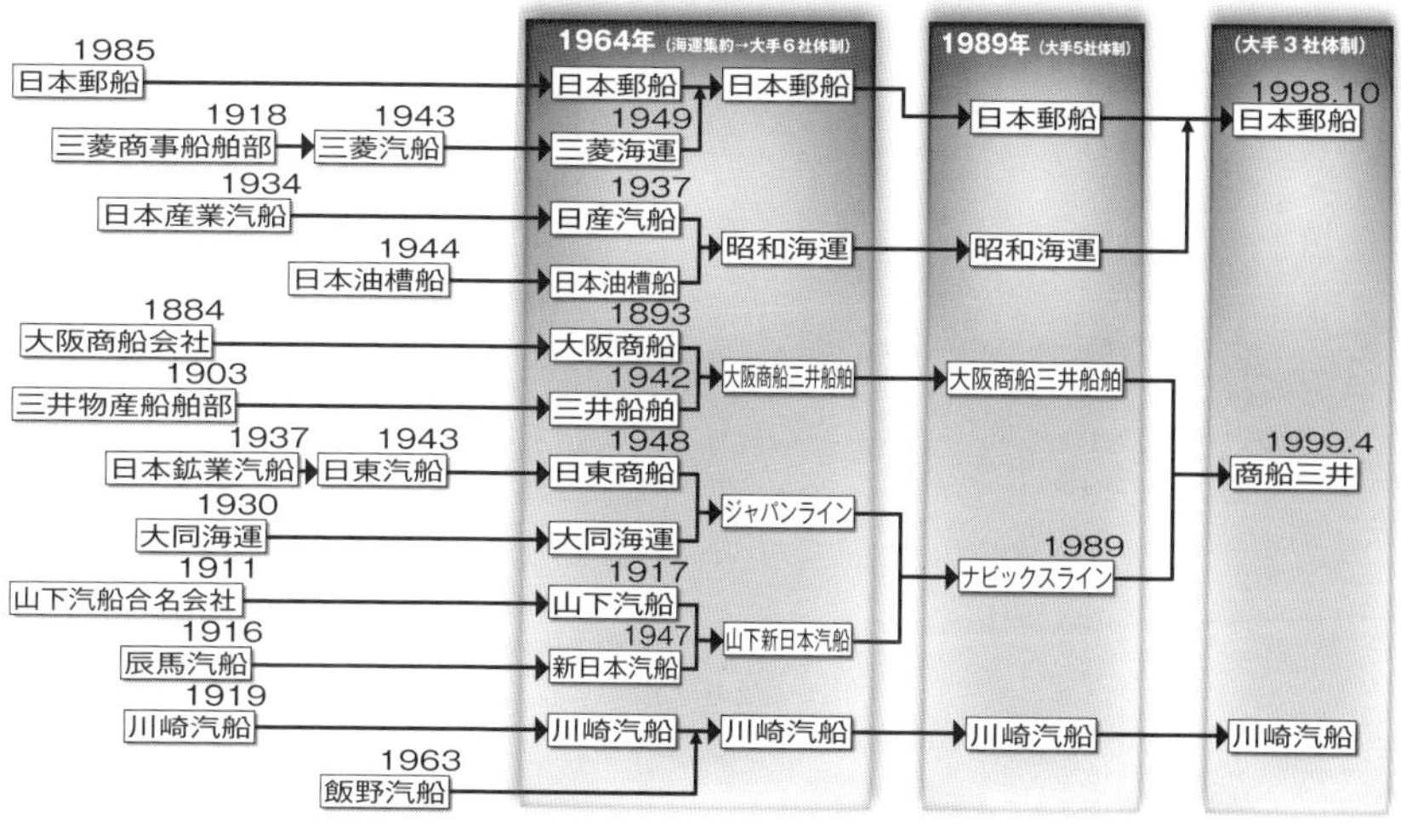

出所:『日本海運の現況1999年版』(運輸省・当時)より作成

5

「物流」という新たな概念の誕生と進化

1960年代に誕生した「物流」の概念は、ロジスティクス、SCMへと進化していく

「物流」の概念は第二次大戦後に誕生した

わが国の物流活動は、第二次大戦直後からわずか半世紀余の間に非常に激しい変貌を示した。それは物流の概念や仕事の内容だけが大きく変わったのではなく、歴史上、未曾有ともいえる大きな変化が私たちの暮らしやビジネスに起こり、物流活動にも強い影響を与えたということに他ならない。

戦後も1950年代までは、輸送や保管といった仕事は単独のサービスとして提供されていた。特に朝鮮戦争特需をきっかけにした好景気に後押しされ、「**大量生産・大量消費**」が始まり、その輸配送を担うトラックによる自動車輸送の急拡大が始まった。

60年代に入ると、アメリカ発の「流通革命」が日本でも展開され、スーパーマーケットなどのチェーンストアが多数生まれ、物流は「**多品種大量輸送**」が求められるようになった。それを実現するには単純に輸配送に注力しただけではムダも多く、在庫調整や荷役、流通加工といった周辺業務との連携が不可欠と考えられ、これらのサービスを統合したものとして新たに「物流」の概念が生まれた。

73年に第一次石油危機が起こると、物流が「**第三の利潤源**」（第一が売上拡大、第二がコスト削減）として注目を浴びた。単独サービスを組み合わせてシステムとして物流を構築するだけでなく、それらをいかに効率的にローコストで動かすかの研究が進み、流通加工の技術や「共同配送システム」が開発されたり、メーカー系の「物流子会社」が数多く誕生したりした。また、「宅配便」など「**消費者物**

流」のサービスが登場したのもこの頃である。

物流から進化したロジスティクスやＳＣＭ

80年代の半ばには市場の成熟化が始まり、私たちの消費生活は「量から質へ」転換した。モノづくりや流通もそれに対応した「**多品種少量**」で行われると、輸配送も効率の悪い多頻度小口を余儀なくされ、生産コストも物流コストも増大した。そうした点を問題視して新たに導入されたのが、「**（ビジネス・）ロジスティクス**」の考え方である。

ロジスティクスは日本語で「兵站《へいたん》」という軍事用語で、戦争時の前線に補充の兵士や武器・弾薬、食料、医薬品などを供給する仕組みを指す。強力な戦闘部隊でも、ロジスティクスが円滑でないと兵士の生命維持さえむずかしい重要なものだ。先の太平洋戦争で日本軍の兵士の死者は２００万人を超えたが、大半は戦闘死ではなく戦病死や餓死であった。こうした痛ましい事実は、日本からはるか遠方に伸びきった戦場に対する補給がほとんどできなかったロジスティクスの不備が原因だといわれる。

日本ロジスティクスシステム協会の定義は、「経済活動における物資流通の円滑化を実現するため、調達・生産・販売と連動して、輸送・保管・包装などを総合的に管理する機能」というもの。社内の物流を、資材や原材料の調達、製品の生産、商品の販売と部門別に行うと、不要な在庫ができるなどムダが生まれ効率も落ちる。そこで、調達から販売までを継ぎ目のない1本のパイプのように見立て、「必要なモノを、必要なときに、必要なだけ」供給するシステムをつくり上げる。自社の「**社内物流の最適化**」を目的としたのがロジスティクスだった。

さらにバブルとその崩壊を経て、物流の効率化やローコスト化に対する要請がますます厳しくなるなかで、90年代の半ばには、トヨタの「かんばん方式」を手本に米国企業が発案した「**ＳＣＭ（サプライチェーン・マネジメント）**」の手法が脚光を浴びる。「ＪＩＴ（ジャスト・イン・タイム）生産方式」として知られるかんばん方式は、部品を調達するサプライヤーから生産ラインへの部品投入を極力タイムリーに行い、在庫を抑えながら品切れを起こさず、在庫とコストの大幅削減につなげるものだ。

　ロジスティクスが企業単位の物流効率化の取組みであるのに対して、ＳＣＭは原材料などを供給するサプライヤーや販売先の流通・販売業者までを含んで、商品供給の１つの過程と見なし、その全課程を一気通貫して最も効率的に管理しようとするものだといえる。企業内部にとどまらず、他企業まで巻き込んでムダを省く「**企業間全体の最適化**」を目指して、大手家電などを中心に導入されている。

　段階的に進化した物流だが、その未来の姿のヒントは、２０００年に制定された「循環型社会形成推進基本法」に見られる。そこでは、わが国が大量生産・大量消費・大量廃棄をベースにした社会システムから、資源の利用効率の高い「**循環型社会**」へとシフトすることが示されている。その中で物流は、これまでは最終的な目的であったモノの供給で終わらずに、使用・消費されたモノの回収、そして再資源化する「**循環型ロジスティクス**」という新しいサイクルを回す役割が期待されているのだ。

〈図表６〉「物流」の登場からＳＣＭへの流れ

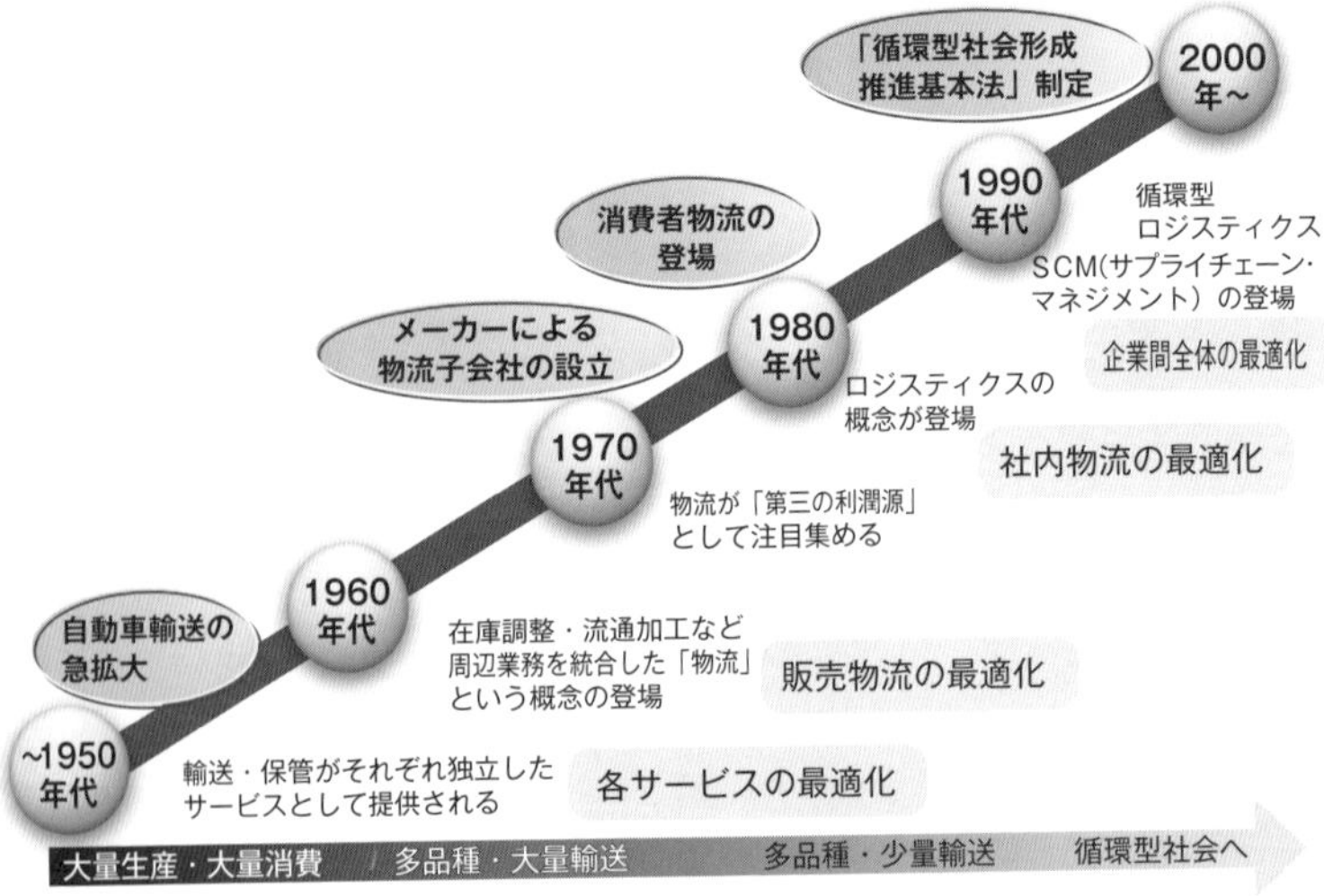

出所:『基礎から学ぶ交通と物流　しくみと動向』(芦田誠著、中央経済社)より作成

6 物流の進化を支えたさまざまな技術革新

物流が進化していくのに際して、その技術や機器の改良などが不可欠のものだった

物流の個別分野でも近代化が進んだ

新たに「物流」の概念が誕生して以降の歴史でぜひ触れておかなければならないのは、その進化を後押しした技術革新についてである。それは物流活動自体の近代化と、システムとして物流を成り立たせた情報システムの高度化に大きく分けられる。

物流活動自体についていえば、輸送や保管、荷役、包装など個別の分野で多くの近代化が達成された。トラックなどの自動車や鉄道、航空機といった新しい輸送機関の登場により、用途に適した輸送機関の選択が可能になったし、船舶の大型化やＬＮＧ船、自動車船など積み荷に応じた専用船の開発も、合理的で効率よく大量の荷物を運ぶことのできる海上輸送の実現に寄与した。

荷物の種類にもよるが、野積みや平面倉庫が中心だった保管については、より保管能力が高く保管効率のよい大型の**立体倉庫**が一般的になった。また、冷蔵冷凍倉庫が開発されて荷物の温度管理も細かく行えるようになった。主に人力で行われていた荷役も、フォークリフトやコンベアなどによる機械化が進み、安全性と作業効率が向上している。包装についても、俵《たわら》やカマスといった藁《わら》の袋や麻袋、木箱、樽《たる》などによる梱包の代わりに、段ボール箱などの新素材が活用されるようになり、その規格の標準化もなされた。

その他に、商品パッケージ（容器面）でもさまざまな試行錯誤があった。同じ荷物でもパッケージを軽量化したり、その形を工夫して単位面積当りの積載量を増やすことができれば、それは物流活動の効率化やローコスト化につながるからだ。

たとえば多くの飲料が以前は瓶で流通していたが、現在では紙パックやペットボトルが主流になっている。瓶のリサイクルが面倒だという面もあるが、明らかに軽量化を狙っているのと、丸い瓶よりも四角い紙パックのほうが単位面積当りの積載量が多くなるから。つまり、〝空気を運ぶ〟割合が低いというのがその大きな原因だといえる。

革新的だった パレットとコンテナの登場

だが、何といっても物流業界にとって大きなできごとだったのは、70年代の**パレット**と**コンテナ**の登場だろう。

パレットは木や鋼製の変哲もない荷台だが、そこにまとまった量の荷物を載せてフォークリフトで扱えるため、輸送機関の積み替えや倉庫、それも立体倉庫への積み降ろしがスムースに行えるようになった。発荷主から着荷主まで何度も輸送機関を変えて積み替えるようなドアツードアの一貫輸送の場合も、同じパレットを使って荷役や輸送などを行う「**一貫パレチゼーション**」が一般化してそれを支えた。

コンテナも鋼製もしくはアルミニウム製で規格が標準化された（利用する輸送機関や国によって規格の違うものもある）箱なのだが、その登場はまさに革命的で物流界に多くの進化をもたらした。パレットで扱える以上に大きく、重く、大量の荷物でも、コンテナに収納することで特に梱包の必要もなくスムースに運べる。

異なる輸送機関で積み替える場合も、そのつど荷物をばらして行うのに比べるとずっと迅速、簡便で、時間的にもコスト的にも非常に有利。荷物の中身を積み替えないため、荷物が傷んだり紛失したりするような心配もない。コンテナは風雨にも強く積み重ねて置いておけるので、倉庫に保管する必要がないし船の甲板積みで輸送することも可能など、多くのメリットがもたらされた。

その結果、複数の輸送機関を積み替えてもドアツードアの一貫輸送が可能になり、さらに国内に限らず国際間の**複合一貫輸送**でも積極的に採用されていったことで、陸海空の各輸送機関でのコンテナ扱いのウエートが大いに高まった。それに伴い、海運ではコンテナ専用船も多数建造されるとともに、コンテナ荷役のためのクレーンや、より大型のトレーラーなどを常備したコンテナターミナルが、港湾を中心に整備されていった。こうした一連の動きを**「コンテナリゼーション」**と呼んでいる。

情報システムの高度化で物流システムも進化

物流の進化を支えた情報システムの高度化については、コンピュータと通信ネットワークの発展が大きく影響している。60年代までは、物流活動の出発点となる受発注情報や集配情報などは、すべて手作業による伝票に基づいて行われていた。商用コンピュータも使用され始めていたが、使用場面は物流のコスト管理で、ホストンピュータにパンチカードを読み込ませてのバッチ処理の段階。物流情報はモノの流れを後処理したものに過ぎなかった。

オンライン・リアルタイム・システムが組めるようになると、これまで人手によっていた物流情報のコンピュータ処理も可能になる。営業マンの訪問や電話、ＦＡＸなどで得られた受注情報も、購買関係者の電話等による発注情報などもコンピュータ上に載り、それらは物流情報としても活用することが可能になったのだ。

その結果、モノの流れと物流情報が近い時期に把握できるようになり、物流管理の精度が高まり、倉庫などでの作業の効率化や省力化につながった。

バーコードなどの商品コードが普及すると、その自動読取りもできるようになり、販売店頭ではＰＯＳの導入と活用が進んだ。また、コンピュータ管理の自動倉庫も一般化していき、仕入れた商品や部材のコードを読み込んで倉庫内の本来在庫される場所に自動的に格納したり、逆に（オーダー）ピッキングといって、製造現場や取引先の注文に応じて倉庫内から集荷することも自動で行えるようになったのである。

やがて、ワークステーションやパソコンをつない

〈図表7〉物流の技術革新の流れ（1950年代〜2000年代）

		1950年代	1960年代	1970年代	1980年代	1990年代〜
物流活動自体の近代化	新しい輸送機関の登場	鉄道、トラック	タンクローリー、トレーラー	ＬＮＧ船、保冷車、カーフェリー	宅配車	トラック・トレーラーの大型化、低公害車
	保管（倉庫）の発展	野積み、平面倉庫		立体倉庫、冷蔵冷凍倉庫	立体自動倉庫	
	荷役の進化	ショベル、リアカー	コンベア、フォークリフト	コンテナリゼーション、パレチゼーション	自動ピッキング、自動仕分け	ガントリークレーン、ストラルドキャリアー、荷役ロボット
	包装の進化	むしろ、紙、木箱	段ボール箱	真空パック	冷凍パック	パレットレス自動倉庫
情報システムの高度化		手作業による伝票処理	バッチ処理によるコスト管理		ＰＯＳシステム、オーダーピッキング	流通ＥＤＩ、ＩＣタグ、ネットワーク型情報システム

出所:『基礎から学ぶ交通と物流　しくみと動向』（芦田誠著、中央経済社）より作成

だ分散型の情報システムや、さらには自社内だけでなく社外のコンピュータとも結んだネットワーク型情報システムの構築が可能になり、こうしたものがロジスティクスやＳＣＭといった新しい物流の形への進化を支えるようになっていく。

これら一連の動きの背景には、コンピュータのハード、ソフト両面の性能の向上に加えて、80年代に始まった「ＶＡＮ（付加価値通信網）」やその後の「流通ＥＤＩ（電子データ交換）」「ＬＡＮ（構内通信網）」、インターネットといった通信ネットワーク技術の進展が大きな力となっている。

Chapter 3

ロジスティクス業界の実力地図

―各事業の現状をデータから徹底分析

1 輸送事業のプレーヤーたち

輸送事業者には、陸・海・空の各キャリヤーとフォワーダーがいる

物流の仕事には、輸送、保管に加えて荷役《にやく》、包装、流通加工、情報管理などがあることは、先述したとおりである。では、こうした仕事のそれぞれを、どんな事業者たちがどんなふうに担っているのだろうか。

まずは、物流コストの6割近くを占める輸送の仕事から見ていくことにしよう。

輸送事業を行うキャリヤーとフォワーダー

旅客輸送を除いた輸送（**貨物輸送**）というのは、トラックなどの自動車、貨車などの鉄道、貨物船やフェリーなどの船舶、それから航空機といった**輸送機関**を使い、モノを移動させることであった。

そこで、輸送事業は主として、これら輸送機関を自社で保有する各事業者によって行われている。こうした事業者たちは、輸送機関そのものを示すキャリヤー（運ぶもの）という言葉から、「**キャリヤー**」（輸送業者）と呼ばれる。

だが、鉄道、船舶、航空機などのように、駅や港湾、空港にしか発着できない輸送機関では、発荷主や着荷主などへ直接集荷配送することができない。そのために、自社の別部門や関連会社、他の事業者に依頼して、部分的にトラック輸送を行うなど他の輸送機関を使うことが日常的に行われる。あるいは、トラック輸送事業者が、納期によってはスピードと経済性のどちらを優先させるかで、一部で鉄道や船舶、航空機といった他の輸送機関を使うようなケースもある。

このように、自社の輸送機関ではなく他社保有の

ものを活用した輸送事業が、先にも触れた**「利用運送事業」（フォワード事業）**である。大手の輸送事業者の中には、「陸運事業者」でありながら、事業内容に「船舶輸送」や「航空機輸送」などを加え、複数の輸送機関を使って事業を展開したり、「鉄道利用運送」「船舶利用運送」などを事業内容に含めて、キャリヤーながらフォワード業務にも手を染めているところが少なくない。

輸送事業に限らないのだが、このように大手の物流事業者の大半は複数の業務を兼業するようになっており、物流の中の一部の業務だけを提供する事業者というのは、中小規模に多い傾向がある。

フォワード事業に特化している事業者たちは、キャリヤーと対比して**「フォワーダー」**と呼ばれている。

キャリヤーである事業者から貨物スペースを買い取り、不特定多数の荷主から荷物を預かって混載して輸送するので、貨物取扱い業者とか貨物混載業者などとも称され、特に空運業界の航空フォワーダーがよく知られている。

国内輸送では自動車輸送が多くを占める

さて、自動車輸送と鉄道輸送は「陸運」、船舶輸送は「海運」、航空機輸送は「空運」と言い換えることができる。さらに海運は、国内の「内航海運」と国外の「外航海運」に、空運も国内と国際に分かれる。このように、輸送の仕事は4つの輸送機関による陸・海・空の各輸送事業者と、そこに利用運送事業を行う事業者たちが関わって行われている。

次頁の**図表1**は、国内輸送に限り、年間の輸送量と輸送機関ごとの分担割合（**分担率**）を示している。これを見ると、わが国では2017（平成29）年度1年間に、重量で約48億トンの荷物が輸送されている。そのうちの9割を超える44億トンが自動車輸送（うち30億トンが営業用、14億トンが自家用）によるもので、大きく自動車輸送に依存していることがわかる。自動車輸送に次いでは、大きく差が開いて内航海運の3・6億トン（7・6%）、さらに差が開いて鉄道輸送の4520万トン（0・9%）、そして航空機輸送の91万トン（０・０２％）が続いている。

一方、重量に輸送距離をかけた**輸送トンキロ**では、全体で４１４０億トンキロのうちの51％、２１０８億トンキロが自動車輸送（うち１８２５億トンキロが営業用、２８３億トンキロが自家用）。次いで内航海運が１８０４億トンキロ（44％）、そして鉄道輸送２１７億トンキロ（５％）、航空機輸送11億トンキロ（０・３％）と続く。

輸送重量でも輸送トンキロでも分担率の順番は変わらないが、各輸送機関のトン当りの**平均輸送距離**に違いがあるため、本当の実力差が輸送トンキロの比率に反映している。輸送距離は、自動車に比べると鉄道と内航海運がそれぞれほぼ10倍、航空機にいたっては22倍だ。詳しくは後述するが、各輸送機関にはそれぞれ特徴があり、それによって使い分けられているということができる。

この分担率を諸外国と比べてみたのが、**図表３**である。各国の国土面積、河川や海岸線の長さ、国境が陸続きであるかなど、自然環境の違いの影響を大

〈図表１〉最近の国内貨物輸送量と輸送機関別分担率

	輸送トン数（百万トン）			輸送トンキロ（億トンキロ）			平均輸送距離	
	2016（H28）年度	2017（H29）年度	2017（H29）年度 構成比（%）	2016（H28）年度	2017（H29）年度	2017（H29）年度 構成比（%）	2016（H28）年度	28/27（%）
総輸送量	4,787.4	4,787.5	100.0%	4,130.7	4,142.4	100.0%	86.2km	99.4%
鉄道	44.9	45.2	0.9%	212.7	216.6	5.1%	482.3km	96.8%
自動車	4,378.2	4,381.3	91.4%	2,103.1	2,108.3	50.9%	48.0km	100.8%
営業用	3,019.3	3,031.9	63.3%	1,808.1	1,825.3	43.8%	59.9km	99.3%
自家用	1,358.5	1,349.3	28.2%	295.0	283.0	7.1%	21.7km	105.1%
内航海運	364.5	360.1	7.6%	1,804.3	1,809.3	43.7%	495.0km	100.3%
航空	1.0	1.0	0.0%	10.6	10.7	0.3%	1066.6km	95.2%

出所：『国土交通白書　2018』（国土交通省）より作成
※１　航空は定期および不定期の計で、超過手荷物と郵便物を含む
※２　自動車については、2010（平成22）年度より自家用貨物軽自動車の調査を除外して集計・公表したため、それ以前の数値とは連続しない

きく受けてはいる。だが、わが国の鉄道輸送のシェアの低さ、日本以外の国でのパイプライン（数十キロにわたる原油などの輸送ライン）の存在感の高さ、アメリカの意外なほどの鉄道シェアの高さ（自動車輸送のシェアの低さ）などの発見がある。

〈図表2〉国内貨物輸送量の輸送機関別分担率の推移（平成以降）

（年度）	鉄道貨物	自動車	内航海運	航空貨物
1989（H元）	4.9	51.7	43.3	0.1
1993（H5）	5.4	42.0	52.4	0.2
1998（H10）	4.2	54.5	41.2	0.2
2003（H15）	4.0	57.1	38.7	0.2
2008（H20）	4.0	62.1	33.7	0.2
2013（H25）	5.0	50.8	43.9	0.2

出所：『国土交通白書　2018』（国土交通省）より作成
※1　トンキロベース
※2　自動車については、2010（平成22）年度より自家用貨物軽自動車の調査を除外して集計・公表したため、それ以前の数値とは連続しない

〈図表3〉国内貨物輸送量の輸送機関別分担率の国際比較

（単位：%）

	道路	パイプライン	航空	船舶	鉄道
アメリカ	43.0	13.5	0.3	12.6	43.0
イギリス	80.9	5.4	0.4	0.1	13.2
フランス	71.8	8.3	0.4	3.5	16.0
ドイツ	57.4	3.4	0.2	13.9	25.1
日本	63.9	0.0	0.2	32.0	3.9

出所：『平成27年版交通政策白書』（国土交通省）より作成
※1　日本は2010年度、アメリカ、イギリス、フランス、ドイツは2008年の数値
※2　アメリカは、そのうち道路については2003年の数値、パイプラインについては2007年の数値
※3　アメリカはアメリカ運輸省、イギリス、フランス、ドイツについてはＥＵおよび国際民間航空機関調べ
※4　イギリス、フランス、ドイツの船舶は内陸水路によるものに限る

2

各輸送機関で棲み分けてきた国内輸送市場

勢力を伸ばした自動車輸送だが、各輸送機関も特徴に応じた役割を果たしている

鉄道輸送の退潮と自動車輸送の躍進

わが国の国内輸送における輸送量と輸送機関別の分担率の推移を、1950（昭和25）年から2015（平成27）年までの65年間について、5年ごとに振り返ってみたのが**図表4**である。

第二次大戦の終戦から5年後の1950年の総輸送量は、重量で4億9000万トンと現在のほぼ10分の1の規模だった。それが10年で3倍超になり、高度経済成長時代を経て現在の水準を超えた後、90年頃にバブル経済でピークを迎えてから緩やかな減少傾向にある。

多少のデコボコはあるものの、物流はまさに経済動向を映す鏡のようなもので、面白いほどにわが国の実体を反映していることがよくわかる。最近に向けての減少、停滞の傾向は、成熟社会を迎えてモノの充足とは異なる価値観に人々が向かってきたことや、長く続いた不況を背景に市場の収縮しているような状況を示しているといえよう。

さて、各輸送機関の分担率がどう推移したかに目を転じてみよう。目につくのは、鉄道輸送の退潮とその反対に自動車輸送の躍進ぶりである。鉄道は65年間を経て重量で26・9％から0・9％へ、トンキロでも50・3％から5・3％へと分担率を落としている。一方で、自動車は重量で63・1％から91・3％へ、トンキロでも8・7％から50・2％へと分担率を上げている。

かつては、輸送距離によって輸送機関が使い分けられていた傾向がある、長距離は鉄道や船舶の、近

〈図表4〉国内貨物輸送量と輸送機関別分担率の推移（5年ごと）

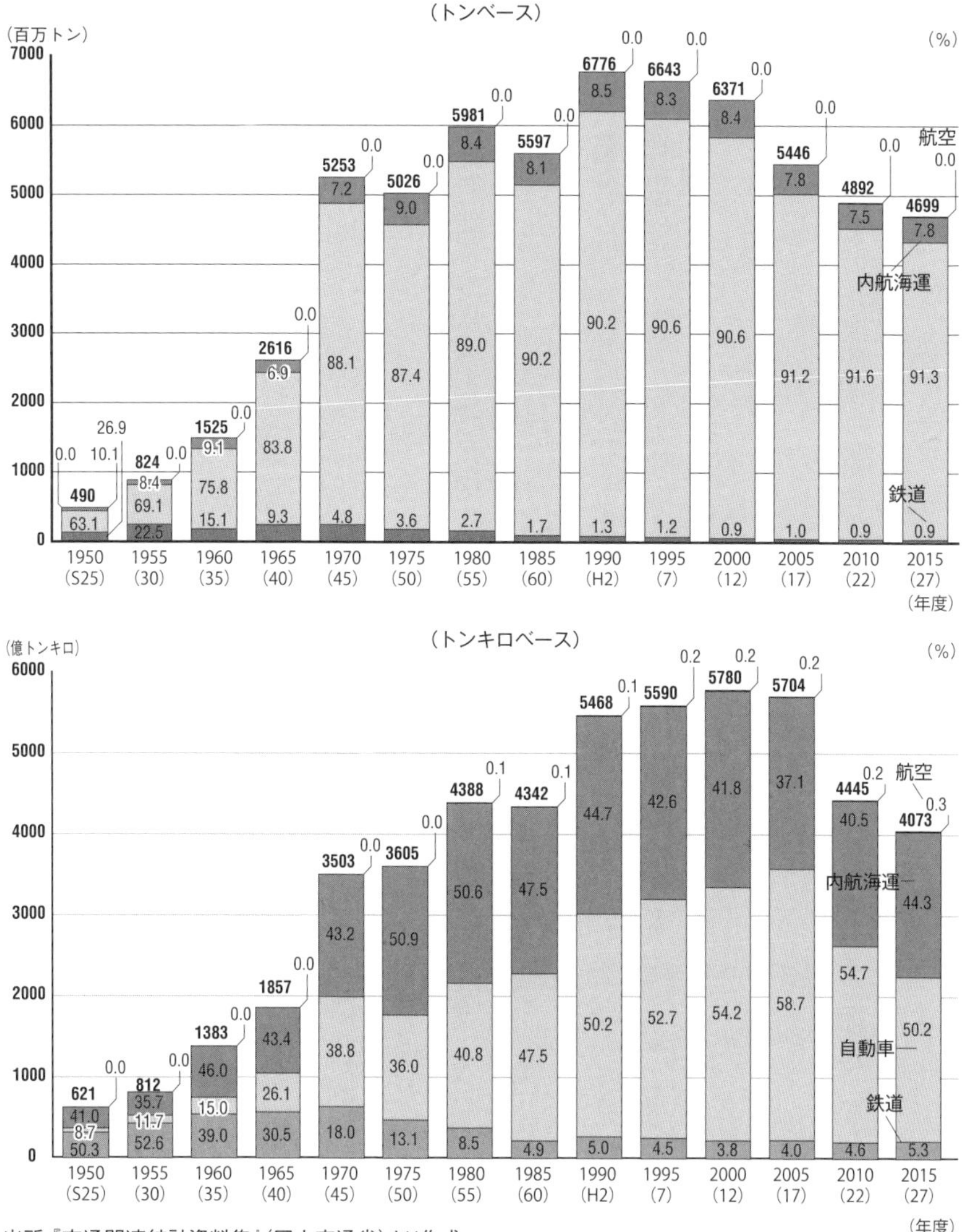

出所：『交通関連統計資料集』（国土交通省）より作成

※1　自動車については、1987（昭和62）年度より軽自動車および自家用貨物車を加えたので、それ以前の数値とは連続しない

※2　同じく自動車について、2010（平成22）年度より自家用貨物軽自動車の調査を除外して集計・公表したため、それ以前の数値とは連続しない

距離は自動車の主たる舞台であった。また、貨物の重量や形状、ロットの大きさなどによっても、使われる輸送機関がかなり固定されていた面もある。現在でもそうした流れは残っているものの、高速道路網の整備などと軌を一にして、1960年代から急速に進んだ**モータリゼーション**などの影響で、貨物輸送の主役の座は自動車輸送が占めるようになったのは否めない。

各輸送機関の特徴と活躍の舞台は

だが現在でも、各輸送機関にはそれぞれ特徴があり、その特徴に応じた役割を果たしていることも事実だ。まず、**自動車輸送**は、荷物を出荷する工場から輸送先までのように、ドアツードアでそこに道路がある限り積替えなしに素早く運ぶことができる。そのために、積荷に間違いが生じにくく、荷傷みが少ないこと、そして発着時間を指定する自由度が高いという利点がある。

ただし、せいぜい1台で15トンくらいと運べる重量が限られているので、比較的少量のものを近距離に運ぶのに適しているといえる。道路の混雑具合によって輸送時間に差が出ること、**CO_2（二炭化酸素）の排出量**が多く、振動や交通渋滞の原因になるなど、環境への負荷が大きいという欠点もある。

鉄道による貨物輸送は、大量の貨物を一度に運ぶことが可能だ。主流のコンテナ輸送では、貨物列車1編成でコンテナを130個程度運ぶことができるので、大型トラックの50～65台分がカバーできる勘定だ。また、線路上を走るために道路のような渋滞はなく、輸送時間が正確に予測でき、CO_2排出量も少なく環境に優しい輸送機関であるといえる。

反面、線路上しか走れないため、発着地でトラックとの積替えが必要なことや、専用線が少なく旅客線を借用するため運行本数が多くないことなどの問題がある。

船舶による輸送も、環境への負荷が少なく、大量の貨物を一度に遠くまで運ぶことができる。働く人1人当りの年間輸送量は、自動車の14倍になるといわれている。国内に散在する臨海工業地帯と消費地

基礎知識
歴史
実力地図
最新動向
主要企業
組織と仕事

を結んで、主に石油製品やセメント、化学製品、機械などの産業に必要とされる貨物の運搬などを行っている。通常、発地から港まで、また港から着地までは自動車輸送に頼らざるを得ず、両者による「**複合一貫輸送**」の形で使われるのが一般的だ。

スピードと確実性に優れているのが**航空機輸送**だ。重量があり大きなものの輸送は得意ではなく、経済的な負担が大きいため、小さく軽く貴重なものや、生鮮品などのように新鮮さを要求されるものの輸送を中心に使われている。

図表5は、主要品目別に各輸送機関の輸送量を示している。

〈図表5〉各輸送機関の主要品目別輸送量

（単位：千トン）

輸送機関	合計	JR貨物	営業用自動車	自家用自動車	内航海運
品目合計	4,751,459	8,765	3,019,328	1,358,881	364,485
穀物	46,361	—	31,049	12,802	2,510
木材	137,748	—	89,145	47,054	1,549
金属鉱	13,232	199	9,978	307	2,748
石炭	38,137	140	23,606	120	14,271
砂利・砂・石材	570,098	—	201,328	347,969	20,801
工業用非金属鉱物	120,338	—	29,203	20,924	70,211
金属	242,395	29	162,629	37,238	42,499
（鉄鋼）	—	29	141,428	30,506	40,781
金属製品	117,449	—	78,713	38,387	349
機械	204,351	894	124,678	70,040	8,739
窯業品	315,106	795	128,286	148,671	37,354
（セメント）	83,775	795	34,434	13,612	34,934
石油製品	218,551	5,944	97,982	35,454	79,171
化学薬品	59,463	146	32,147	3,965	23,205
化学肥料	13,458	—	10,063	2,705	690
紙・パルプ	135,537	—	119,375	14,437	1,725
繊維工業品	16,496	—	11,647	4,849	—
食料工業品	254,965	—	228,465	25,294	1,206
日用品	295,937	—	281,503	14,434	—
特種品	1,166,874	—	719,630	425,524	21,720
（廃棄物）	—	—	67,551	158,812	3,408

出所：『数字でみる物流　2018』（日本物流団体連合会）より作成
※1　平成28年度（2016年4月～2017年3月）
※2　主要品目のみなので合計とは一致しない
※3　JR貨物は有償の車扱いのみ
※4　特種品は金属屑、動植物性飼料、その他の合計

3

国内輸送を牽引する自動車輸送業界

6万余の事業者で約190万人の従業員を抱えるが、それぞれの経営規模は小さい

荷主のニーズに応える形で勢力拡大

国内貨物輸送事業で大きな役割を果たしているのが、トラックによる自動車輸送である。2017（平成29）年度には、総輸送量48億トンのうちの91％、4140億トンキロのうちでは51％を分担している。1950（昭和25）年度と比べると、総輸送量がトンベースで10倍、トンキロベースで7倍になったのに対して、自動車輸送はそれぞれ14倍と39倍になり、存在感を大きく増してきた。

自動車輸送に大きく依存するようになった背景には、国土面積が狭い上に都市部に人口が集中するわが国にあって、ドアツードアで小回りが利くなど、機動性と利便性の高い点が歓迎されたこと。さらに、多品種少量生産・販売の体制が進み、製販業者が原材料や部品、商品の在庫をできるだけ圧縮し、必要なモノを必要なときに必要なだけ入手する小ロットの**ジャスト・イン・タイム物流**が求められ、それに応える形で伸びたなどがある。

現在では、生産活動や消費生活などに関わる多くの荷物を扱っているが、自動車輸送の輸送品目別の内訳を見たのが**図表6**である。左側が緑ナンバーの「営業用」自動車、右側が白ナンバーの「自家用」自動車についてである。これによると、営業用では、機械や金属、石油製品などの「生産関連貨物」が34％、食料工業品、取り合せ品、日用品、農水産品など「消費関連貨物」が43％、残りが砂利や石材、廃棄物、窯業品、木材などの「建設関連貨物」となっている。自家用のほうは、69％が「建設関連貨

〈図表６〉 自動車輸送の輸送品目別構成

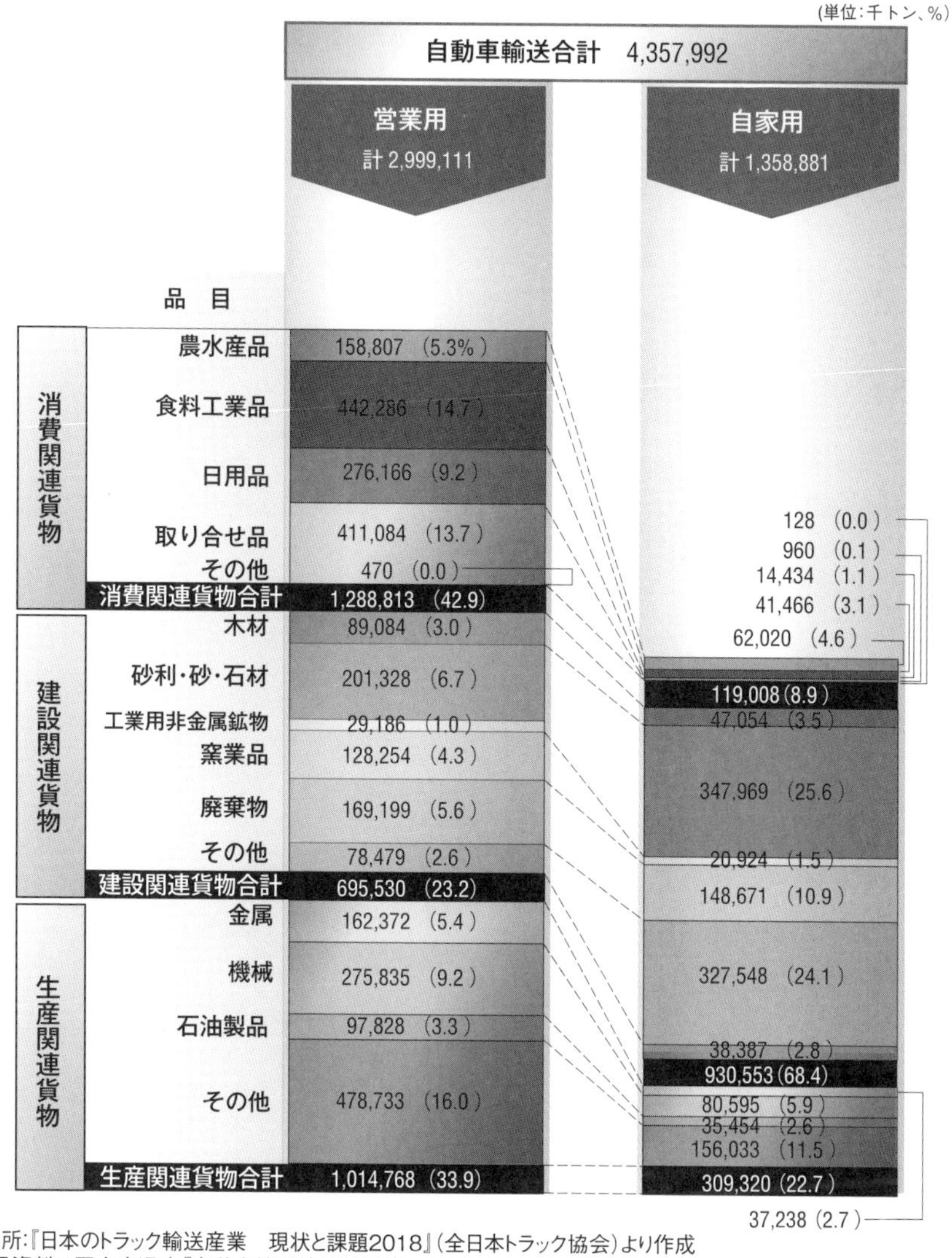

出所：『日本のトラック輸送産業　現状と課題2018』(全日本トラック協会)より作成
(元資料は国土交通省『自動車輸送統計年報』)
※1　2016年度
※2　軽自動車を含まない
※3　(　)内は構成比

物」とやや偏った構成となっている。

4つの事業に分類される

自動車輸送事業は、荷主から荷物を預かり有償で輸送を行う事業だが、次のように分類できる。

・**一般貨物自動車運送事業**＝1台のトラックに単独の荷主の荷物を積んで輸送する事業。霊柩《れいきゅう》運送事業や引越し事業なども含まれる。

・**特別積合せ貨物運送事業**＝不特定多数の荷主の荷物を混載し、定時にターミナルと呼ばれる物流施設間を結んで輸送する事業で、「**特積み**」と略称されている。宅配便事業も含まれる。

・**特定貨物自動車運送事業**＝継続的に1企業など特定の荷主の荷物に限定して輸送する事業、「特定」。

・**貨物軽自動車運送事業**＝軽自動車を使ったトラック輸送事業。「軽貨物」として黒ナンバーで営業。バイク便などが含まれる。

自動車輸送事業者の総数は、18年3月末現在で6万2461者。そのうち9割以上の5万7054者が「一般」で、「特積み」292者（0・5％）、「特定」401者（0・6％）、「霊柩」4714者（7・5％）が続く構成。なお、「軽貨物」は別統計だが、同時期で約15万8000者が存在する。

第二次大戦後、わが国が経済規模の拡大とともに貨物輸送量を増やすなか、自動車輸送事業者数も拡大基調が続いた。さらに1990（平成2）年に施行された「**貨物自動車運送事業法**」によって、自動車輸送事業への参入が免許制から許可制へ、運賃が許可制から認可制へと規制緩和が進み、新規参入者が急増。ピーク時の2007（平成19）年には6万3000者超と1・5倍以上に増えた。その後、企業間の競争激化や貨物輸送量の減少を背景に、横這いから緩やかに減少している。

「軽貨物」以外の6万2400余の総事業者の従業員数は、18年3月末現在で191万人、うち運転者数が84万人。保有車両数は、17年3月末現在で特積みトラックが1万2200両、「一般」「霊柩」「特定」を合わせた地場トラックが133万7400両で、合計約135万両となっている。

〈図表７〉陸運大手４社の概要

社名	設立	資本金（百万円）	連結従業員数（名）	連結売上高（百万円）
日本通運	1937年10月	70,175	71,525	2,138,501
ヤマトホールディングス	1919年11月	127,234	225,125	1,625,315
ＳＧホールディングス	1965年11月	11,882	49,260	1,118,094
セイノーホールディングス	1946年11月	42,481	28,539	618,436

出所：各社の公表資料より作成
※　2019年３月期

〈図表８〉データで見る自動車輸送業界

・国内貨物輸送量	43億8125万ｔ　2108億tkm　平均輸送距離48km	（18年３月期）
・国内貨物輸送分担率	トンベース91.4%　トンキロベース50.9%	（18年３月期）
・事業者総数	６万2461者（他に軽貨物事業者が約15万8000者）	（18年３月期）
・従業員数	191万名（うち運転者数84万名）	（18年３月期）
・保有車両数	134万9862両 （特積みトラック１万2244両、特定トラック3360両など）	（17年３月期）
・営業収入	15兆8986億円	（16年３月期）

事業者の規模では、「一般」の99・9%、「特積み」でも90%弱は中小企業（資本金３億円以下、または従業員３００人以下）と、きわめて零細性の強い業界である。従業員数では10人以下が49%、30人以下で83%、１００人以下で97%。車両数は10両以下が55%、30台以下で86%、１００台以下で98%。資本金では３００万円までが20%、１０００万円までで65%、３０００万円までで88%が含まれてしまう（18年3月末現在）。

自動車輸送事業の営業収入は、15年度でおよそ16兆円。低下傾向からいったん持ち直したが、環境問題などの逆風や、08年秋からの世界的な不況の影響で、輸送量とともに落込みを見せた。その後は、ネット通販の盛況等を追い風に下げ止まっているものの、小口多頻度輸送の進展で効率性が低下し、負担増につながっている。

4

ＪＲ貨物が大半を担う鉄道輸送業界

産業構造の変化に伴い、国内貨物輸送の主役の座は譲らざるを得なかった

産業構造の変化で車扱いが激減

戦後の復興期から高度経済成長期にかけて、国内貨物輸送の主役の座を占めていたのが鉄道輸送。だが、１９７０年前後をピークに輸送量を減少させるとともに、輸送機関別の分担率も下げてきた。２０１７（平成29）年度には、４５１７万トン、２１７億トンキロを運ぶが、国内貨物輸送量のそれぞれ０・９％、５・１％にまで低下している（**図表９**）。ただし、「**モーダルシフト**」が叫ばれるなど、復権の兆しが見えているのも事実だ。

鉄道輸送の形態には、「**コンテナ扱い**」と「**車扱**《しゃあつか》**い**」の２種類がある。「車扱い」とは、通常の貨車や石油などを運ぶタンク車などを１車単位で貸し切って輸送する形態。一方、「コンテナ扱い」は、貨物をコンテナという容器に混載して、容器ごと貨車に載せて輸送する形態のことだ。

以前は車扱いが鉄道輸送の主力で、「**４セ**」と呼ばれる石油、セメント、石灰石、石炭を中心に素材型の貨物を大量に運んでいた。ところが、産業構造が変化して素材型の産業が海外へ移転し、対象となる貨物量が激減してしまった上に、自動車輸送に取って代わられた面がある。それに対して１９５９（昭和34）年から始まったコンテナ扱いは、貨物の小ロット化に対応できることと、自動車と鉄道が共同して発荷主と着荷主の間をドアツードアで一貫輸送することが可能で、自動車と共存しながらその地歩を築いてきた。

コンテナ輸送の場合、鉄道を使わずに全行程を自

〈図表9〉鉄道輸送の業態別輸送量

事項＼年度	貨物数量（千トン）			輸送トンキロ（百万トンキロ）		
	2016（H28）年度	2017（H29）年度	2017(H29)年度構成比（%）	2016（H28）年度	2017（H29）年度	2017(H29)年度構成比（%）
貨物数量合計	44,089	45,170	100.0%	21,266	21,663	100.0%
（コンテナ計）	24,657	25,199	55.8%	19,651	19,966	92.2%
（車扱い計）	19,431	19,971	44.2%	1,614	1,696	7.8%
JR貨物	30,938	31,642	70.1%	21,000	21,400	
（コンテナ計）	21,994	22,437	49.7%	19,700	-	-
（車扱い計）	8,945	9,205	20.4%	1,300	-	-
民鉄（JR以外）	13,151	13,528	29.9%	-	-	-
（コンテナ計）	2,663	2,762	6.1%	-	-	-
（車扱い計）	10,486	10,766	23.8%	-	-	-

出所：『鉄道輸送統計年報』（国土交通省）、JR貨物の決算資料より作成

動車が運んでしまうこともあるのだが、鉄道輸送は自動車輸送に比べて、次のようなメリットがある。①長距離輸送ではコスト面で有利、②年間を通じて定時走行ができ、工場などの生産から出荷までのラインと一体化した、安定的で計画的な輸送が可能、③大量一括輸送に適している。

そのため、鉄道コンテナ輸送は、定時性が重視される各種工業品の調達や出荷、比較的大ロットの貨物輸送、宅配便貨物の幹線・長距離輸送、農産品や引越し荷物などに多用されるようになった。

コンテナ自体も最初はトラックの構造上、長さ10フィート（約3m）だったのだが、後に主力となる12フィートサイズが登場。さらに大型化される一方で、換気のできるもの、低温輸送のできるもの、あるいは液体用、粉粒体用のコンテナなど、さまざまな用途に応じられるように多様化している。

素材型貨物では地方民間会社にも存在感

その鉄道輸送を支えるのが、87年の**分割民営化**に

よって旧国鉄の貨物輸送部門を引き継ぎ、営業路線の大半をJR旅客会社各社から借り受けて全国展開している**日本貨物鉄道（JR貨物）**である。同社は鉄道輸送全体の輸送量のうちの70％（トンキロでは同社の平均輸送距離が長いために99％）を占める。

コンテナ扱いと車扱いの割合については、業界の合計重量では56対44、トンキロでは90対10とコンテナが優位にある。これは最大の事業者であるJR貨物の割合（重量で71対29、トンキロで92対8）に大きく影響されている。同社以外の事業者では、合計重量で20対80、同トンキロで15対85となっている。

JR貨物以外の事業者には、同社の関連会社である**臨海鉄道会社**が10社と、民間の鉄道会社（貨物専門の事業者と、旅客事業も兼営している事業者とがある）が加わる。ただし、いずれも地方での短距離運行のため、業界全体の営業収入である1248億円のうち95％、1184億円は、唯一全国展開しているJR貨物による（16年3月期）。

臨海鉄道会社は元々、全国の臨海工業地帯の開発にあわせて貨物輸送基盤を整備するために、旧国鉄と地元の自治体、その工業地帯への進出企業等が共同出資してつくられたもの。旧国鉄の民営化とともにJR貨物の関連会社となり、現在ではおもに臨海部の石油コンビナート等で、原料や製品の輸送を担当している。他の民間鉄道会社は、特定の企業に対して、セメントや石炭、石灰石、石油などの輸送を行っているケースが多い。

図表10は、JR貨物の品目別輸送量を示したものである。コンテナ扱いでは、その他と食料工業品が各17％、紙パルプ等と積合せ貨物等が各13％、そして化学工業品、農産品・農産物、他工業品、化学薬品が続く。車扱いでは、石油が7割近くを占め、車両、セメント、石灰石、その他が続いている。

図表として示していないが、同社以外の事業者の合計では石灰石、石油製品、石炭、化学薬品、その他化学工業品などが多い。石灰石や石炭、その他工業品、あるいはその他鉱産品や非鉄金属、金属製品、その他窯業品、日用品などではJR貨物を圧倒し、素材型の貨物輸送の主力である車扱いでは、そうした事業者が利用されていることを裏付けている。

〈図表10〉 ＪＲ貨物の品目別輸送量

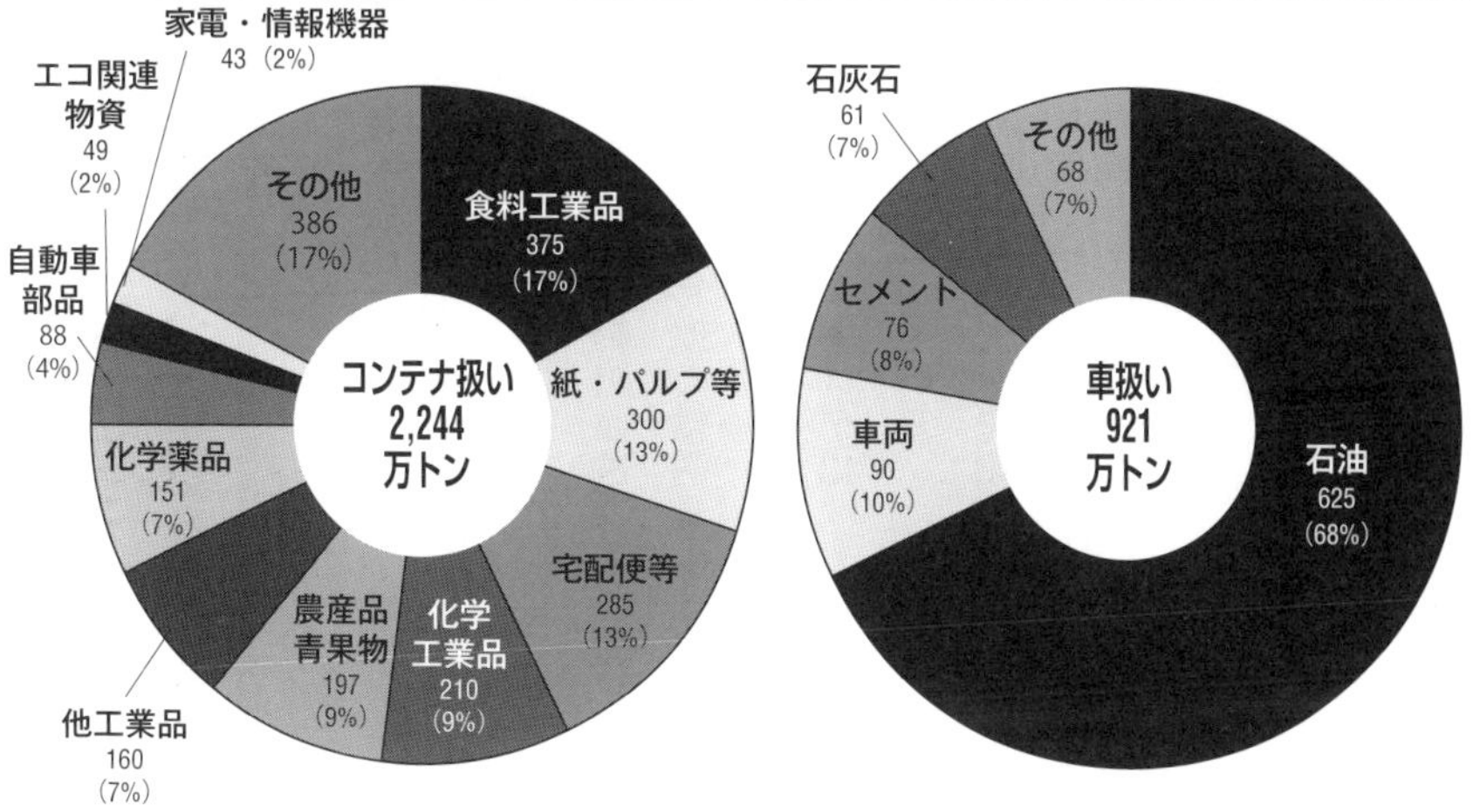

出所:同社の公表資料より作成
※1　2017年度
※2　単位未満を切り捨て表示

〈図表11〉 ＪＲ貨物の概要

社名	設立	資本金（百万円）	単体従業員数（名）	連結売上高（百万円）
日本貨物鉄道	1987年4月	19,000	5,404	191,693

出所:同社の公表資料より作成
※　2019年３月期

〈図表12〉 データで見る鉄道輸送業界

・国内貨物輸送量	4517万ｔ　216億6630万tkm　平均輸送距離480km	（18年３月期）
・国内貨物輸送分担率	トンベース0.9%　トンキロベース5.1%	（18年３月期）
・事業者総数	15社（他に旅客運輸を本業とする事業者も）	（17年３月期）
・従業員数	約8700名	（17年３月期）
・貨物営業キロ	8696.6km（ＪＲ貨物7959.1km＋民鉄454.8km）	（17年３月期）
・営業収入	1251億円（ＪＲ貨物1187億円＋民鉄63・7億万円）	（15年３月期）

5

内航海運業界は国内輸送の中核的存在

長距離・大量輸送を得意とする日本の〝大動脈〟だが、各事業者の規模は大きくない

産業基礎物資の輸送に果たす役割は大きい

国内を対象とした船舶輸送事業が内航海運だ。2017（平成29）年度の輸送量は3億6013万トン、1809億トンキロ。輸送機関別の分担率はトンで7・6％、トンキロが43・7％で、国内輸送の中核的な存在となっている。

戦後にわが国が物流量を増やしていく際に、輸送量があまり増えずに分担率を下げ続ける鉄道に代わって、増加分を自動車とともに吸収してきたのが内航海運である。これは、内航海運には自動車輸送のような機動性や利便性を求めることはできなくても、長距離・大量輸送にはきわめて適した輸送モードとして、自動車輸送を補完する形で存在意義を維持してきたからだろう。図表13のように、現在でも**輸送距離別の分担率**では、輸送距離を伸ばすほどにその存在感を増す。500キロ以上では自動車と逆転して、最も分担率が高くなっている。

わが国では古くから船舶輸送が行われてきたが、近代になって沿岸部に多くの臨海工業地帯ができると、そこへ原材料を運び込み、できあがった製品を消費地などへ運び出す中心は船舶輸送だった。現在、わが国には1000近い港湾があるが、臨海工業地帯や大消費地を控えた港を結び、産業基礎物資を中心に、自動車や電気製品、食料品や日用品といった生活物資なども運ぶ〝大動脈〟である。

また、外国から日本の港へ運ばれてきた物資や製品、あるいは日本から輸出されるさまざまな貨物など、外航海運の扱う荷物の6割弱にも上る物資を内

〈図表13〉距離帯別の輸送機関分担率

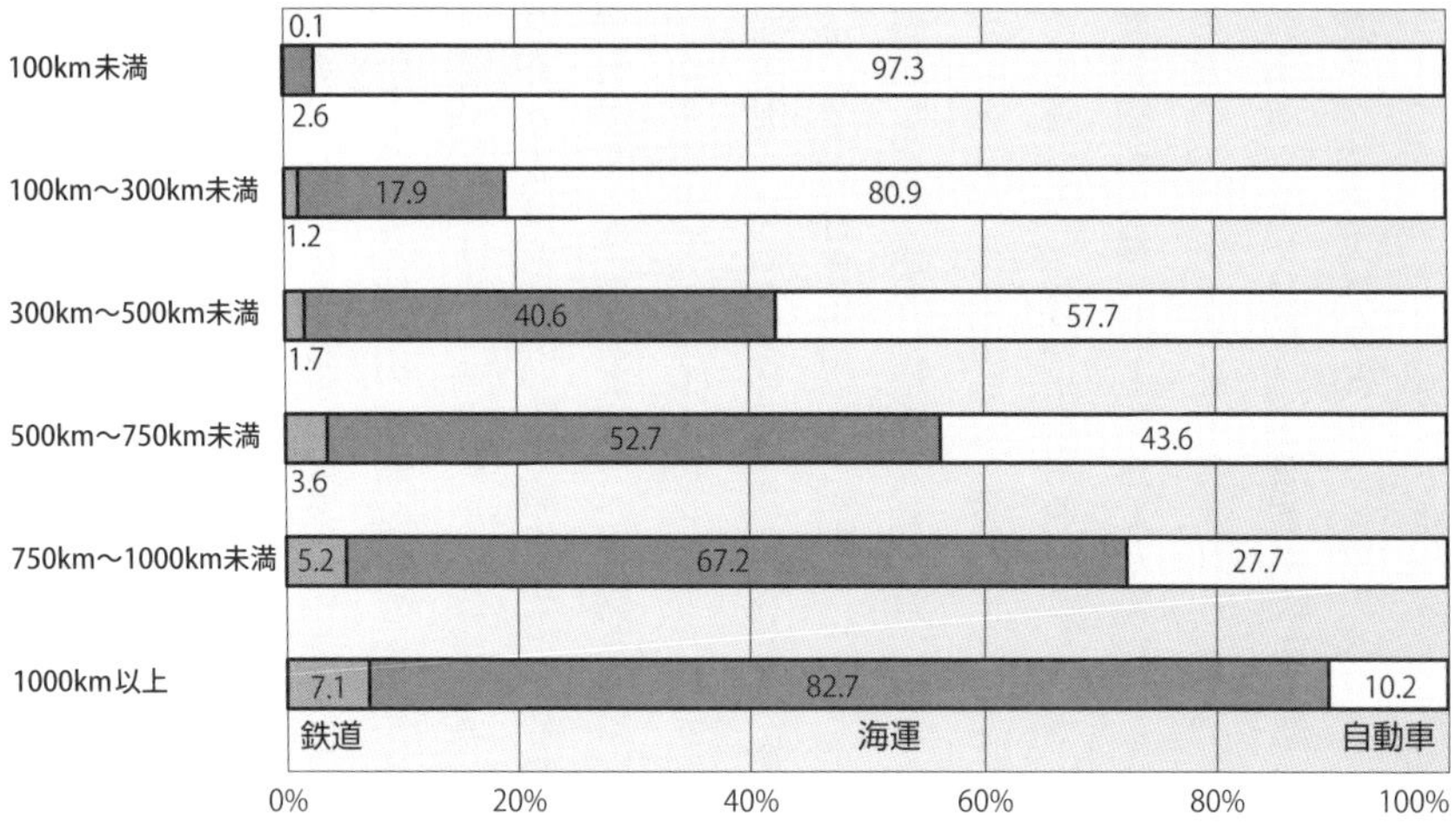

出所:『数字でみる物流　2018』(日本物流団体連合会)より作成
※　2016年度

航海運が日本各地の港へと運んでいる。これは世界にもあまり例のないことである。

次々頁**図表14**は、内航海運の輸送品目別のシェア。非金属鉱物、石油製品、金属、セメント、砂利・砂・石材、化学薬品・肥料・その他、石炭、製造工業品、機械の産業基礎物資9品目の合計で、トン、トンキロのどちらも9割を超えている。図表にはないが、産業基礎物資各品目の国内総輸送量を見ると、セメントや石油製品はそれぞれ9割前後、鉄鋼を中心とした金属では6割超、産業基礎物資全体でも8割を内航海運がまかなっている（トンキロベース）。

中小規模の事業者が多い業界

船舶輸送の形態は、内航か外航かを問わず、「**定期船**」と「**不定期船**」とに分類される。**ライナー**と呼ばれる定期船は、航路や寄港地、発着日時などがほぼ決まっており、その日程に従って運航するので、荷主もそれに応じて輸送を依頼する。一方、**トランパー**と呼ばれる不定期船のほうは、航路や就航する期日が定まっているわけではなく、積み荷があればそれに応じて運航されるため、荷主は通常、船舶を貸し切って**チャーター（傭船）**することになる。

積み荷に応じて多様な船舶が用意されており、それぞれの船隻数と船腹量は**図表15**のようになっている。「**総トン**」というのは船全体の大きさ（容積）を示すもので、1トン当り約1・13㎥である。

5200隻ほどの内航船舶の18年3月期の内訳は、食料品や工業製品といった雑貨を運ぶ「一般貨物船」が7割近く、オイルタンカーとして原油基地や製油基地と消費地とを結ぶ「油送船」が2割弱、「土・砂利・石材専用船」とエチレンやプロピレン、化学製品などを運ぶ「特殊タンク船」が各6％前後、残りが「セメント専用船」、乗用車を一度に700台近くも運べる「自動車専用船」となっている。

一般貨物船には、陸上輸送でも使われるコンテナ輸送のためのコンテナ船も含まれている。海運で使用されるコンテナは陸運で使われるものより大き目で、長さ×幅×高さが20×8×8・6フィートが標準とされている。内航海運で使われる貨物船には、100個程度のコンテナを積み込むことができる。

「**内航海運業法**」では内航海運の事業者として、総トン数100トンまたは長さが30メートル以上の船舶を使用して事業を営み、国交省への登録が必要な「**登録事業者**」を規定している。国交省へ届け出てそれら未満の船舶で事業を行う「**届出事業者**」も存在する。19年4月1日現在、休止事業者を除いた実事業者は2904者だが、うち登録事業者が1862者、届出事業者が1042者となっている。

また事業区分として、自社で船舶の運航まで行う「**船舶運送事業者**」**（オペレーター）**と、自らは運航を行わずに船舶を貸し出したり運航を委託する「**船舶貸渡し事業者**」**（オーナー）**に分けられる。法的にはそうした区分は廃止されたが、一部のオペレーターの傘下でその他のオペレーターやオーナーが事業を営む構造は変わっていない。

それは、事業者の99・7％が中小企業で、届出事業者と、使用船舶が一隻以下の「一杯船主」と呼ばれる登録事業者が全事業者の約7割を占めるなど、小規模事業者の多い業界構造があるからだ。

〈図表14〉内航海運の輸送品目別シェア

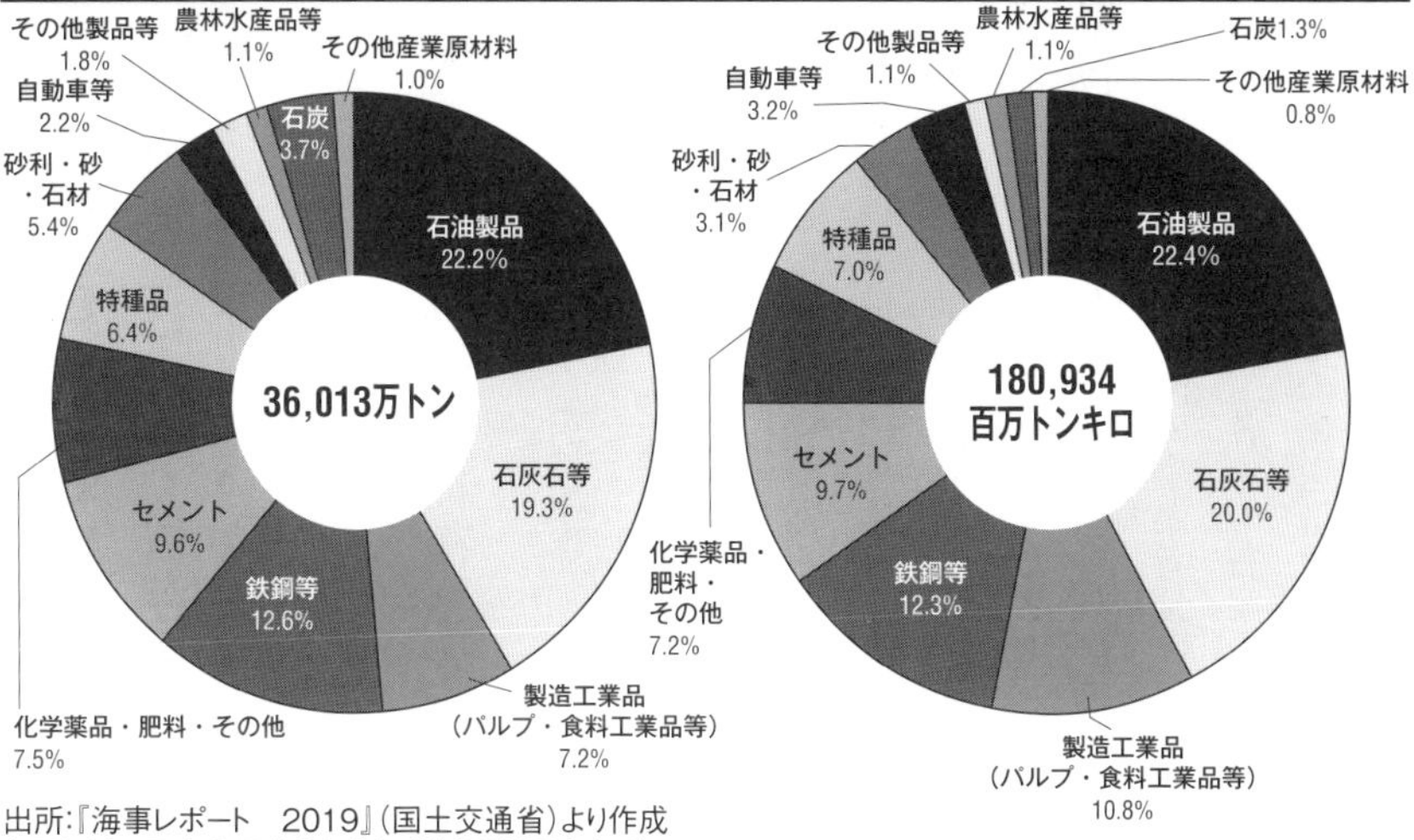

出所:『海事レポート　2019』（国土交通省）より作成
（元資料は国土交通省『内航船舶輸送統計年報』）
※　2017年度

〈図表15〉内航船舶の船種・船質別船腹量

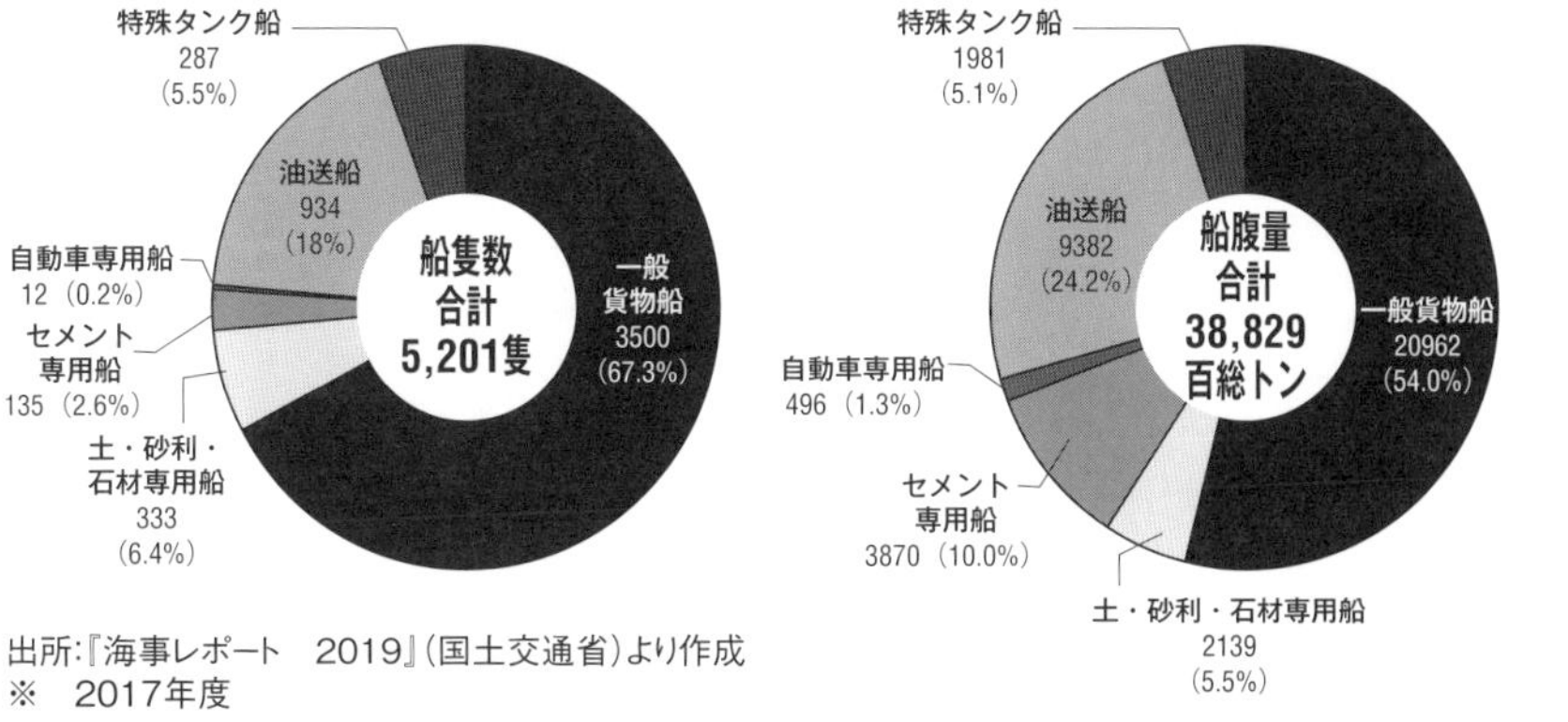

出所:『海事レポート　2019』（国土交通省）より作成
※　2017年度

〈図表16〉データで見る内航海運業界

・国内貨物輸送量	3億6013万 t　1809億 tkm　平均輸送距離502km	（18年 3 月期）
・国内貨物輸送分担率	トンベース7.5%　トンキロベース43.7%	（18年 3 月期）
・事業者総数	2904者（休業者や兼業者を除いた実事業者数）	（19年 4 月期）
・内航船員数	2万7490人（うち国内貨物輸送2万256名）	（15年10月期）
・船腹量	5201隻　388万2915総t	（18年 3 月期）
・営業収入	8370億円	（16年 3 月期）

6 国際貨物輸送を担う船舶輸送と航空機輸送

外航海運に大きく依存するが、金額ベースでは空運の活躍も光る

船舶輸送が圧倒的な存在感を示す

国際貨物輸送事業の輸送機関は、基本的に船舶（外航海運）か航空機（空運）に限られる。ただし、そ**キャリヤー**だけでなく**フォワーダー**も参入しているのは、国内輸送市場と同様である。

船舶と航空機では一度に輸送できる重量に大きな違いがあるため、量的には船舶輸送の独壇場だが、航空機輸送も着実にその勢力を拡大している。

図表17は平成に入って以来の国際輸送量の推移を見たものである。わが国の事業者分に限って船舶と航空機を比較したのが、各年の右側の欄。わが国の事業者による国際貨物の輸送量は、１９９０（平成２）年の６億９８５万トンから10億２０００万トン（２０１６年）まで１・７倍に増えているが、そのうちの航空機輸送分は２・５倍にまで伸びている。

金額ベースなら航空機輸送分も3割弱

また、航空機輸送の特徴の1つとして、小さく軽く貴重なものを運ぶのを得意とするが、金額ベースで国際貨物輸送の状況を示したのが**図表18**である。

これによると、１９８０（昭和55）年の両者の分担率は91・4％対8・6％で、航空機輸送の分担率は重量ベースよりもたしかに高い。さらに、35年ほどの間に分担率の差を縮めて、２０１６年には、１３９兆円余の国際輸送市場を船舶輸送が71％、航空機輸送が29％で分け合うまでに、航空機輸送が存在感を増している。

〈図表17〉国際貨物輸送量と分担率の推移（重量ベース）

（単位：千トン）

区分＼年		1990（平成2）		2000（平成12）		2010（平成22）		2016（平成28）	
海運合計		783,891	609,226	889,737	739,377	915,449	819,075	935,219	1,018,441
	分担率	99.8%	99.9%	99.7%	99.8%	99.7%	99.8%	99.6%	99.8%
輸出		70,739	33,276	101,735	34,960	156,408	44,758	167,661	65,911
	分担率	9.0%	5.3%	11.4%	4.7%	17.0%	5.5%	17.9%	6.5%
輸入		713,152	479,365	788,002	538,875	759,041	465,898	767,559	513,114
	分担率	90.8%	78.6%	88.3%	72.8%	82.7%	56.8%	81.8%	50.3%
三国間			96,585		165,542		308,419		439,416
	分担率		15.8%		22.4%		37.6%		43.1%
航空合計		1,581	622	2,927	1,161	3,023	1,325	3,494	1,567
	分担率	0.2%	0.1%	0.3%	0.2%	0.3%	0.2%	0.4%	0.2%
輸出		730	280	1,318	494	1,418	569	1,678	751
	分担率	0.1%	0.0%	0.1%	0.1%	0.2%	0.1%	0.2%	0.1%
輸入		851	321	1,609	647	1,606	665	1,817	815
	分担率	0.1%	0.1%	0.2%	0.1%	0.2%	0.1%	0.2%	0.1%
三国間			21		20		91		27
	分担率		0.0%		0.0%		0.0%		0.0%
合計		785,472	609,848	892,664	740,538	918,472	820,400	938,713	1,020,008
	分担率	100.0%	100.0%	100.0%	100.0%	100.0%	100.0%	100.0%	100.0%

出所：『国土交通白書　2018』（国土交通省）、『数字でみる物流　2018』（日本物流団体連合会）より作成
（元資料は国土交通省海事局および航空局資料）
※　各年の２つある欄の右欄は、わが国商船隊およびわが国航空企業による輸送量と分担率

〈図表18〉国際貨物輸送量と分担率の推移（金額ベース）

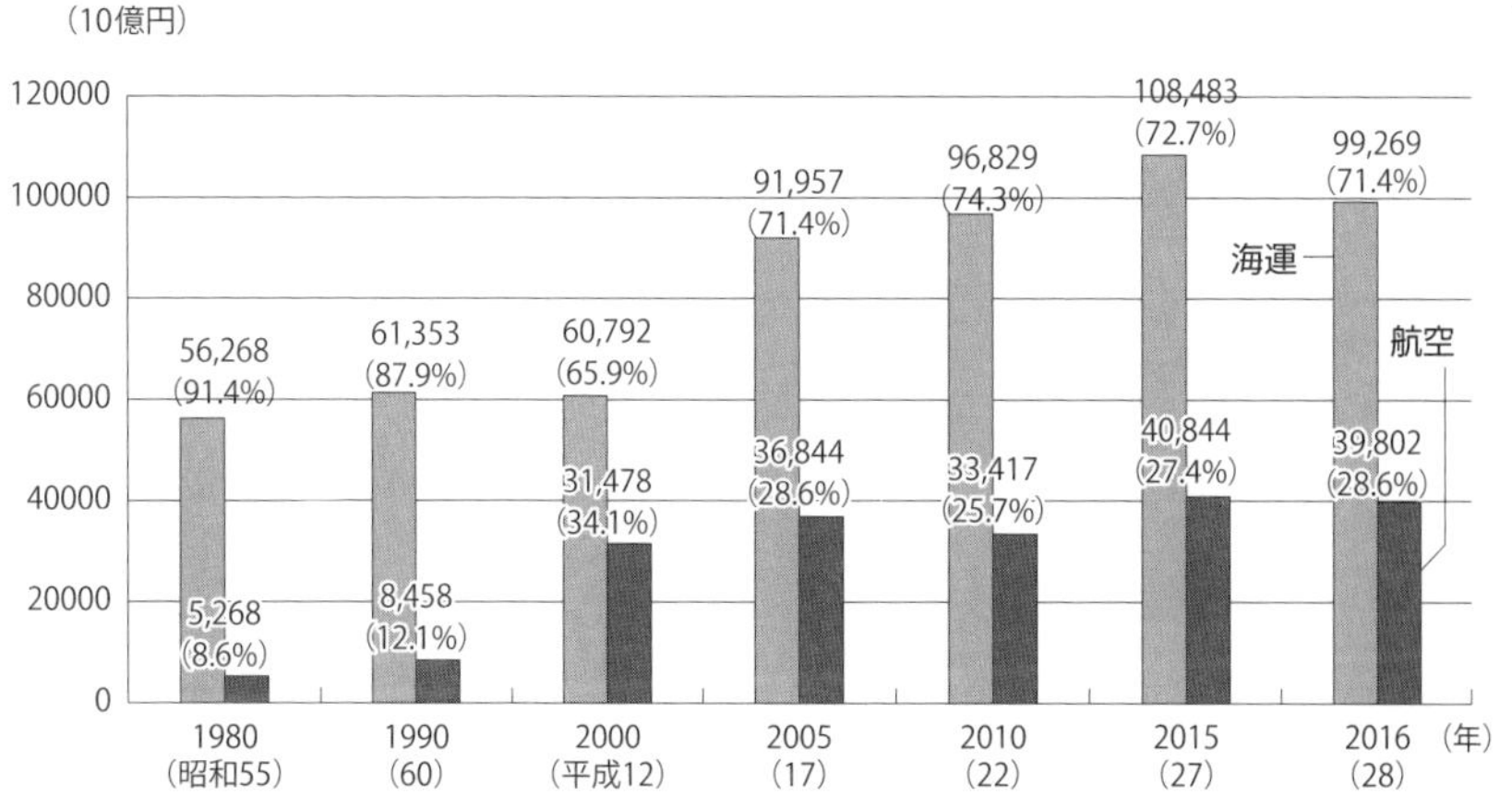

出所：『数字でみる物流　2018』（日本物流団体連合会）より作成
（元資料は日本関税協会『外国貿易概況』）
※　輸出入の合計

7

日本のライフラインを支える外航海運業界

物流業界では自動車輸送に次ぐ規模。国際的な貨物輸送で貿易を実質的に担う

外国との貿易でわが国の死命を握る

海運事業のうち、国内輸送を担う内航海運と違い海外との輸送を行うのが外航海運である。日本は食料やエネルギー、工業原料といった資源に乏しく、それらを海外から受け入れることで成り立っている。さらに、輸入したエネルギーや原材料をもとに、進んだ技術でつくり出した工業製品などを海外に輸出して外貨を獲得し、世界有数の経済大国と呼ばれるまでになった。このように、貿易はわが国の死命を制するライフラインの役割を果たしており、それを支える国際貨物輸送において非常に大きなウエートを占めているのが外航海運だといえよう。

次々頁の**図表19**は、わが国の品目別の**海上貿易**（船舶による輸送）量と貿易額を示したものである。これによると2018（平成30）年は、重量ベースで9億1984万トン、金額ベースでは117兆4616億円だった。内訳は輸出が1億6164万トン（57兆4323億円）、輸入が7億5821万トン（60兆293億円）と、特に重量ベースでは輸入に偏った構成になっている。

その背景には、原材料を輸入して製品を輸出するという、以前から続くわが国の貿易構造がある。たしかに海上貿易の内容を品目別に見ると、輸出では鉄鋼や機械類、セメント、乗用自動車、電気製品など、輸入では石炭、原油、鉄鉱石、LNG（液化天然ガス）、LPG（液化石油ガス）、トウモロコシや大豆、小麦といった穀物類などが多い。ちなみに、世界の荷動き量の中でわが国発着分の占める割合は

下降傾向にある。

地域別には、重量ベースで輸出全体の約7割が対アジア、次いで北米が8％弱、残りが欧州、大洋州（オセアニア）、中東、中南米、アフリカなど。輸入では大洋州が3割弱、中東、アジアが各2割前後で続き、残りを北米、欧州、中南米、アフリカなどが分け合っている。

実は、こうした海上貿易量には外国の海運会社による輸送分が含まれており、わが国商船隊分だけに限ると輸出が7871万トン、輸入が5億3617万トンである。「**わが国商船隊**」というのは、日本籍船のみならず、日本の海運会社が外国で船舶を建造し、便宜的にそれらの国の船籍で登録・保有させた「**仕組船**」を中心とする「**外国用船**」によって構成されている。

さらに、モノづくりのグローバル化によって増加中の、積地・揚地の両方が日本以外の**三国間輸送**分、4億1745万トンを加えた10億3234万トンが、日本の外航海運会社の真の実力だといえる。なお、国際空運でも使われる言葉だが、貿易量に対する自国企業分を「**積取**《つみとり》**比率**」といい、外航海運における輸出のそれは48・7％、輸入では70・7％となっている（いずれも2018年）。

世界規模の事業者はかなり限られる

外航海運では、内航以上に多彩な積み荷に対応すべく、貨物の種類に応じてさまざまなタイプの船舶が用意されている。たとえば、内航で使われるタンカーよりずっと大型の「油送船」。クリーンエネルギーとして注目されるLNG（液化天然ガス）をマイナス162度に冷却し、液化させて体積を圧縮して運ぶ「LNG船」。さらに、液化石油ガス（LPG）を同様に低温で液化させるか、加圧して常温で運ぶ2種類のタイプがある「LPG船」など。

他にも、船内を自動車が自走できる巨大な立体駐車場のようにして、一度に5000台以上も運べる「自動車専用船」。穀物や石炭などを〝ばら〟（バルク）のまま大量に運ぶ「ばら積船」。そして、内航海運の30倍以上の7000個ものパレットを積むことのできる「コンテナ船」などがある。

図表20は、わが国商船隊の船種別の船腹量を示したものである。外航海運で船舶の大きさ（容積）を示す「総トン」は、国際的に統一された「**国際総トン**」（1トン当り約2・83㎥）のことで、内航海運で使われる指標とは異なる基準で計算される。

外航海運事業は、巨大な船舶を数多く傘下に置き、非常に長い距離を移動させる。荷動きは世界各国の景気動向や商品市況に影響され、金利や為替レート、燃料油価格の変動など多くの経営リスクにさらされる。そのため、非常に資本力を要するので、事業者の数は約200と少なく、世界的な規模で事業展開している企業はかなり限られている。

〈図表19〉わが国の品目別の海上貿易量と貿易額

	品目	数量（千トン）	構成比（%）	金額（億円）	構成比（%）
輸出入合計		919,843	100.0	1,174,616	100.0
輸出	総計	161,637	17.6（100.0）	574,323	48.9（100.0）
	鉄鋼	36,113	3.9（22.3）	34,167	2.9（5.9）
	セメント	10,653	1.2（6.6）	361	0.0（0.1）
	機械類	13,621	1.5（8.4）	197,062	16.8（34.3）
	乗用自動車	6,201	0.7（3.8）	109,329	9.3（19.0）
	電気製品	1,494	0.2（0.9）	53,778	4.6（9.4）
	肥料	476	0.1（0.3）	120	0.0（0.0）
	その他	93,079	10.1（57.6）	179,506	15.3（31.3）
輸入	総計	758,206	82.4（100.0）	600,293	51.1（100.0）
	乾貨物計	488,294	53.1（64.4）	437,405	37.2（72.9）
	鉄鋼石	123,852	13.5（16.3）	10,296	0.9（1.7）
	石炭	189,320	20.6（25.0）	28,121	2.4（4.7）
	燐鉱石	219	0.0（0.0）	47	0.0（0.0）
	塩	7,301	0.8（1.0）	308	0.0（0.1）
	銅鉱	5,248	0.6（0.7）	10,407	0.9（1.7）
	ニッケル鉱	3,661	0.4（0.5）	240	0.0（0.0）
	ボーキサイト	43	0.0（0.0）	21	0.0（0.0）
	木材	6,425	0.7（0.8）	4,072	0.3（0.7）
	パルプ	1,713	0.2（0.2）	1,702	0.1（0.3）
	チップ	12,449	1.3（1.6）	2,520	0.2（0.4）
	小麦	5,652	0.6（0.7）	1,811	0.1（0.3）
	米	672	0.1（0.1）	543	0.0（0.1）
	大麦・裸麦	1,264	0.1（0.2）	385	0.0（0.1）
	トウモロコシ	15,802	1.7（2.1）	3,721	0.3（0.6）
	大豆	3,236	0.3（0.4）	1,701	0.1（0.3）
	その他	111,361	12.1（14.7）	371,470	31.6（61.9）
	液体貨物計	269,912	29.3（35.6）	162,888	13.9（27.1）
	原油	148,957	16.2（19.6）	89,036	7.6（14.8）
	LNG	82,852	9.0（10.9）	47,389	4.0（7.9）
	LPG	10,734	1.2（1.4）	6,908	0.6（1.2）
	重油	2,536	0.3（0.3）	1,423	0.1（0.2）
	その他	24,834	2.7（3.3）	18,131	1.5（3.0）

出所:『海事レポート　2019』（国土交通省）より作成
（元資料は財務省『貿易統計』）
※1　2018年分
※2　構成比は輸出入合計に対する数値、同欄の（　）内は輸出と輸入それぞれの総計に対する数値

〈図表20〉わが国商船隊の船種別一覧

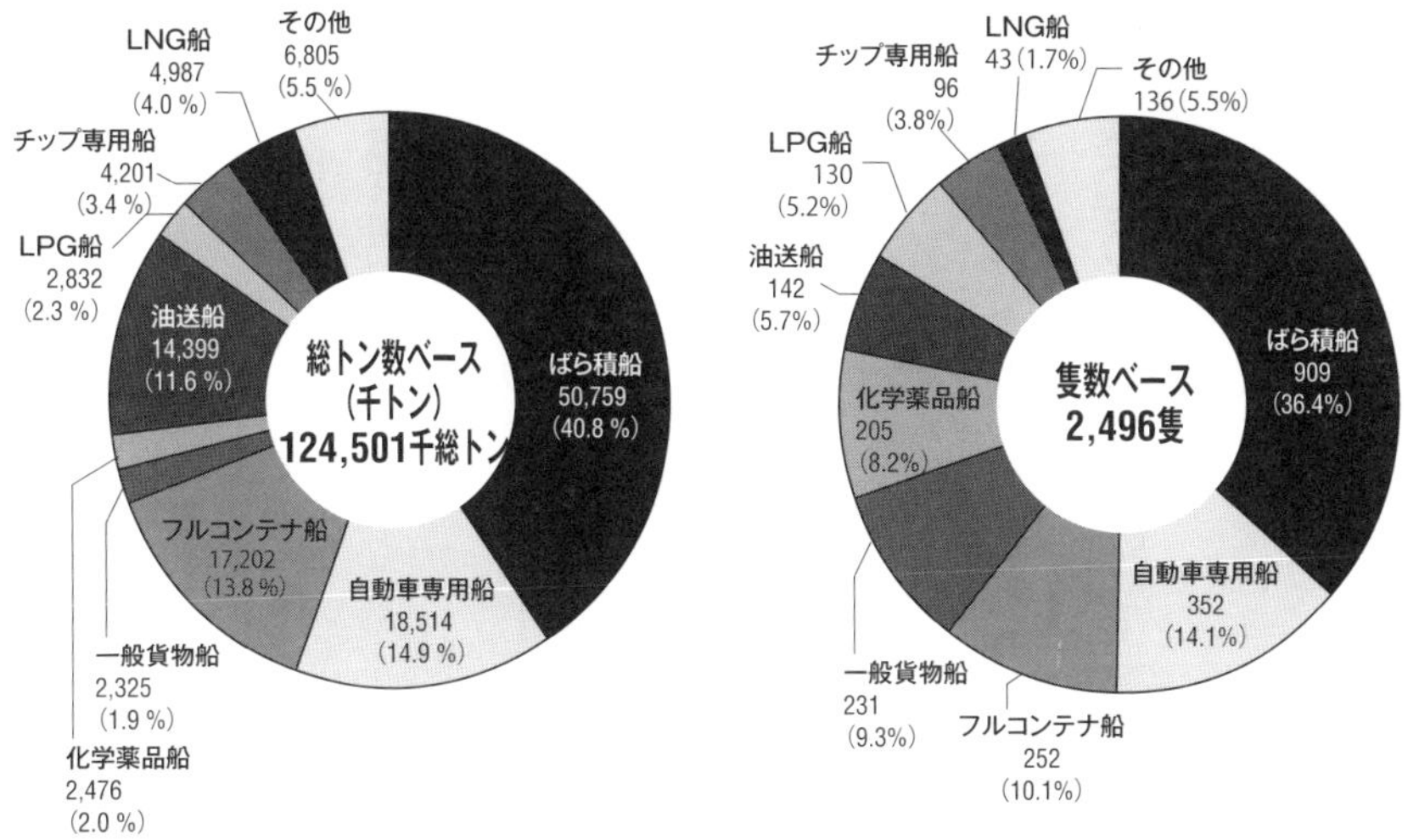

出所:『海事レポート　2019』(国土交通省)より作成

〈図表21〉外航海運大手３社の概要

社名	設立	資本金（百万円）	連結従業員数（名）	連結売上高（百万円）
日本郵船	1885年9月	144,319	35,711	1,829,300
商船三井	1884年5月	65,400	8,941	1,234,077
川崎汽船	1919年4月	75,457	6,022	836,731

出所：各社の公表資料より作成
※　2019 年３月期

〈図表22〉データで見る外航海運業界

・国際貨物輸送量	10億3234万ｔ（わが国商船隊分）	(18年末暫定値)
・事業者総数	194者	(17年 3 月期)
・従業員数	約7000名（報告書提出169者分）	(17年 3 月期)
・船員数	2237名（うち国際貨物輸送1851名）	(17年10月期)
・保有船舶	2496隻　1億2450万総トン（わが国商船隊2000総トン以上）	(18年 6 月期)
・営業収入	4兆7561億円（報告書提出169者分）	(17年 3 月期)

8 国際輸送で勢力を拡大する航空機輸送業界

専業事業者は多くなく、フォワーダーやインテグレーターなどの参入が目立つ

航空機による空運市場には、貨物輸送専門の航空会社だけでなく、旅客輸送と兼業する航空会社やフォワーダー、そして「**インテグレーター**」と呼ばれる外国資本の総合物流会社などが参入している。

フォワーダー以外に七十数社ある空運事業者のうち、貨物の輸送実績のある定期航空機輸送事業者は約20社存在しており、その営業収入の合計は3000億円以上である。この事業者たちの国内外の輸送実績を見ていくことにしよう。

国内輸送のうち遠距離区間で力を発揮

まず、航空機による国内の貨物輸送量は、2017（平成29）年度で99万9000トン、トンキロベースでは10億6600万トンキロだ。輸送機関別の分担率はそれぞれ0・02％と0・26％であった。

航空機の大型化や増便などで輸送量を増やした時期もあるが、いかんせん他の輸送機関に比して1回の輸送量が少なく、量的な面で存在感を示すのはむずかしい面がある。

だが、平均輸送距離は1070キロと他の国内輸送機関に比べて断然長い。鉄道や内航海運の2倍を超え、自動車と比較すると22倍である。高コストながら、小さくて軽いものであれば遠距離を短時日で輸送でき、輸送事業の一部を補完する役割を担っているのだ。

先述の国内の貨物輸送量のうち、不定期航路分と超過手荷物および郵便物分を除いて最近の推移を見たのが、**図表23**である。18年度は82万3360トン、8億8090万トンキロを運んでいる。大きな変動

はないものの、ここ5年ほどは緩やかな減少が続いている。なお、「**幹線**」というのは、札幌（新千歳）、東京（羽田）、成田、大阪、関西、福岡、沖縄（那覇）の各空港を相互に結ぶ路線のこと。「**ローカル線**」は、これら以外の各路線を指す。

次頁の**図表24**にあるように、貨物輸送量の多い路線の上位には、トンとトンキロで順位は異なるものの、東京・福岡間、東京・新千歳間、東京・沖縄間と、やはり自動車や鉄道では長時間輸送を余儀なくされる都市間が入っている。

小さく高価な貨物の輸送が増える
国際空運

一方、国際空運における貨物輸送量のうち、わが国の空運事業者分（定期分で超過手荷物分および郵便物を除く）は144万6565トン、トンキロベースでは78億8982万トンキロとなっている（18年度）。

その方面別の内訳が次頁の**図表25**だが、中国、米大陸、その他アジアがそれぞれ20%を超え、欧州が

〈図表23〉国内航空貨物の輸送実績

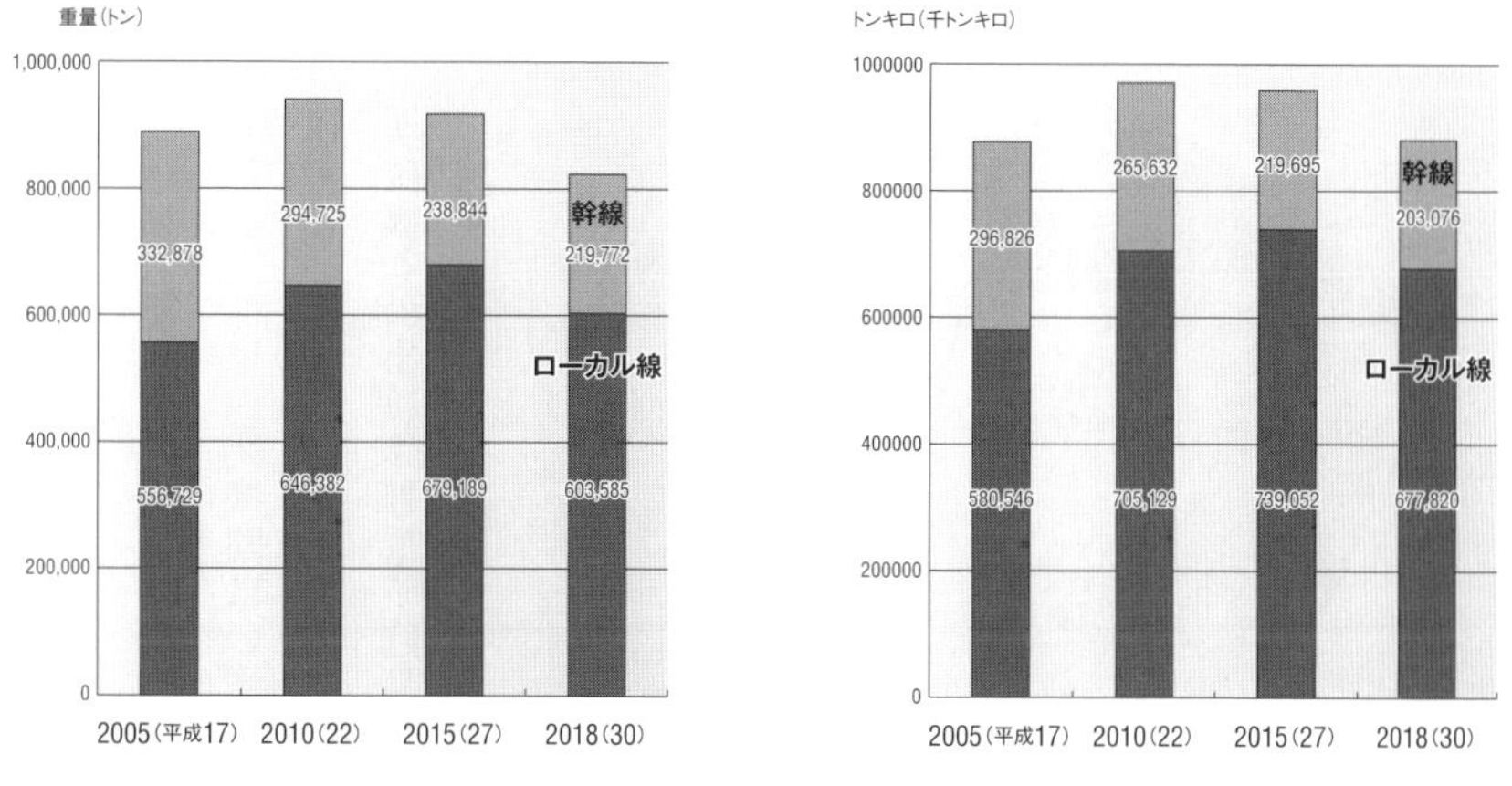

出所:『航空輸送統計年報　平成30年』（国土交通省）より作成
※1　定期便による
※2　超過手荷物および郵便物を除く

10％台で続いている。大きく伸びているのは中国、その他アジア。太平洋、オセアニアも増えているが、欧州、米大陸は減少している。

図表26は、国際貨物輸送の主要品目別の割合（16年度。金額ベース）を、輸出入のそれぞれについて見たものである。

また、国際貨物の総輸送量のうち航空機による割合を「**航空化率**」というが、輸入のその他の項目に入るダイヤモンド、貴石、機械機器の航空機、半導体等電子部品、航空機用内燃機関はいずれも航空化率が96％を超えている。また輸出では、非金属鉱物品の真珠、機械機器の半導体等電子部品、映像機器、

〈図表24〉国内航空貨物の路線別輸送実績

順位	路線別	貨物重量（キロ）	貨物トンキロメートル
1	東京（羽田）ー福岡	151,350,610	157,555,984
2	東京（羽田）ー新千歳	144,283,296	128,989,262
3	東京（羽田）ー沖縄（那覇）	127,216,074	214,613,514
4	東京（羽田）ー大阪	69,411,398	35,677,458
5	大阪ー沖縄（那覇）	32,360,740	42,198,404
6	東京（羽田）ー鹿児島	22,195,934	24,659,686
7	福岡ー沖縄（那覇）	16,972,713	17,108,497
8	関西ー沖縄（那覇）	16,784,768	21,165,594
9	東京（成田）ー沖縄（那覇）	16,085,540	30,353,411
10	東京（羽田）ー広島	15,208,827	12,014,975
11	東京（羽田）ー熊本	14,481,803	15,727,234
12	沖縄（那覇）ー宮古島	12,355,425	4,349,108
13	東京（羽田）ー長崎	12,287,932	14,045,106
14	沖縄（那覇）ー石垣	12,199,387	5,758,108
15	中部ー沖縄（那覇）	10,050,744	14,774,591

出所:『航空輸送統計年報　平成 30 年』（国土交通省）より作成

※　2018 年度

〈図表25〉 国際空運の路線方面別輸送実績

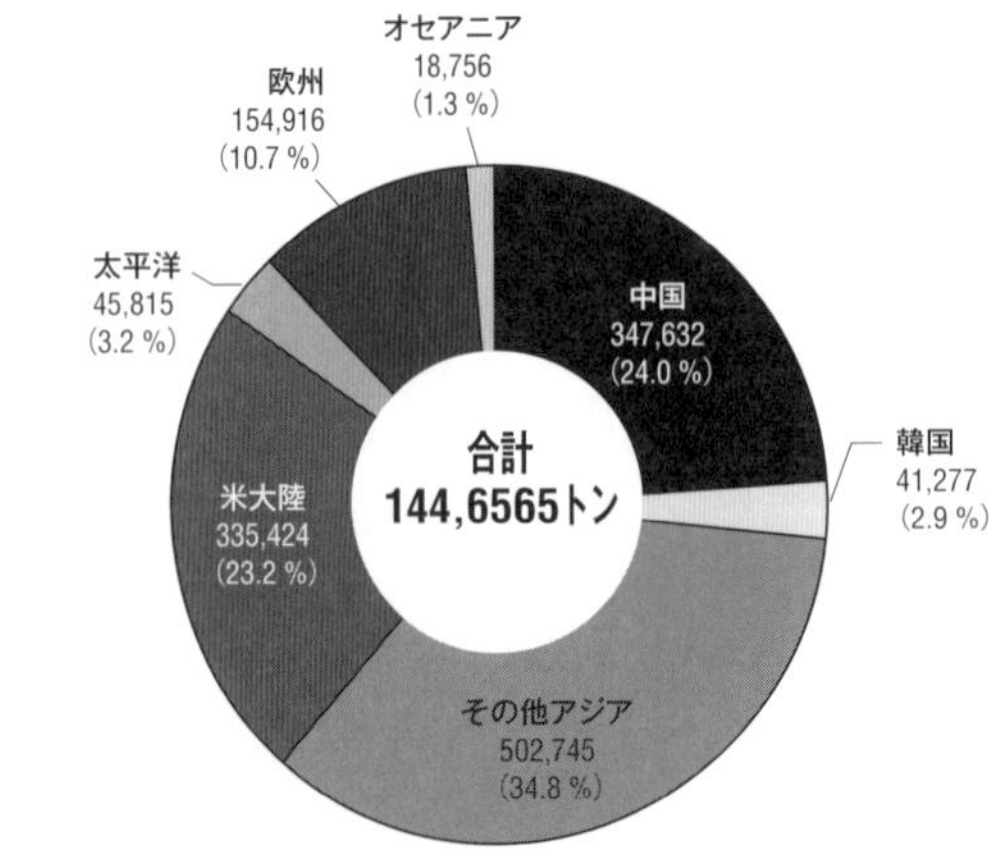

出所:『航空輸送統計年報　平成30年』(国土交通省)より作成

※1　本邦航空運送事業者による実績

※2　定期便による

※3　超過手荷物および郵便物を除く

〈図表26〉国際空運の主要品目別貨物輸送量

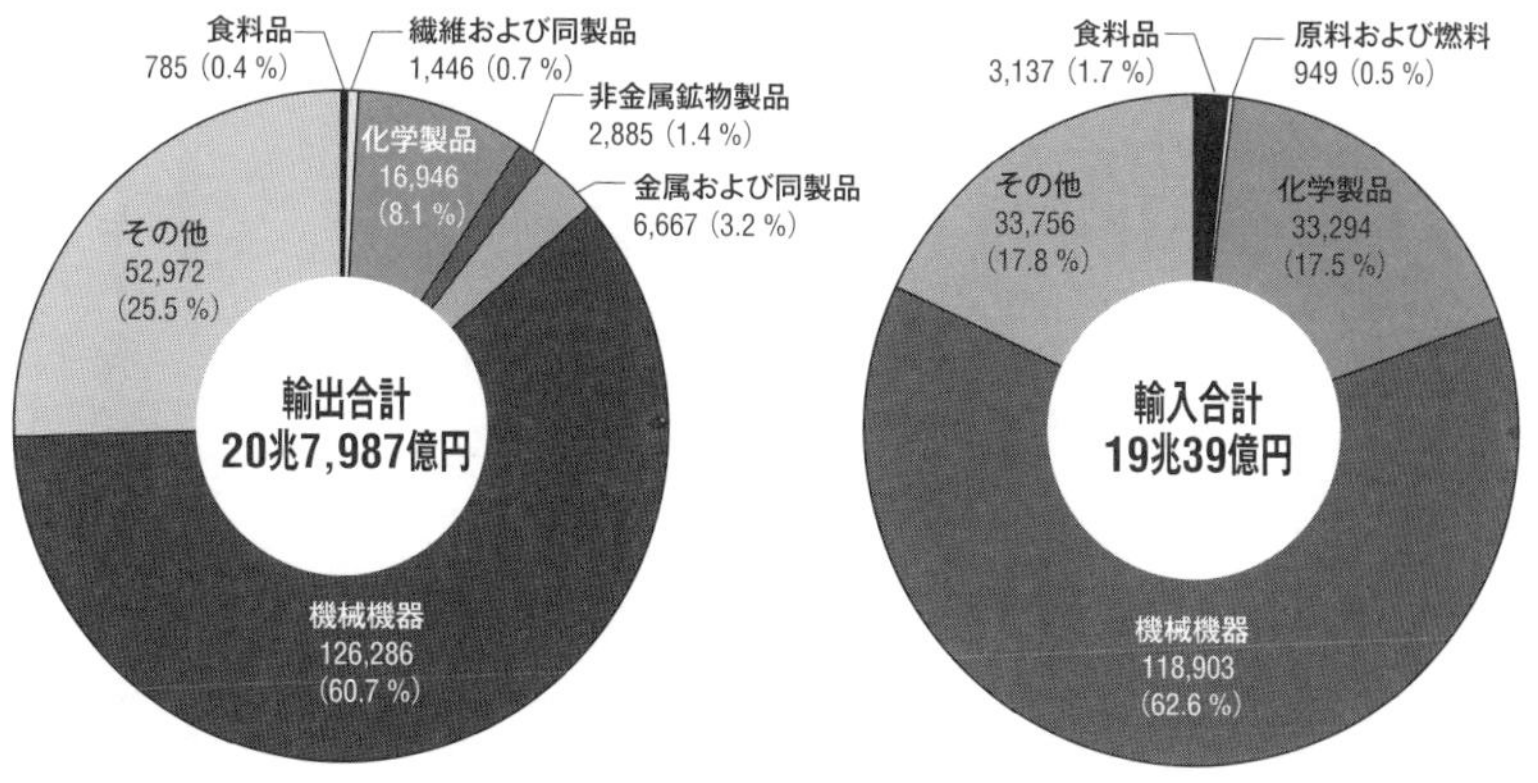

出所:『数字でみる物流　2018』（日本物流団体連合会）より作成
（元資料は日本関税協会『外国貿易概況』）
※1　2016年度
※2　金額ベース

〈図表27〉データで見る航空機輸送業界

・国内貨物輸送量	99万9000 t　10億6600万tkm　平均輸送距離1070km	（18年3月期）
・国内貨物輸送分担率	トンベース0.02％　トンキロベース0.26％	（18年3月期）
・国際貨物輸送量	144万6565t　78億8982万tkm（わが国航空企業分）	（19年3月期）
・事業者総数	約70社（うち定期航空運送事業約20社）	（17年3月期）
・営業収入	3028億円（上記定期航空運送事業社）	（17年3月期）

科学光学機器、化学製品の医薬品などの航空化率が60％以上となっている。

国際航空輸送はここ20〜30年で、大きく勢力を拡大している。その背景には、半導体等電子部品のように、小さく軽量で高額な貨物の輸送が増えていることや、「クーリエ」や「S／P」といった国際小口急便サービスが広く受け入れられるようになったことなどが挙げられ、今後の展開も大いに期待されている。

9 各種物流事業でも存在感を示すフォワーダー

キャリヤーを通じた輸送および輸送前後の各種物流サービスを提供

ルーツは鉄道貨物の「通運事業者」

自社の輸送機関ではなく他社保有のものを活用して行う輸送事業のことを「**利用運送事業**」（**フォワード事業**）と呼ぶ。そして、フォワード事業に特化している事業者たちが「フォワーダー」である。

このうち、国際航空輸送を得意とする事業者を「エア・フレイト・フォワーダー」、外航船舶輸送が得意な事業者は「NVOCC」（非船舶運航業者、NV）と呼ぶこともある。

現在ではフォワーダーというと、国際航空利用運送事業者の代名詞のように思われている。しかし、元々は鉄道貨物輸送を利用して、発荷主と着荷主の間を一貫して貨物を取り扱う「**通運事業者**」（貨物の列車への積込みや積降ろし、荷主と駅の間の集配送などを行う）がルーツだ。

日本通運は、社名のとおりこの通運事業で成長を続けてきたのだが、キャリヤーとしての事業部分も拡大させ、自動車輸送でわが国トップ企業になるとともに、総合物流会社として世界的な規模を持つに至っている。

フォワーダーの業務としては、輸送予約や混載化（複数の荷主の荷物を集め、キャリヤーの輸送スペースを埋めること）、キャリヤーを通じての輸送などが挙げられる。さらに、輸送前後の物流サービスである荷物の集配送や輸送機関への積込みや積降ろし、倉庫での保管、梱包、仕分け、検品といったことを代行するケースが多い。国際物流であれば、通関や納税のための書類作成や手続きなども代行す

〈図表28〉 フォワーダーはどんな事業か

貨物利用運送事業法に基づき、海運等の実運送事業者の行う運送を利用して貨物の運送を行う事業であり、集荷から配達までの複合一貫運送サービスを行うか否かにより、第一種貨物利用運送事業または第二種貨物利用運送事業に分類されます。

貨物利用運送事業者が、荷主のさまざまな輸送ニーズに対応した物流のコーディネートを行うことにより、個々の実運送事業者は、自ら営業活動することなく貨物を得られるといえます。

（利用運送の概念）

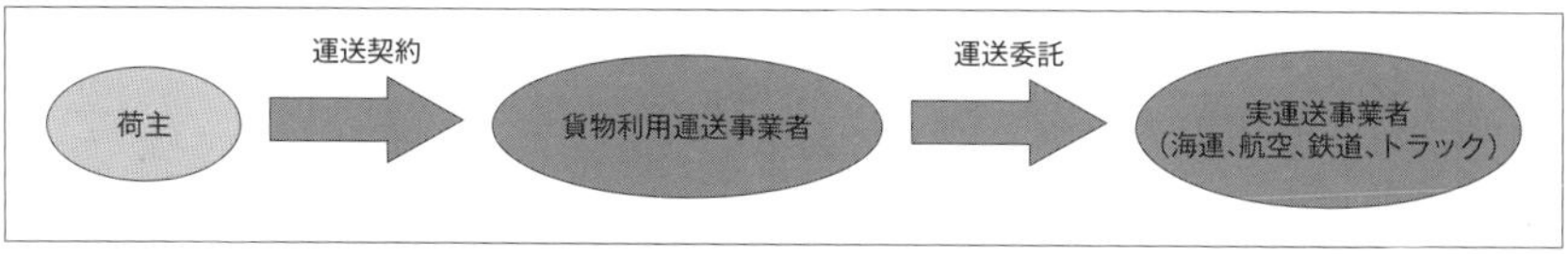

第一種貨物利用運送事業

○単一モードの利用運送を提供
○利用する実運送機関：海運、航空、鉄道、トラック

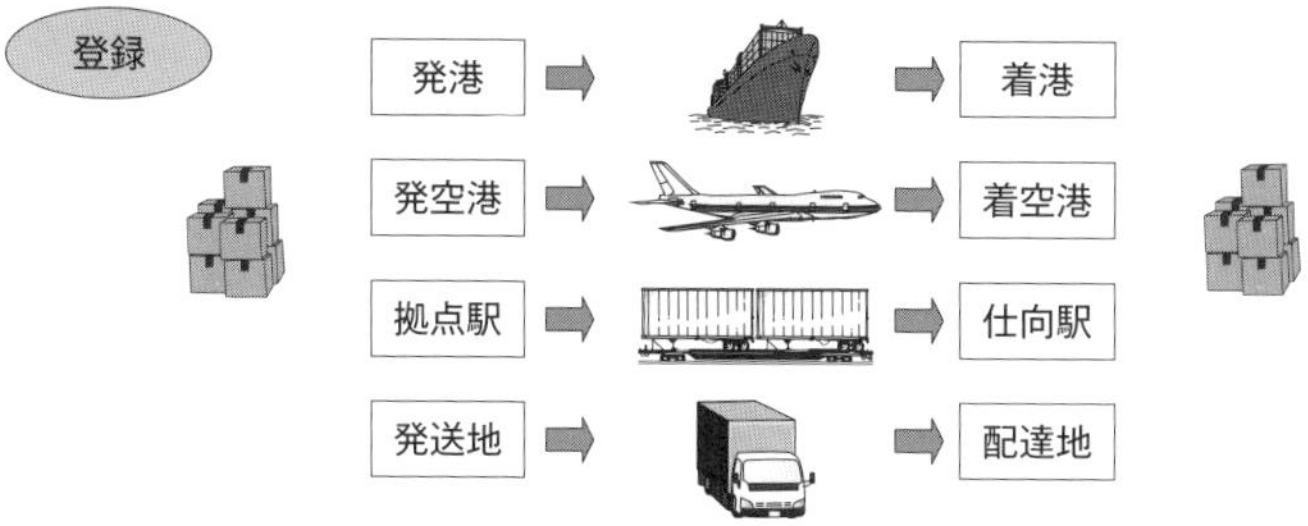

第二種貨物利用運送事業

○集荷→幹線輸送→配達までの複合一貫輸送を提供
○利用する運送機関：（海運、航空、鉄道）の利用運送
＋トラック集配

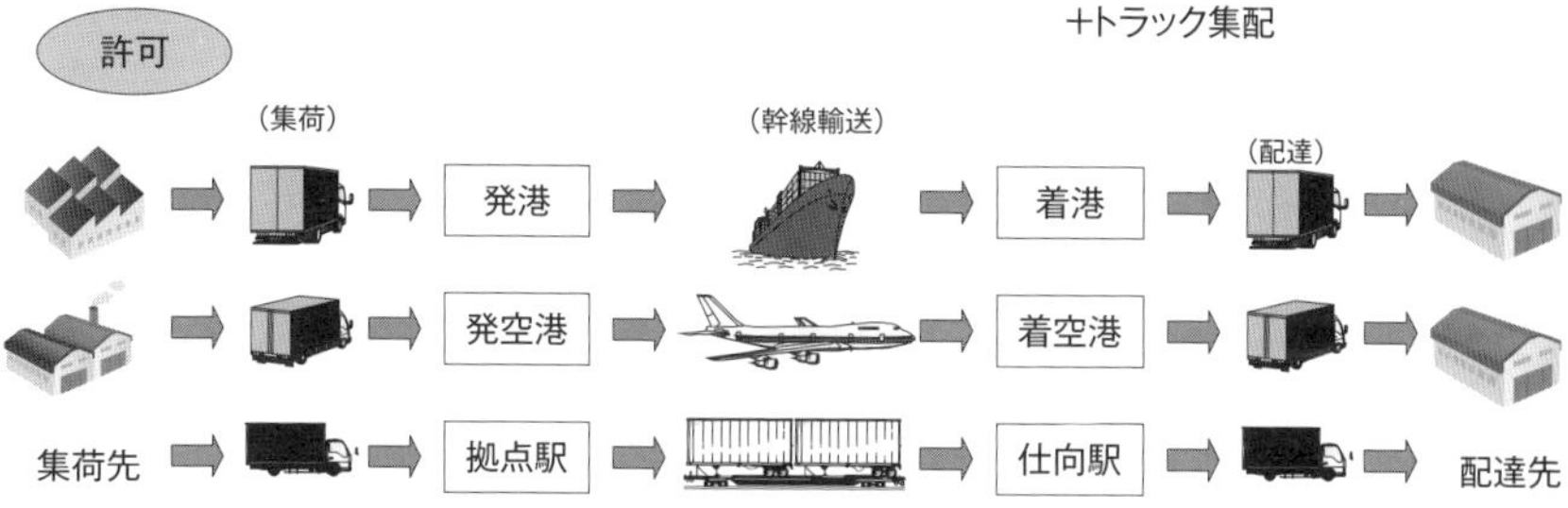

出所:国土交通省HPより作成

る。

なお、単一モードの利用運送を提供する事業を第一種貨物利用運送事業、集荷から配達までの複合一貫輸送を提供する事業を第二種貨物利用運送事業と分類される（前頁**図表28**参照）。

市場規模は回復基調に

図表29は、フォワーダーの数の推移を示したものである。どの輸送モード（機関）についても緩やかに事業者数が増加しているのがわかる。国際フレイトフォワダース協会（ＪＩＦＦＡ）の発表などでも、わが国のフォワード事業は急激に市場規模を拡大した後、２００８（平成20）年のリーマンショックで一頓挫したものの、回復基調を見せているとしている。

各輸送モードのフォワーダーの年間取扱実績（16年度）を、国交省調べから見てみよう。

まず、鉄道利用運送事業者のうち事業概況報告書を提出した５３２事業者では、**車扱い**４９０万トン、**コンテナ扱い**４００８万トン、これに混載貨物分を加えて約４５０８万トンを扱っている。そして、車扱いでは99％が第一種貨物利用運送事業、コンテナ扱いでは86％が第二種貨物利用運送事業となっている。

国内航空利用運送事業では、75の集計事業者の取扱量は１２１万トンだ。一方、国際航空利用運送事業のほうは、事業概況報告書を提出した企業（外国人事業者を含む）は１２２社だが、その取扱量は１２２万トン（国際宅配便を含む）と、国内航空利用運送事業での取扱量とほぼ同水準になっている。国際航空利用運送の仕向地は、アジア（65・７％）、ヨーロッパ（15・８％）、北米（15・７％）で97％超となっている。

外航船舶利用運送事業では、事業概況報告書を提出した３８３の事業者で、４２８１万トンの取扱量があった。仕向地別ではアジア（70・７％）、北米（11・７％）、ヨーロッパ（８・２％）で90％を超えるなど、国際航空利用運送事業に近い傾向がうかがえる。

〈図表29〉フォワーダーの数の推移

年度	鉄道	航空		自動車	内航	外航
	利用	国際（一般混載）	国内（一般混載）	利用	利用	利用
2007（平19）	960	89	61	20,369	1,865	569
2008（20）	961	99	66	20,846	1,874	596
2009（21）	967	100	59	21,375	1,914	631
2010（22）	1,008	106	64	21,929	1,978	686
2011（23）	1,040	113	65	22,394	2,037	729
2012（24）	1,047	116	66	22,841	2,027	769
2013（25）	1,064	129	67	23,287	2,091	825
2014（26）	1,074	130	68	23,543	2,165	869
2015（27）	1,090	127	68	23,841	2,221	911
2016（28）	1,095	128	67	24,253	2,288	989

出所:『数字でみる物流　2018』（日本物流団体連合会）より
（元資料は国土交通省総合政策局物流産業室調べ）
※　各年度末の数

〈図表30〉国際航空フォワーディング大手3社の概要

社名	設立	資本金（百万円）	連結従業員数（名）	連結売上高（百万円）
日本通運	1937年10月	70,175	71,525	2,138,501
近鉄エクスプレス	1970年 1 月	7,216	17,661	592,009
郵船ロジスティクス	1955年 2 月	4,301	24,457	約500,000

出所:各社の公表資料より作成
※　2019年3月期

〈図表31〉データで見るフォワーディング業界

・取扱貨物量	9032万 t（外航、国際・国内航空、鉄道の報告事業者分）	（17年3月期）
・事業者総数	2万8820者	（17年3月期）
・従業員数	2万5000名（外航、国際・国内航空、鉄道の報告事業者分）	（17年3月期）
・営業収入	1兆2570億円（外航、国際・国内航空、鉄道の報告事業者分）	（17年3月期）

※1　各項目の報告事業者は完全には合致しない
※2　「取扱貨物量」「従業員数」「営業収入」には、内航利用運送事業者分、自動車利用運送事業者分は含まれていない

10

保管や流通加工などの役割を果たす倉庫業界

保管機能とともに荷役や流通加工などに関する機能のウェートも高い

倉庫事業者等が有償で貸し出す営業用倉庫

物流コストのうち6割近くは輸送コストで、次いで3割強を占めるのが保管コストである（17頁参照）。「保管」することにより、生産から消費までの「時間の隔たり」を埋め、需要に応じたタイミングで供給するための需給調整が行われるが、そうした**保管機能**を果たすのが倉庫事業だ。

倉庫は、保有者によって4種類に大別される。倉庫事業者等が有償で貸し出すための「**営業用倉庫**」と、製造業者が製造前の原材料や出荷前の完成品を保管したり、流通業者が販売前の商品在庫を保管したりする「自家用倉庫」。そして、農協保有の「農業倉庫」と協同組合保有の「協同組合倉庫」である。

自家用倉庫の場合、倉庫に要する土地や建物の確保・維持のためなど、費用負担が大きい。また、扱う荷物に応じて効率的な倉庫運営も可能だが、荷物量が大きく変動したりすると、スペースがムダになる時期ができるなど〝空気を寝かせる〟結果になり、余分なコストが発生することにもなりかねない。そうしたことを避けるために活用されるのが営業用倉庫で、わが国の全保管能力の2割弱程度が営業用倉庫によるものだといわれている。

自家用か営業用かにかかわらず、いわゆる物流センターとか配送センターと呼ばれる物流拠点を持つ企業も少なくない。倉庫とは単なるネーミングの違いというケースもあるが、一般的に倉庫は比較的長期の保管を行うもの。物流センターや配送センターは、近々に出荷する在庫を留め置いて流通加工などを行うものということができる。

営業用倉庫の大半は普通倉庫と冷蔵倉庫

物流事業者としての営業用倉庫は、「**倉庫業法**」で荷物の保管形態ごとに次のように分類されている。

◎普通倉庫

・1類倉庫＝冷蔵品や危険物等を除いては、特に保管物品の制限がない、一番グレードの高い建屋。

・2類倉庫＝防火・耐火性能を持たないため、1類倉庫に比べて保管物品に制限のある建屋。

・3類倉庫＝防火・耐火、防湿、遮熱性能等を持たず、燃えにくく湿気に強い物品を保管する建屋。

・野積倉庫＝木材、瓦やコンテナなど雨風にさらされてもよいものを保管する（屋根のない）整地。

・貯蔵槽倉庫＝小麦、大麦といった穀物等のばら貨物や糖蜜等の液状貨物を保管するサイロやタンク。

・危険品倉庫＝石油、化学薬品等危険物を保管する建屋やタンク。

◎冷蔵倉庫＝冷凍水産物、食肉等+10℃以下で保管することが適切な物品を保管するもの（設定温度によって、+10℃以下−2℃未満のC3級から、−50℃以下のF4級まで、7つの級に分かれている。CはChilled＝冷蔵、FはFrozen＝冷凍を表す）。

なお、こうした物品は、保管中だけでなく、輸送時にも保冷車などを使って冷蔵・冷凍状態を保つことが必要になる。このように、生産から消費に至るまで温度管理をして流通させることを、「**低温流通体系**」（**コールド・チェーン**）と呼んでいる。

◎水面倉庫＝原木などを水面に浮かせて保管するもの。貯木場など。

「トランクルーム」は、営業用倉庫で主に消費者の物品を保管するものを指す。

これら各種営業用倉庫のうち、事業者数で全体の8割弱を占めるのが普通倉庫だ。次頁の**図表32**は、その普通倉庫の内訳ごとに事業者数と所管面積（貯蔵槽倉庫などのタンクや冷蔵倉庫は容積）の推移を示したものである。

普通倉庫の事業者数は、1965（昭和40）年か

〈図表32〉普通倉庫事業の経営規模の推移

区分 / 年度	事業者数	所管面（容）積				
		1～3類倉庫面積（千㎡）	野積倉庫面積（千㎡）	貯蔵槽倉庫容積（千㎥）	危険品倉庫 建屋面積（千㎡）	危険品倉庫 タンク容積（千㎥）
1965（昭40）	1,296	8,047	801	557	-	-
1975（50）	2,326	17,504	3,540	4,011	116	430
1985（60）	2,651	21,737	3,739	7,320	216	16,019
2000（平12）	3,852	37,419	4,184	10,496	362	47,876
2005（17）	4,026	36,197	4,117	9,073	416	9,658
2010（22）	4,637	40,425	4,049	9,616	477	9,765
2015（27）	4,884	46,178	4,338	10,693	517	10,869
2016（28）	5,068	47,746	3,710	10,521	525	9,152

出所:『数字でみる物流　2018』（日本物流団体連合会）より作成
（元資料は国土交通省総合政策局物流産業室調べ）
※　各年度末現在

ら50年間を経て3・9倍に増えている。その間、所管面（容）積は、1～3類倉庫で5・9倍、野積倉庫が4・6倍、貯蔵槽倉庫が18・9倍に。危険品倉庫（建屋）と同（タンク）は、75年からの40年間の推移だが、それぞれ4・5倍と21・3倍になっている。全体の事業者数はほぼ一貫して増加傾向が続いているが、所管面（容）積についてはその形態ごとにタイミングは異なるものの、いったん増加してピークを迎えた後、停滞もしくは減少を示す傾向が見られる。

また、普通倉庫の入庫量と平均月末在庫量、年間回転数の推移を示したのが、**図表33**である。年ごとに細かい増減はあるが、平成の後半に入って入庫量はやや停滞し、平均月末在庫量はむしろ減少した後、持ち直している。

図表34は、普通倉庫のうちの1～3類倉庫の入庫量と平均月末在庫量における品目別構成比だ。品目別に突出したものはないが、さまざまな工業製品が在庫として保管されているのがわかる。

一方、冷蔵倉庫の事業者数、所管容積、入庫量、

〈図表33〉普通倉庫事業の稼働規模の推移

区分 / 年度	入庫量		平均月末在庫量		年間回転数	
	普通倉庫（A）（千トン）	うち1～3類倉庫（B）（千トン）	普通倉庫（C）（千トン）	うち1～3類倉庫（D）（千トン）	A／C（回）	1～3類倉庫B／D（回）
1975（昭50）	113,073	-	19,948	-	5.67	-
1980（55）	151,231	116,551	25,380	20,540	5.96	5.67
1985（60）	183,993	134,276	35,503	18,779	5.18	7.15
2005（平17）	276,304	199,698	38,610	25,453	7.16	7.85
2010（22）	226,593	165,857	33,765	21,742	6.71	7.63
2014（26）	227,952	168,123	35,549	23,622	6.41	7.12
2015（27）	252,598	189,033	39,788	26,056	6.35	7.25
2016（28）	243,935	179,153	42,664	29,813	5.72	6.01

出所：『数字でみる物流　2018』（日本物流団体連合会）より作成
（元資料は国土交通省総合政策局物流産業室調べ）

〈図表34〉普通倉庫の品目別構成比

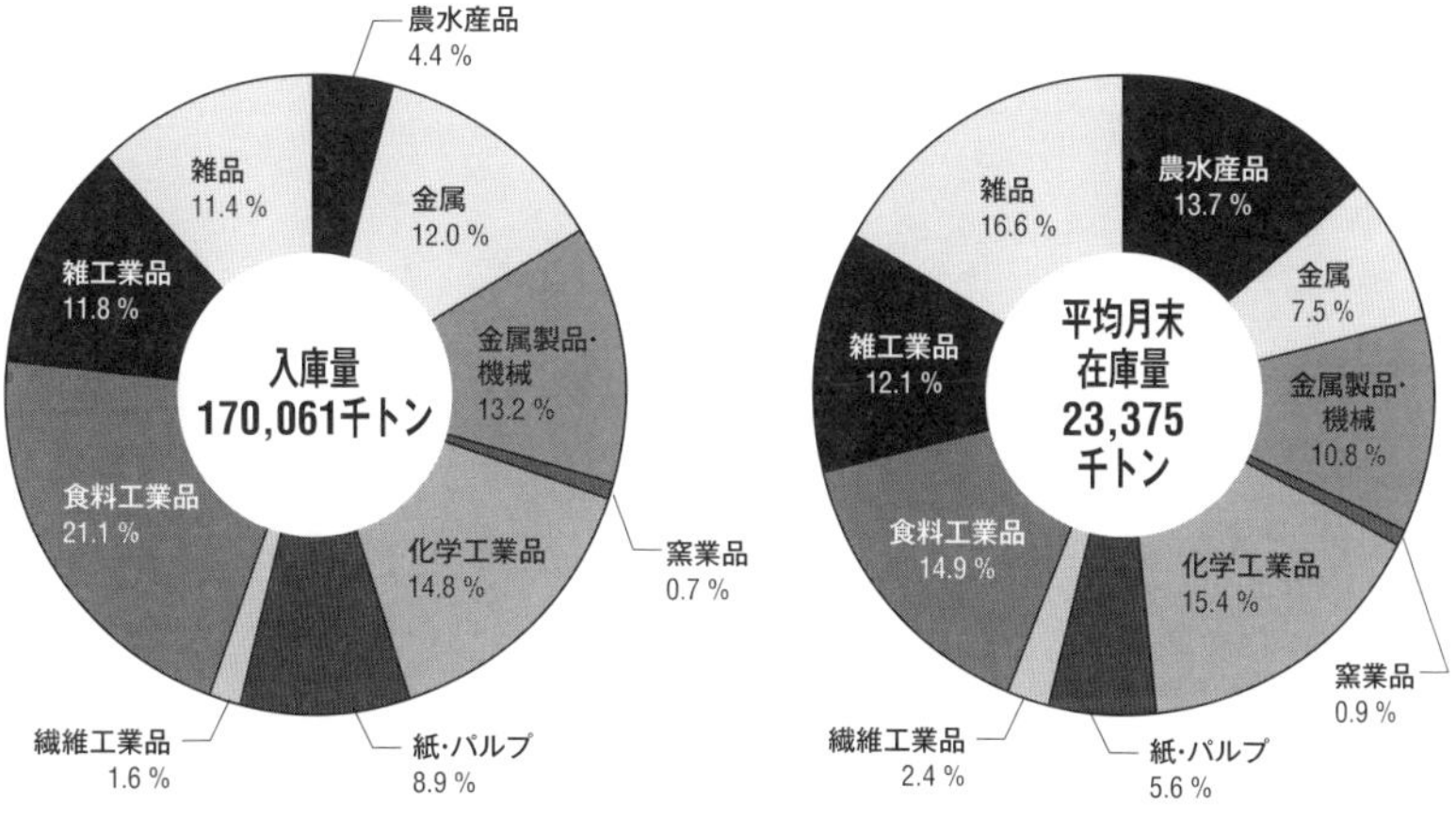

出所：『数字でみる物流　2018』（日本物流団体連合会）より
（元資料は国土交通省総合政策局物流産業室調べ）
※1　1～3類倉庫
※2　2014年度の入庫量と平均月末在庫量

平均月末在庫量、年間回転数の推移を示したのが**図表35**である。事業者数は75年から40年間で少し減少しているが、所管容積、入庫量、平均月末在庫量はそれぞれ3倍前後となっており、1事業者の規模が大きくなっていることをうかがわせる。

冷蔵倉庫の1年度における入庫量と平均月末在庫量の品目別構成比では大半が食品で、水産物、畜産物、農産物やそれらの加工品が多い。冷凍食品は、入庫量は多いが月末在庫量はそれほどでもなく、在庫回転が速いのだろう（**図表36**参照）。

倉庫事業以外にも事業を広げる倉庫事業者

倉庫では、保管することに加えて、大量輸送されてきたモノを輸・配送するために小分けしたり、行き先別にまとめたり輸送調整が行われることも多く、**包装**や**流通加工**といった物流サービスが提供される物流拠点としての役割も重要になっている。

国交省が69年度から継続して行っている倉庫事業の経営実態調査（２０１０＝平成22年度のみ東日本大震災の影響等により中止）でも、はっきりとその傾向がうかがえる。

この平成28年度調査では、規模別に抽出した倉庫業者２６３社（普通倉庫業１３６社、冷蔵倉庫業92社、その他の倉庫業40社）を対象にしているが、普通倉庫業の事業別の営業収益構成（1社平均）を見ると、普通倉庫事業は23・０％に過ぎない。むしろ、貨物利用運送事業23・８％、その他事業（内航海運業、不動産販売業、通関業等）19・２％、港湾運送事業14・６％、貨物自動車運送事業８・０％と、輸送や荷役などの比率が高まっているのである。

一方、冷蔵倉庫業の事業別営業収益構成は、冷蔵倉庫事業が30・２％と全体の３割を超えているものの、食品事業（食品加工・販売）が44・１％、貨物利用運送事業13・４％となっている。

さらに、倉庫部門の収支を保管・荷役別に見ると、普通倉庫業の１社平均の経常収益は、保管部分が10億４９００万円、荷役部分が７億６７００万円。冷蔵倉庫業では同じく13億６５７０万円と６億７６４０万円と、荷役部分のウエートもかなり高い。

〈図表35〉冷蔵倉庫事業の経営・稼働規模の推移

区分年度	事業者数	所管容積（千㎥）	入庫量（千トン）	平均月末在庫量（千トン）	年間回転数
1975（昭50）	1,254	10,108	7,123	1,264	5.64
1980（55）	1,314	14,183	8,683	1,686	5.15
1985（60）	1,241	15,025	11,083	2,026	5.47
2005（平17）	1,165	27,379	24,279	3,789	6.40
2010（22）	1,144	29,338	18,999	2,890	6.57
2014（26）	1,181	27,244	21,208	3,351	6.33
2015（27）	1,147	31,046	23,383	3,705	6.31
2016（28）	1,174	31,930	23,084	3,424	6.74

出所:『数字でみる物流　2018』（日本物流団体連合会）より作成
（元資料は国土交通省総合政策局物流産業室調べ）
※1　事業者数および所管面（容）積は各年度末現在　※2　年間回転数＝入庫量÷平均月末在庫量

〈図表36〉 冷蔵倉庫の品目別構成比

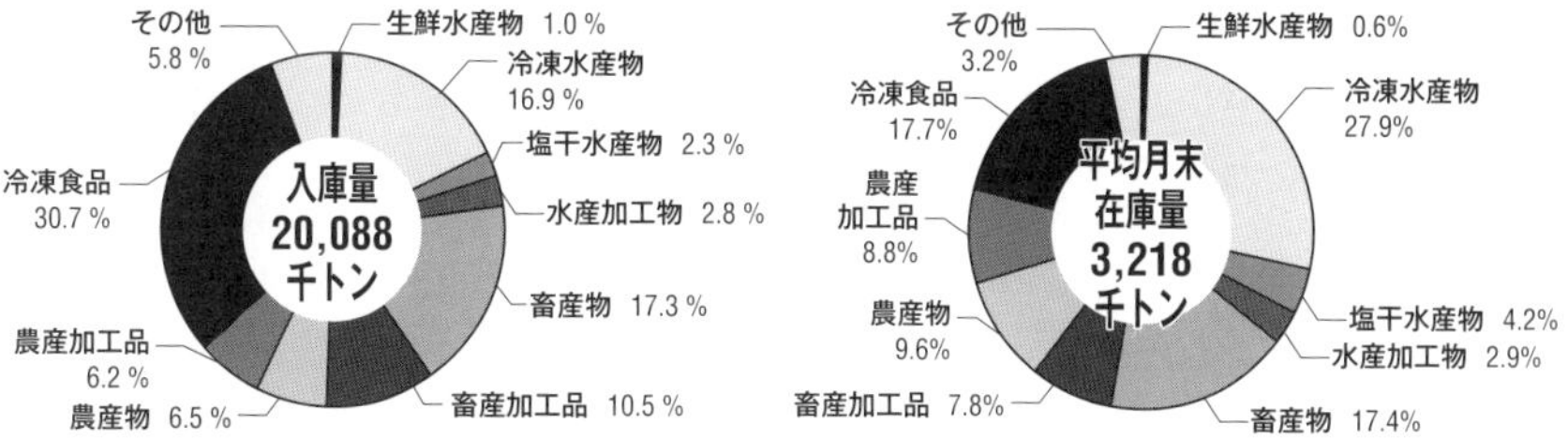

出所:『数字でみる物流　2018』(日本物流団体連合会)より
(元資料は国土交通省総合政策局物流産業室調べ)
※　2014年度の入庫量と平均月末在庫量

〈図表37〉倉庫大手５社の概要

社名	設立	資本金（百万円）	連結従業員数（名）	連結売上高（百万円）
三菱倉庫	1887年４月	22,393	4,466	227,185
住友倉庫	1923年８月	14,922	4,176	186,172
三井倉庫ホールディングス	1909年10月	11,100	8,813	241,852
日本トランスシティ	1942年12月	8,428	2,295	100,094
澁澤倉庫	1909年７月	7,847	1,106	64,604

出所:各社の公表資料より作成
※　2019年３月期

〈図表38〉データで見る倉庫業界

・所管面（容）積	普通7165万㎡、冷蔵3193万㎥、水面49万㎡	（17年３月期）
・入庫量	２億5445万ｔ（普通２億4394万t、冷蔵2308万t、水面13万t）	（17年３月期）
・平均月末在庫量	3900万t（普通3603万t、冷蔵283万t、水面16万t）	（17年３月期）
・事業者総数	6521社（普通5341社、冷蔵1174社、水面6社）	（17年３月期）
・従業員数	8万9000名	（16年３月期）
・営業収入	１兆6587億円	（16年３月期）

11 荷役が中心の港湾運送や物流ターミナル業界

海運の歴史とともに存在する港湾運送、輸送機関の進展とともに拡大した物流ターミナル

輸送の中継点に必要となる荷役の作業

前項で、倉庫事業者が保管に伴う「**荷役**」等の仕事も兼業している割合が高いことに触れた。だが、倉庫事業者以外にも、荷役については輸送機関を積み替える際などにも必要であり、そのための荷捌き場所を提供し作業を担うのが、港湾運送会社や埠頭会社、トラックターミナル会社などである。

船舶や航空機、鉄道といった輸送機関は、主として国際間も含めた広域の輸送に限って使われるため、発着荷主のいる都市と最寄りの鉄道駅や港湾、空港間の輸送のために、他の輸送機関に荷物を積み替えることになる。また、発荷主から着荷主まで〝ドアツードア〟の輸送が可能だといわれる自動車輸送でも、一部の荷物を除いて、実際に同じトラックですべての区間を運ぶわけではない。通常は、コストも含めた輸送効率の面などから、都市内の集荷配送は中小型トラック、都市間の幹線輸送は大型のトラックというふうに使い分けられている。

そこで、輸送機関やトラックを変更し、集めてきた荷物を方面別にまとめたり、逆に大量に混載された荷物を仕分けしたりするために、いったん積み降ろしたり、倉庫に保管するための荷役の作業が必要となる。このような輸送の中継点としての役割を果たしているのが、鉄道駅や港湾、空港に設けられた物流ターミナルやトラックターミナルである。

現在では、「**コンテナリゼーション**」とか「**パレチゼーション**」といって、輸送機関を変更しても一貫してコンテナやパレットなどを利用する合理的な

物流システムが実現している。そのためにこうした場所には、広大な土地に大型のクレーンやフォークリフトなどの荷役機械を備えることが求められる。大手の輸送事業者や荷主には自前でそうした施設を持つところもあるが、中小の事業者ではそれもままならないため、専門事業者の保有する施設を一時的に利用したり、専門事業者に作業を請け負ってもらったりしているのである。

港湾運送事業の業界規模は1兆円超

荷役は輸送や保管と不可分で、人類がモノを運ぶようになった時点から存在する。モノが集散する宿場や港には、古くから荷役を行う人たちが必ず控えており、そこから港湾運送事業者が生まれた。陸上の物流が鉄道主体になると、各駅で荷物を扱う**通運会社**（フォワーダーの前身）が誕生。やがて、陸運の中心が自動車に移ると、都市近郊の高速道路やバイパス沿いにトラックターミナルがつくられ、陸運の中継点としての役割を果たすようになった。

港湾運送の純事業者の数は、2017（平成29）年3月末で870者弱（次頁**図表39**）。地域性が強く、それぞれが地元の港湾を主体に事業を行っていて事業規模はあまり大きくないが、営業収入を合計すると1兆円を超えている（国交省調べ）。

一般トラックターミナルについては、18年3月末で全国に16事業者、22か所ある（国交省調べ）。公共性も高いため官主導でつくられてきた経緯もあり、自治体と民間の共同出資による第三セクターが多い。

わが国最大の京浜トラックターミナル（東京都大田区）は、敷地面積24万2000㎡余り。食堂、浴室、コンビニ、郵便局、理容室、診療所、仮眠室、宿泊室を持ち、給油、洗車、検車、修理、タイヤ交換なども可能だ。1日当り約1万500トンの貨物取扱能力があるが、実際、1日約2900台の車両が出入りし、5900トンの荷物を取り扱っている。

空運の荷役については、輸送機関が飛行機で、荷物自体の大きさや重量が限られているため、航空会社やフォワーダーなどが担うことが多く、専門の荷役事業者が占める割合はあまり大きくない。

〈図表39〉港湾運送事業者の数

港湾業種			京浜	名古屋	大阪	神戸	関門	小計	その他港	合計
			5大港							
許可数	一般港湾運送事業	無条件・条件なし	37	12	24	16	11	100	181	281
許可数	一般港湾運送事業	海貨	37	6	29	23	1	96	0	96
許可数	一般港湾運送事業	新海貨	22	5	2	13	0	42	3	45
許可数	一般港湾運送事業	いかだ	0	0	2	0	0	2	1	3
許可数	一般港湾運送事業	その他	15	8	15	7	5	50	119	169
許可数	一般港湾運送事業	小計	111	31	72	59	17	290	304	594
許可数	単独事業	港湾荷役事業	113	37	81	57	34	322	598	920
許可数	単独事業	うち船内	19	2	5	2	2	30	142	172
許可数	単独事業	うち沿岸	61	23	60	40	13	197	308	505
許可数	単独事業	うち一貫	33	12	16	15	19	95	148	243
許可数	単独事業	はしけ運送事業	43	4	31	13	7	98	47	145
許可数	単独事業	いかだ運送事業	3	1	2	1	2	9	29	38
許可数	単独事業	小　計	159	42	114	71	43	429	674	1,103
許可数	合　計		270	73	186	130	60	719	978	1,697
事業者数（支店算入）			214	51	145	102	45	557	610	1,167
純事業者数										865

出所:『数字でみる物流　2018』（日本物流団体連合会）より
（元資料は国土交通省港湾局港湾経済課調べ）
※1　2017年3月末現在
※2　事業者数の支店算入というのは、各事業者の支店を含んだ数、純事業者数は支店をカウントしない純粋な事業者数を示す

〈図表40〉港湾運送量の推移

（単位：万トン）

暦年種別	1950（昭25）	1960（昭35）	1970（昭45）	1980（昭55）	1990（平2）	2000（平12）	2015（平27）	2016（平28）
合　　計	11,854	43,994	185,255	290,862	325,198	317,730	281,036	278,178
外　　貿	1,783	10,703	55,291	82,836	96,897	113,740	125,343	123,838
うち輸出入コンテナ	-	-	636	4,903	11,528	19,231	24,961	25,239
輸　　出	417	1,482	5,990	15,255	17,114	20,324	29,360	28,675
うち輸出コンテナ	-	-	390	2,909	6,257	8,297	9,966	10,085
輸　　入	1,366	9,221	49,301	67,581	79,783	93,416	95,983	95,163
うち輸入コンテナ	-	-	247	1,994	5,271	10,934	14,995	15,154
内　　貿	10,072	33,290	88,160	123,824	127,895	120,127	99,601	98,557
内航フェリー	-	-	41,804	84,202	100,406	83,863	56,091	55,782

出所:『国土交通白書　2018』（国土交通省）より作成
（元資料は国土交通省『港湾統計（年報）』）

〈図表41〉主要港湾取扱い貨物量の推移

順位	2013（平25）年		2014（26）年		2015（27）年		2016（28）年		2017（29）年	
	港湾名	トン数	港湾名	トン数	港湾名	トン数	港湾名	トン数	港湾名	トン数
1	名古屋	208,241	名古屋	207,621	名古屋	197,980	名古屋	193,257	名古屋	195,968
2	千　葉	150,944	千　葉	162,830	千　葉	156,246	千　葉	154,333	千　葉	153,291
3	横　浜	119,171	横　浜	117,014	横　浜	114,741	横　浜	109,124	横　浜	113,500
4	苫小牧	103,744	苫小牧	106,301	苫小牧	105,563	苫小牧	105,603	苫小牧	109,367
5	北九州	100,527	北九州	100,098	北九州	99,331	北九州	98,527	北九州	101,500
6	川　崎	89,612	神　戸	92,387	神　戸	97,002	神　戸	98,314	神　戸	99,861
7	神　戸	88,353	水　島	89,908	川　崎	86,677	水　島	86,747	東　京	90,780
8	大　阪	86,977	東　京	87,189	東　京	85,333	東　京	85,954	川　崎	84,975
9	東　京	86,032	大　阪	86,475	水　島	83,920	大　阪	82,029	大　阪	84,664
10	水　島	84,517	川　崎	85,813	大　阪	79,972	川　崎	81,969	水　島	84,601
11	木更津	73,618	堺泉北	74,258	堺泉北	70,784	堺泉北	74,093	堺泉北	83,561
12	堺泉北	71,791	木更津	72,284	大　分	68,521	大　分	66,939	大　分	65,339
13	大　分	70,003	大　分	67,778	木更津	67,485	鹿　島	63,600	木更津	62,958
14	鹿　島	66,593	四日市	61,945	四日市	62,963	木更津	63,435	鹿　島	60,194
15	四日市	60,689	鹿　島	61,879	鹿　島	61,716	四日市	61,408	四日市	59,011
計(A)		1,460,814		1,473,781		1,438,234		1,425,331		1,449,571
全国計(B)		2,900,134		2,878,515		2,811,967		2,783,191		2,836,545
A / B (%)		50.4		51.2		51.1		51.2		51.1

出所:『港湾統計（年報）平成29年』（国土交通省）より作成
※　単位千トン

〈図表42〉大手港湾運送会社の概要

社名	設立	資本金（百万円）	連結従業員数（名）	連結売上高（百万円）
上組	1947年2月	31,642	4,296	274,893
名港海運	1949年1月	2,350	1,731	72,465
宇徳	1915年12月	2,155	2,147	58,979

出所:各社の公表資料より作成
※　2019年3月期

〈図表43〉データで見る港湾運送業界

・事業者総数	865者	（17年3月期）
・従業員数	5万1000名（報告書提出736者分）	（16年3月期）
・営業収入	1兆736億円（　　　　〃　　　　）	（16年3月期）

Chapter 4

ロジスティクス業界の最新動向

——いまの業界を取り巻く諸問題と各社の対応など

1 膨張するEC市場を支えきれない宅配便

成長を続ける宅配便事業だが、その事業構造は大きく変化して過渡期を迎えている

利用者本位のサービスとして誕生した宅配便

国土交通省（国交省）の調べでは、2018（平成30）年度の国内の**宅配便**の取扱い個数は43億701万個だった。それだけでもすごい数だが、さらに50億2112万冊の**メール便**まで加わり、膨大な小口貨物が連日連夜、あちこちの幹線道路から小路までを行き交う様子を想像すると驚くしかない。

しかもそれはその年限りの現象ではない。宅配便の誕生から現在まで日々の営みとしてずっと続いており、さらに今後も継続していくだろうと考えると、驚きはもっと大きくなる。もはやそこにあるのが当たり前のように私たちの生活に入り込み、必要不可欠なサービスとなった宅配便の歴史は、40年余を数えるまでになっているのだ。

私たち一般消費者が小口貨物を送ろうとしたら、1970年代の前半であれば、旧国鉄の手小荷物やトラックの小口混載、郵便小包などしか手段がなかった。それらはいずれも、利用者がわざわざ重い荷物を駅やトラック便の営業所、郵便局に持ち込まなければならず、所要日数は1週間程度もかかり、しかもいつ到着するかはっきりしないなど、非常に使い勝手の悪いものだったのである。

そんな当時、石油危機による景気の悪化を受けて、大手トラック事業者の中に、企業を対象にした大量一括輸送に依存する経営体制から脱け出そうとするところが現れた。代表的なのが「佐川急便」による「急便」と、「ヤマト運輸」の「宅急便」である。これらが今日の小口貨物輸送や**消費者物流**サービスの

原点となる。

急便のほうは、佐川急便が当時の路線トラック事業と区域トラック事業の両方の免許を取り、企業を主たる荷主として全国的な集配ネットワークをつくり上げたものだ。ドライバーに販売や集金管理も行わせた点に特徴があり、現在の同社の主力サービスに育った「e‐コレクト」などの「**代引き**」サービスへとつながっていく。

もう1つの宅急便のほうは、路線トラック事業者としては後発のヤマト運輸が、有力な荷主企業に食い込むのに苦労したことから、攻略対象の中心を一般家庭に変更。米国の「UPS」の小口貨物輸送サービスを参考にして、76（昭和51）年に始めたものだ。

当初は路線トラック運賃を準用し、細かい距離制運賃を都道府県単位の地域制に変更していたが、当時の運輸省（現在の国交省）からは認可が受けられず、違法行為として排除されそうにもなった。82年には特殊貨物用の別建て運賃として運輸省に申請したが、認可も却下もされなかったため、翌年の再申請時には新聞広告を打つなど消費者にアピールし、追認されたという経緯がある。

急成長で年間取扱い個数は40億個超を更新

初日の1月20日に11個の荷物の取扱いから始めた宅急便だったが、利用客の口コミでどんどん需要が掘り起こされ、その年の暮れには170万個にまで達した。さらに急成長を続け、3年目で年間1000万個超を扱い、その3年後には年間1億個を扱うようになる。実は宅急便に代表される宅配便の運賃水準は、他の輸送機関に比べてそれほど低いわけではなかった。しかし、ユーザーの理解しやすい料金体系の導入や、徹底した利用者本位のサービス設計などを武器に、確実に消費者の支持を得ていくのである。

そして、宅急便の隆盛に刺激された大手トラック事業者が一挙に35社も参入するなど、宅配便市場全体が大きく広がり、同業者間の競争が激化する。

そこで宅急便は、消費者だけでなく企業の小口輸

基礎知識
歴史
実力地図
最新動向
主要企業
組織と仕事

送の需要も取り込みながら、多くの地域での翌日配達を可能にし、貨物追跡のためのオンラインシステムなども構築する。さらに、ゴルフ道具、スキー道具、冷蔵品の宅配といった新サービスを次々に加えて宅配便市場を牽引。１９９７（平成９）年にはメール便サービスも開始する。

すると今度はそれらに追随して新サービスをメニューに加える他社も現れ、一時は30便近くがしのぎを削る一大マーケットが形成される。

こうして、99年度に20億個台に載せた宅配便は、そこから9年目にして30億個台をクリアー。さらに10年をかけて40億個台に突入し、２０１８年度が3年目に当たる。途中で少し停滞した時期もあったが、30億個台に載った10年前に比べると１・33倍に、20億個台に載った19年前からは１・83倍にまで拡大を続けているのである（**図表1**参照）。

ただし、営業・配送網の整備やシステム化されたサービスの構築などに対応しきれず、撤退した事業者もいる。大手では日本通運の「ペリカン便」と日本郵便の「ゆうパック」を統合し、新会社で運営しようとしたが果たせず、日本通運は宅配便事業から撤退。日本郵便がゆうパックブランドで継続することで決着するという動きもあった。次々頁の**図表2**に示したように、18年度の締めとなる19年3月末では、トラック便は21便（事業者数は61社以上）、航空等利用運送は１００便（同１０４社以上）、メール便は9便（同9社以上）が稼働している。

宅配便の取扱い個数43億個超のうち、42億６０６１万個（前年度比４８９７万個、１・２%増）と大半を占めるのがトラック便だ。そのシェアの内訳は、「宅急便」（ヤマト運輸）42・3%、「飛脚宅配便」（佐川急便）29・3%、「ゆうパック」（日本郵便）22・1%の上位3便で全体の93・7%。それに福山通運他の「フクツー宅配便」と西濃運輸他の「カンガルー便」の2便を加えた上位5便で、99・9%を占める。

航空等利用運送のほうは、４６４０万個（前年度比６７１万個、16・9%増）で宅配便のうちの1%少しでしかない。このうち2強ともいえる佐川急便の「飛脚航空便」（９０６万個、シェア19・5%）

〈図表1〉拡大を続ける宅配便の取扱い個数

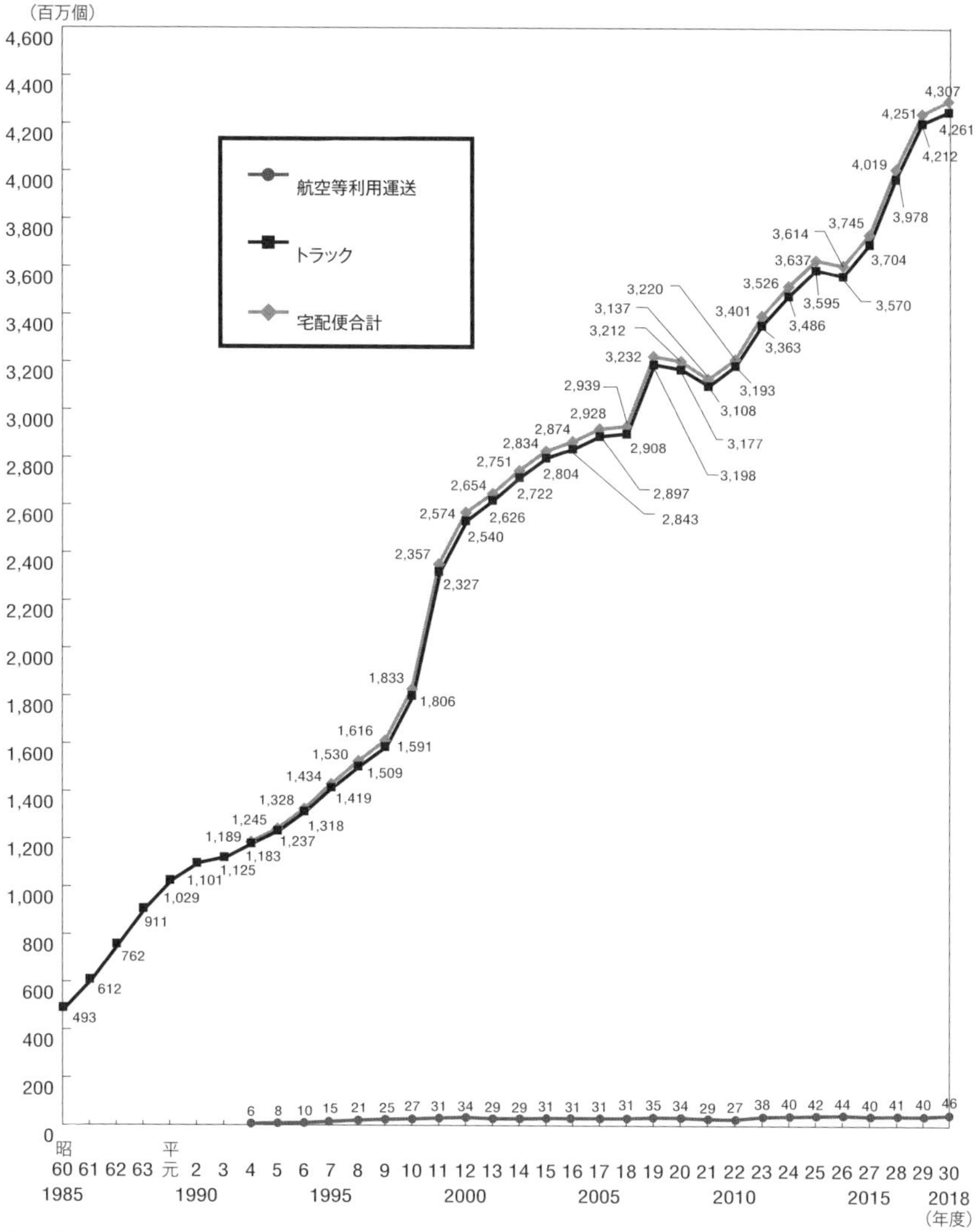

出所:『平成30年度　宅配便取扱実績関係資料』(国土交通省)より作成
※1　平成19年度から「ゆうパック」(日本郵便(株))の実績が調査対象になっている
※2　日本郵便(株)については、航空等利用運送事業に係る宅配便も含めトラック運送として集計
※3　「ゆうパケット」は平成28年9月まではメール便として、10月からは宅配便として集計
※4　佐川急便(株)においては、決算期の変更があったため、平成29年度は平成29年3月21日～30年3月31日(376日分)で集計

〈図表2〉宅配便・メール便の取扱い個（冊）数

◎宅配便（トラック）

宅配便名	取扱い事業者	前年取扱い個数（千個）	取扱い個数（千個）	対前年度比（%）	構成比（%）
宅急便	ヤマト運輸㈱	1,836,682	1,803,530	98.2	42.3
飛脚宅配便	佐川急便㈱	1,262,225	1,246,638	98.8 ※4（101.9）	29.3
ゆうパック	日本郵便㈱	875,883	942,214	※3 107.6	22.1
フクツー宅配便	福山通運㈱ 他21社	102,685	142,324	138.6	3.3
カンガルー便	西濃運輸㈱ 他19社	128,604	120,600	93.8	2.8
その他（16便）		5,566	5,307	95.3	0.1
合　計（21便）		4,211,645	4,260,613	101.2 ※4（102.1）	100.0

◎宅配便（航空等利用運送事業）

宅配便名	取扱い事業者	取扱い個数（千個）	対前年度比（%）	構成比（%）
飛脚航空便	佐川急便㈱	9,059	106.9	19.5
宅急便（航空扱：タイムサービス等）	ヤマト運輸㈱ 他2社	7,182	104.9	15.5
フクツー航空便	福山通運㈱ 他1社	606	99.8	1.3
スーパーペリカン便	日本通運㈱ 他1社	434	100.7	0.9
その他（96便）		29,118	124.8	62.8
合　計（100便）		46,399	116.9	100.0

◎メール便

便名	取扱い事業者	前年取扱い冊数（千冊）	取扱い冊数（千冊）	対前年度比（%）	構成比（%）
ゆうメール	日本郵便㈱	3,637,425	3,650,423	100.4	72.7
クロネコDM便	ヤマト運輸㈱	1,464,955	1,211,525	82.7	24.1
ポストウェイメール便	㈱ポストウェイ	94,415	94,311	99.9	1.9
中越メール便	中越運送㈱	42,167	36,995	87.7	0.7
飛脚メール便	佐川急便㈱	34,442	26,959	78.3 ※4（81.6）	0.5
フクツーメール便	福山通運㈱	1,304	94	7.2	0.00
カンガルーメール便	西濃運輸㈱	1,065	616	57.8	0.01
その他（2便）		219	196	89.5	0.004
合　計（9便）		5,275,992	5,021,119	95.2 ※4（95.2）	100.0

出所：『平成30年度　宅配便等取扱実績関係資料』（国土交通省）より作成
※1　2018（平成30）年度
※2　同一便名ごとにその便名を扱っている各事業者の取扱い実績を集計
※3　日本郵便（株）については、航空等利用運送事業に係る宅配便も含めトラック運送として集計
※4　佐川急便（株）においては、決算期の変更があったため、平成29年度は平成29年3月21日～30年3月31日（376日分）で集計しているが、表中括弧内は従前の決算期どおり平成29年3月21日～30年3月20日（365日分）で集計した対前年度比の数値

とヤマト運輸他の「宅急便タイムサービス」等（718万個、同15・5％）で35％だ。それに福山通運他の「フクツー航空便」（61万個、同1・3％）と、日本通運他の「スーパーペリカン便」（43万個、同0・9％）を加えても37・2％に留まる。その他の96便の合計が2912万個、62・8％なので、トラック便に比べるとシェアがかなり分散している。

宅配便から約20年遅れで始まったメール便だが、18年度の50億2112万冊は前年度比2億5487万冊、4・8％の減。こちらのシェアは、36億5042万冊の「ゆうメール」（日本郵便）が72・7％とダントツだ。大きく離された二位が、12億1153万冊の「クロネコDM便」（ヤマト運輸）で24・1％。この2社で96・8％を占める。残りを「ポストウェイメール便」（ポストウェイ）、「中越メール便」（中越運送）、「飛脚メール便」（佐川急便）、「フクツーメール便」（福山通運）、「カンガルーメール便」（西濃運輸）などが分け合う。

ただし「ゆうメール」の冊数の中には、たとえば佐川急便の「飛脚ゆうメール」や西濃運輸の「カンガルーPostalメール便」などのような、日本郵便と提携する他社の集荷した「ゆうメール」を、日本郵便が配達するサービスの分が含まれている。逆に佐川急便や西濃運輸のメール便冊数からは、そうしたサービス分が除外されているという背景がある。

消費者の購買行動の変化でEC市場が急拡大

ここで59頁の図表4を見返してほしい。これは国内貨物の輸送量と輸送機関別の分担率の推移を、第二次大戦後の1950（昭和25）年から2015（平成27）年まで5年ごとに示したものである。グラフからは、輸送量の戦後の急拡大とバブル崩壊以降の漸減が読み取れる。もちろん1970年代後半以降、この中には宅配便も含まれているわけだ。

バブル景気がハジけたとされるのは91年10月頃とされ、そこにほど近い89年に始まった平成の時代を〝失われた30年〟と呼ぶ経済評論家などもいる。その間の国内景気の停滞やサプライチェーン・マネジメント（SCM）の進展による物流効率化、製造業の生産拠点の海外移転といった要因もあり、この時期の国内貨物輸送量はなだらかに減少（棒グラフは5年ごとのため激減しているように見えるかもしれないが）を続けていた。「物流は経済動向を映す鏡」と前述したが、それはここにも当てはまるのだ。

それでは、全体の荷物輸送量が縮小するなかで、逆に宅配便が取扱い個数を伸ばし続けられたのはなぜか。その答えは統計などを見るまでもなく、読者の皆さんも生活実感として気づいているのではないだろうか。そう、いまや私たちにとってすっかり当たり前の買い物の手段となったeコマース（**EC**＝Electronic Commerce。電子商取引。インターネット通販）の存在である。

たとえば、「Amazon.co.jp」（アマゾン・ジャパン）や「楽天市場」（楽天）、「YAHOO!ショッピング」（ヤフー）などに代表される**消費者向けEC**（BtoC－EC）は、回数の差はあれ皆さんも利用した経験があるのではないか。いうまでもないが、これらではパソコンやスマートフォンから、時や場所を選ばずに商品の検索や類似商品との比較などが簡便にできる。気に入った商品があれば、ボタンをクリックするだけで購買でき、自宅など指定の場所に届けてもらえる。非常に利便性の高いサービスだと消費者には受け止められているものだ。

経済産業省（経産省）の調査では、2018年にわが国で行われたBtoC－ECの市場規模は、推計で前年比8・96％増の17兆9845億円だった（**図表3**）。この8年間で2・3倍、5年間では1・6倍に拡大している。BtoC－EC市場は「物販系分野」（各種商品）、「サービス系分野」（旅行サービス、飲食サービス、チケット販売、他）、「デジタル系分野」（電子出版、有料動画配信、有料音楽配信、オンラインゲーム、他）に分かれるが、全体の半分を超える9兆2992億円が物販系分野である。

そして、消費市場全体に占めるEC市場の割合を**EC化率**というが、物販系分野のBtoC－ECのそれは6・22％だ（図表3）。ちなみに、「建設・不動産」「製造（6業種）」「情報通信」「運輸」「卸売」「小売（6業種）」「金融」「広告・物品賃貸」「旅行・宿泊、飲食」「娯楽」を推計対象にした**企業間EC**

〈図表3〉 BtoC-ECの市場規模およびEC化率の推移

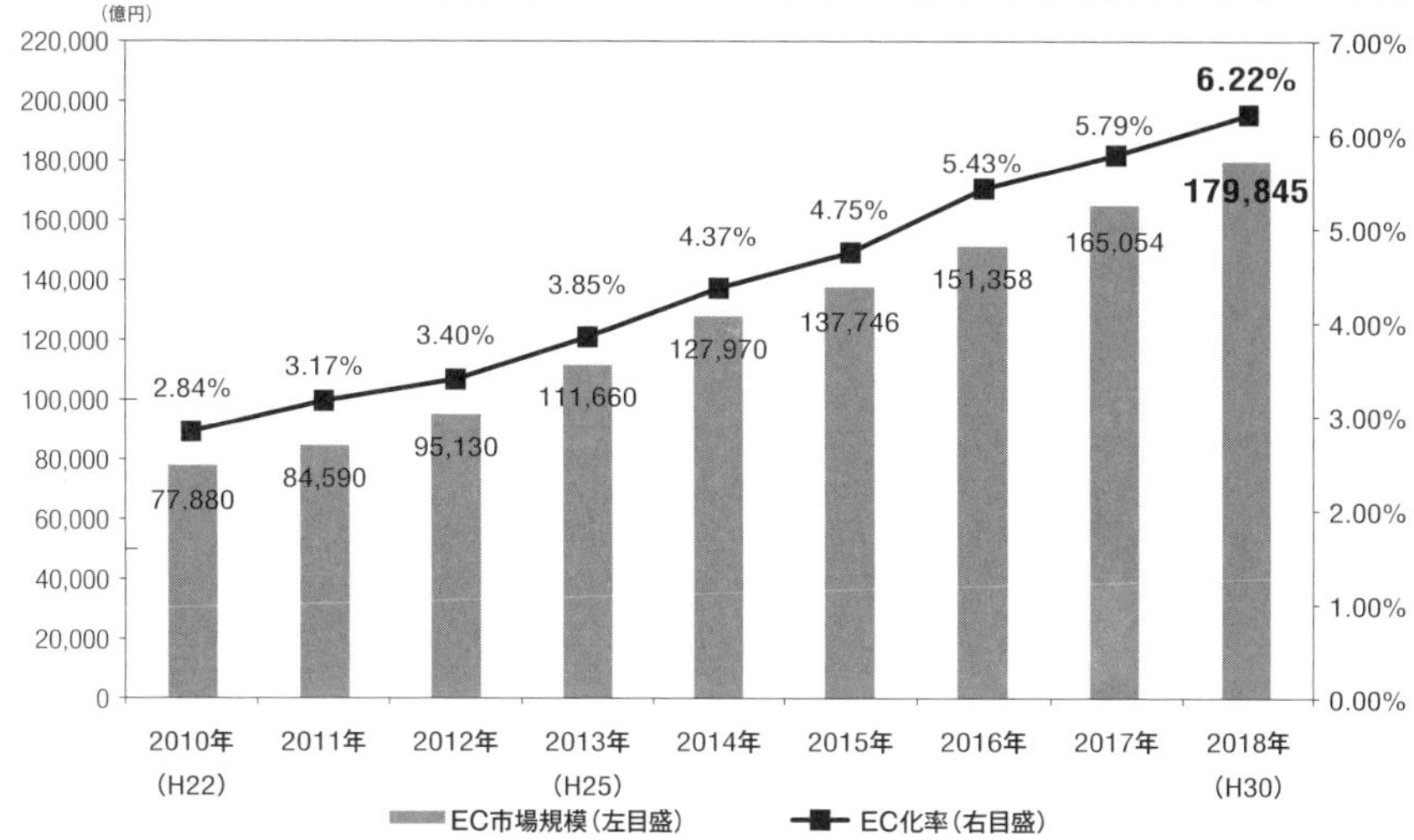

出所:『宅配事業と国際物流の現状と課題』（国土交通省）

（ＢtoＢ－ＥＣ）の市場規模は、前年比８・１％増の３４４兆２３００億円で、ＥＣ化率は30・２％である。

ＢtoＢ－ＥＣとＢtoＣ－ＥＣのどちらの市場も拡大傾向にあるが、特にＢtoＣ－ＥＣは今後の伸び代が大きいと見られている。大手シンクタンクには、ＢtoＣ－ＥＣ市場は年率５～10％程度の成長が続き、24年度には27兆２０００億円の規模になると予測するところもある。さらに、「メルカリ」（メルカリ）や「ラクマ」（楽天）、「ヤフオク！」（ヤフー）といったフリマアプリに代表される**消費者間ＥＣ**（ＣtoＣ－ＥＣ）や、国際間の**越境ＥＣ**の成長が後押しすると考えられる。

宅配便の事業構造が大きく変化した

宅配便が取扱い個数を年々増加させてきたのには、物販系のＢtoＣ－ＥＣ市場の成長による面が大きい。物販の（購買）取引はインターネット上などで行えても、消費者が購入した商品を受け取るには、主に小口貨物輸送を担う消費者物流事業者＝宅配便の力が不可欠だったからだ。そう考えると、ＢtoＣ－ＥＣ市場の急成長は、宅配便の支えなくしてあり得なかったということができるだろう。

これでＢtoＣ－ＥＣ市場の荷主と宅配便事業者が良いパートナーとして、ウィン－ウィンで繁栄していければよかったのだが、「そうは問屋が卸さなかった」。荷主の多くは同業他社との激しい競合に勝利するために、送料無料や短期納品といったサービスを前面に打ち立て、商品の価格も下げて販売しようとしたからである。これらは荷主の通常の経営努力の一環であったかもしれないが、問題はそのシワ寄せが宅配便業者に大きく及んだことだ。

宅配便業者は他の物流事業も併営しているのが常だが、日頃から荷主に物流費ダウンやリードタイム（発注から配送されるまでの期間）の短縮を迫られ、合理化を重ねてギリギリの人数で多くの仕事をこなしてきていた。ところが、そんな現場の労働環境をさらに劣悪化させたのが、ＢtoＣ－ＥＣの宅配便事業だった。

元々、**多頻度小口配送**が求められるＢtoＣ－ＥＣへの対応は、物流事業者のサービスメニューとしては圧倒的に手間がかかる。そこに、単身者世帯や共働き世帯が多くなったのを背景に、配達時に受取人が不在で**再配達**を余儀なくされることが増えていた。物流事業者としては、全国的な**ドライバー不足**の状態も続き、こなせる荷物の絶対量が絞られるだけでなく、配送効率も著しく低下させていたのである。

本来、扱う荷物が増えるのは、物流事業者にとって歓迎すべきことだ。しかし、長時間身を粉にして働いても利益が出ない（儲からない）現場は疲弊した。それに追い討ちをかけるように、ＢtoＣ－ＥＣの大手を中心にした荷主側から、配送料の値下げや配送期間の短縮などの厳しい要求が日常的に突きつけられるようになった。こうして物流現場の余力はますます削られてしまい、宅配ニーズの急増にも対応が難しくなってしまったのである。

そんな現実を受けてまず動いたのが、宅配便業界2位の佐川急便だ。２０１３（平成25）年４月、日本でのＢtoＣ－ＥＣ事業のトップを走り、圧倒的な取扱い件数を背景に、宅配便業者にリードタイム短縮などの厳しい要求をしつつ、配送料の値下げを迫るアマゾンに対して、その荷物の取扱いから撤退するという荒療治だった。従来から消費者物流より企業物流に軸足を置いて発展してきた佐川急便にすると、当然の選択だったといえるのかもしれない。

ここであふれた荷物を引き受けたのが、業界トップのヤマト運輸だった。そして、厳しいリクルート事情ながら人員増も行って対応したが、やがて限界を迎える。経営的にも利益率が下がり、悲鳴を上げる現場の声も無視できなくなり、アマゾンの当日配送から撤退したのである。

そして14年には、ヤマトと日本通運が法人向け料金の値上げに動く。それ以降にも、ヤマト、佐川、日本郵便などは個別に採算の低い大口取引先と値上げ交渉を行い、法人向け運賃の値上げを実施。あるいは、個人向けの基本運賃の改訂などで、採算の確保を図った。また、トラックドライバー不足への対応として、他社との相乗り便で物流を効率化する共同配送や、引受け荷物量の分散や規制などにも着手。

〈図表4〉宅配便大手３社のサービス改訂の概要

	値上げ概要	配達指定時間	その他改定
ヤマト運輸 （宅急便等）	サイズに応じ 140円～180円 （※平均値上げ率約15%） （例） 関東→関西80サイズ:1,140円 関東→九州100サイズ:1,660円	午前、12-14時、14-16時、16-18時、18-20時、20-21時 ⇓ 午前、14-16時、16-18時、18-20時、19-21時	・スキー用具等の規格改定 ・宅配ロッカーの拡充 ・営業所持込時の割引制度創設 ・拠点受取時の割引制度創設 等
佐川急便 （飛脚宅配便等）	サイズに応じ 0円～230円 （※平均値上げ率約7%） （例） 関東→関西80サイズ:1,050円 関東→九州100サイズ:1,660円	午前、12-14時、14-16時、16-18時、18-20時、18-21時、19-21時	・スキー用具等の規格改定 ・クール便運賃改定 ・コンビニ受取等の拡充 等
日本郵便 （ゆうパック等）	サイズに応じ 110円～230円 （※平均値上げ率約12%） （例） 関東→関西80サイズ:1,080円 関東→九州100サイズ:1,730円	午前、12-14時、14-16時、16-18時、18-20時、20-21時 ⇓ 午前、12-14時、14-16時、16-18時、18-20時、19-21時、20-21時	・スキー用具等の規格改定 ・拠点受取時にポイント付与 ・宅配ロッカーの拡充 ・指定場所配達の拡大 等

出所:『宅配事業と国際物流の現状と課題』（国土交通省）

以前から問題になっていた2割にものぼる再配達（次項参照）を減らすために、宅配の時間指定枠を減らす、コンビニなどでの店頭受取りを増やす、駅などに宅配ロッカーを設置して仕事帰りなどに受け取れるようにするなどの対策を、矢継ぎ早に実施していった（前頁図表4参照）。

見通しにくい今後の宅配便市場

物流業者からの配送料の値上げや少し余裕を持ったリードタイムの要求を、ＥＣ事業の荷主側はコストアップ要因として、また顧客への販売力低下につながる物流サービスの低下と受け止めたものの、それに対して手を拱いていたわけではない。たとえばアマゾンは、「**デリバリープロバイダ**」と呼ぶ地域限定の複数の配送業者と契約。自前の配送網として組織化していった。また、楽天も独自の配送ネットワークである「**ワンデリバリー**」構想を掲げ、自社の物流体制の整備を進めたのだ。

ただし、17年にアマゾンが多数の配送遅配や荷扱いのクレームを起こした際には、デリバリープロバイダがうまく機能していないことが指摘された。楽天も以前につくった物流子会社がうまくいかず、それを解散させての再チャレンジだったこともあって、どちらもまだ安定した評価は得られていない。

それでも、地域によっては**軽貨物**業者を取り込んだりしながら、自前物流の対象区域を広げつつあったが、19年10月になってヤマトがアマゾンとの間で、荷受け数を増やし一部運賃を値下げすることに合意したと報道された。今後もＥＣ市場の拡大と宅配ニーズの増加が見込まれるなか、宅配便市場にどんなことが起こり、荷主側も宅配便事業者もどう対応していくかは見通しにくい状況だ。

物流現場の人々の〝働かせ方〟に対する社会の目は明らかに厳しくなっている。そこで宅配便事業者としては、低賃金と長時間労働という労働条件を改善するために、さまざまな形で配送効率を上げる工夫を行うとともに、適正な賃金を支払えるよう配送の単価を上げることが、これまで以上に求められるのは間違いないだろう。

2

物流危機脱出は現場の待遇改善から

低賃金、長時間労働で疲弊する物流現場を蘇らすには労働環境の改善から

問題の表面化で危機意識の広がった宅配便

振り返ってみると2017（平成29）年は、トラック輸送を主とする自動車輸送業界で、多くの問題が噴出した年だった。特に宅配便トップのヤマト運輸の**残業代未払い問題**が表面化するなどして、トラックドライバーといった物流現場の人々の**長時間労働**が浮き彫りになった。そして、現場にそうした無理をさせ続けることで結局、正常な物流活動が妨げられ、国民生活に不都合をもたらす〝**物流クライシス**（**危機**）〟につながりかねない。そう一般メディアでも取り上げられ、そのことが広く世の中に認識されるようになったのだ。

もちろん物流現場の仕事の厳しさについては、これまでも業界内外で口にされていた。だが、従前はなぜか「物流の仕事というのはそういうものなのだ」というような受け取り方が一般的で、その改善を目指す機運が高まることはあまりなかった。それが今回は、ＢtoＢ市場のような一般消費者にとってのブラックボックスでのできごとでなく、ＢtoＣである宅配便事業の現場の問題として表立ったことで、俄然、自分たちにも地続きの問題として消費者の関心度が高まったように思える。

つまり、自分が日常的に利用し、その恩恵を享受している消費者物流の現場が直面している問題であっただけに、まったくの他人事ではない当事者意識のようなものを持ったのではないだろうか。たとえば、アマゾンや楽天などから何かを購入したとき、取り立てて急いでいるわけでもないのに、「配送料

基礎知識
歴史
実力地図
最新動向
主要企業
組織と仕事

無料、当（翌）日配送」のサービスを選んでしまった経験をお持ちの方は少なくないだろう。そんな自分の何気ない選択が、必要以上に物流現場の人々の手を煩わせていることを、実感を伴って理解し直すきっかけになったのではないかと感じるのだ。

宅配便関係で以前から指摘されていたのが**再配達問題**である。単身者世帯や共働き世帯の増加を受けて、受取人不在のために再配達を余儀なくされることが、国土交通省（国交省）の行ったサンプル調査では約2割に上るということだった。この調査を基に国交省が15年10月に発表したレポートでは、再配達に費やされる総労働時間は年間で1・8億時間にもなり、これは9万人のドライバーの労働力に相当するほどの社会的な大きなロスとされた。

身近な宅配便に関するこの話題もまた、国交省や業界がアピールし、一般向けのメディアでも数多く取り上げられた。その結果、再配達を避けるために配達時間指定を行う宅配便利用者が増えたようだ。現に、このことだけが理由ではないとしても、15年には23・5％あった再配達率は、17年には約15％にまで低下。その後も15～16％あたりで推移するなど、利用者の意識の変化が感じられる。

その後のヤマトは、5万9000人分の未払い残業代230億円を支払い、同社の労働組合からの申入れを受ける形で、扱い荷物の総量規制、運賃の値上げ、人員増の3点セットによる**働き方改革**に乗り出した。運賃値上げについては、27年ぶりに基本運賃を改訂。取扱い量の九割を占める大口法人1000社とも交渉をして、宅急便の平均単価を40円近く引き上げるのに成功した。また、最大の取引先であるアマゾン・ジャパンとは、従来の運賃から約4割の引上げで交渉をまとめたとされる。ただし人員については、前年比で約1万人増を達成したが、定着率が低いなどでめぼしい効果は得られなかったようだ。受取り荷物の総量規制も、当初目標としていた8000万個減は達成できず、3000万個減にとどまっている。

働き方改革に取り組んでからは、そのために増えた人件費や外部業者へアウトソーシングする際の下払い費が嵩むなどして、大幅な営業減益に陥って経営基盤は大きく揺らいだ。いったん取引が途切れたり縮小された荷主との関係修復も、予想ほどは進まなかった。そのため19年11月に迎えた創業百周年もお祭りムードではなく、緊急事態という声さえ上がっていたのだ。だが、細かな施策の積重ねがようやく実を結びつつあるようだ。いったん値上げしたアマゾンへの運賃を、改めて少し値下げするというニュースも入っている（前項参照）。

他の宅配便事業者も、それぞれに知恵を絞ることで苦境からの脱出を試み、とりあえずの小康状態を得ているようだ。だが、各社のそうした状況から見て、はたして物流危機は克服できたといえるのだろうか。

自動車輸送事業者全般の労働環境は

平成に入ってすぐの1990（平成2）年、**物流2法**（「貨物自動車運送事業法」と「貨物運送取扱事業法」）が施行された。この規制緩和によって自動車輸送業界への新規参入が進み、長期にわたって事業者数が増加した。しかし、長引く景気低迷で国内貨物輸送量が漸減を始める。過当競争に突入すると、人手不足や業績悪化も加わり、2008年頃から事業者数は横這いに転じ、6万2000～6万3000者の間で高止まり状態にあるのが現状だ。

その間、国内貨物輸送量が減少した裏で、消費者向けEC（BtoC-EC）市場が拡大。それに応じて宅配便事業が急成長したことは、前項で取り上げた。しかし、6万を超える自動車輸送事業者の中で、宅配便を扱っているトラック輸送事業者は21便61社、メール便は9便9社とごくわずか。15年に行われた「第10回　全国貨物純流動調査（**物流センサス**）」（国交省）によると、国内を流通する全貨物のうち個人向け宅配便の比率は、重量ベースで0・05％、件数ベースで5・79％でしかないのだ。

宅配便の輸送現場の厳しさを利用者である一般消費者が知ることは、とても意義のあることに違いない。しかも、それによって再配達を減らすようなアクションを取る消費者が少しでも存在していたとしたら、さらに意義は大きい。ただし、ヤマトや佐川急便、日本郵便などの宅配便事業者にとって、再配達は生産効率を下げ、利益を圧迫する重要な課題だが、そのことで苦しんでいるのは、割合からいえば自動車輸送業界のごく一部なのだ。多くのトラック輸送事業者が直面している課題はまた別にあることも、ぜひ知っておいてほしいのである。そういう意味で、宅配便事業に限らない自動車輸送業界全般の最近の課題を追ってみよう。

まず挙げられるのは、扱う荷物の小口化と輸送回数の多頻度化だろう。先ほどの「物流センサス」によれば、荷物1件当りの荷物量がどんどん小口化している。1990年には1件当り2・43トンだったのが、5年ごとの調査の度に低下し、2015年には0・98トンと4割近くまで下がった。また、90年に1万3656件だった物流件数は増加を続け、15年には2万2608件と1・66倍になっている（**図表5**）。荷物の小口化の影響は営業用トラックの積載効率にもつながっていて、93年には55％近くだったのが16年には40％まで低下している（国交省『自動車輸送統計年報』）。

〈図表5〉物流の小口多頻度化の動き

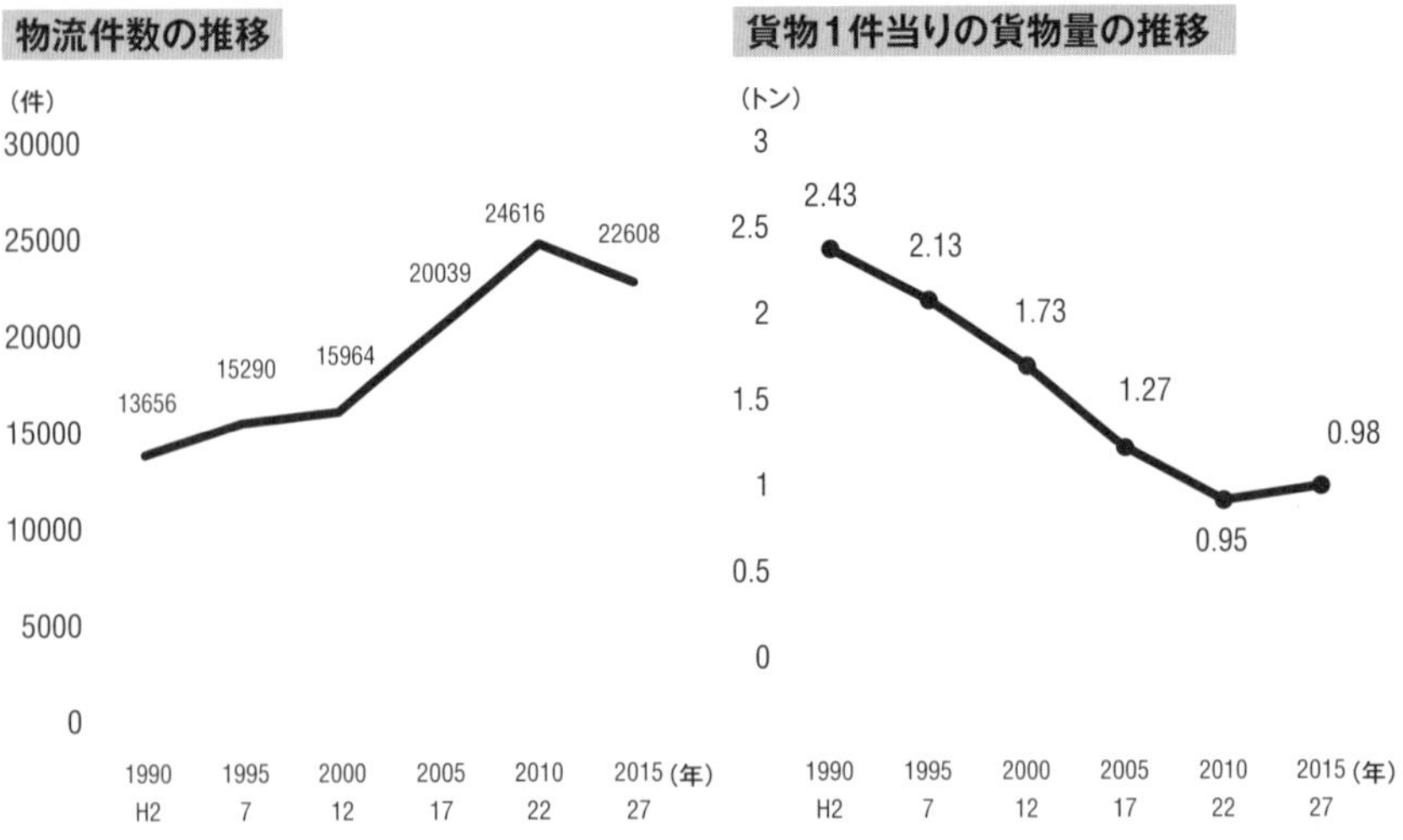

出所:『全国貨物純流動調査（物流センサス）』（国土交通省）より作成

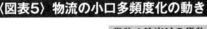

こうした傾向は、トラックドライバーの日々の仕事の効率を悪化させるのはもちろん、ドライバーの多くが自営の輸送事業者の顔も持つだけに、経営効率の悪化（儲からない）に直結する深刻な問題である。納期との関係もあるが荷主側に、1回に配送する荷物の単位を増やして配送頻度を落としてもらうなど、発注の工夫をしてもらえるように要請したり、複数の輸送事業者による**共同配送**を実施したりして対応しているケースも出てきている。

また、トラックドライバーが長時間労働を強いられる大きな要因の1つが、荷主都合の**荷待ち**や荷役時間の存在だ。長距離運転でただでさえ長時間拘束されるドライバーに対して、荷主都合でサービスエリア（SA）や荷主の倉庫前などで待たせた上に、荷降ろしや荷役をさせることも少なくない。

国交省の調査では、トラックドライバー1運行の平均拘束時間は11時間34分だが、荷待ちがある運行ではこれに荷待ち時間の平均である1時間45分が加わるため、拘束時間が13時間27分にまで及ぶ。1運行当りの荷待ち時間は、1時間超が55・1％と半分

〈図表6〉トラックドライバーにとっての「荷待ち時間」の内容

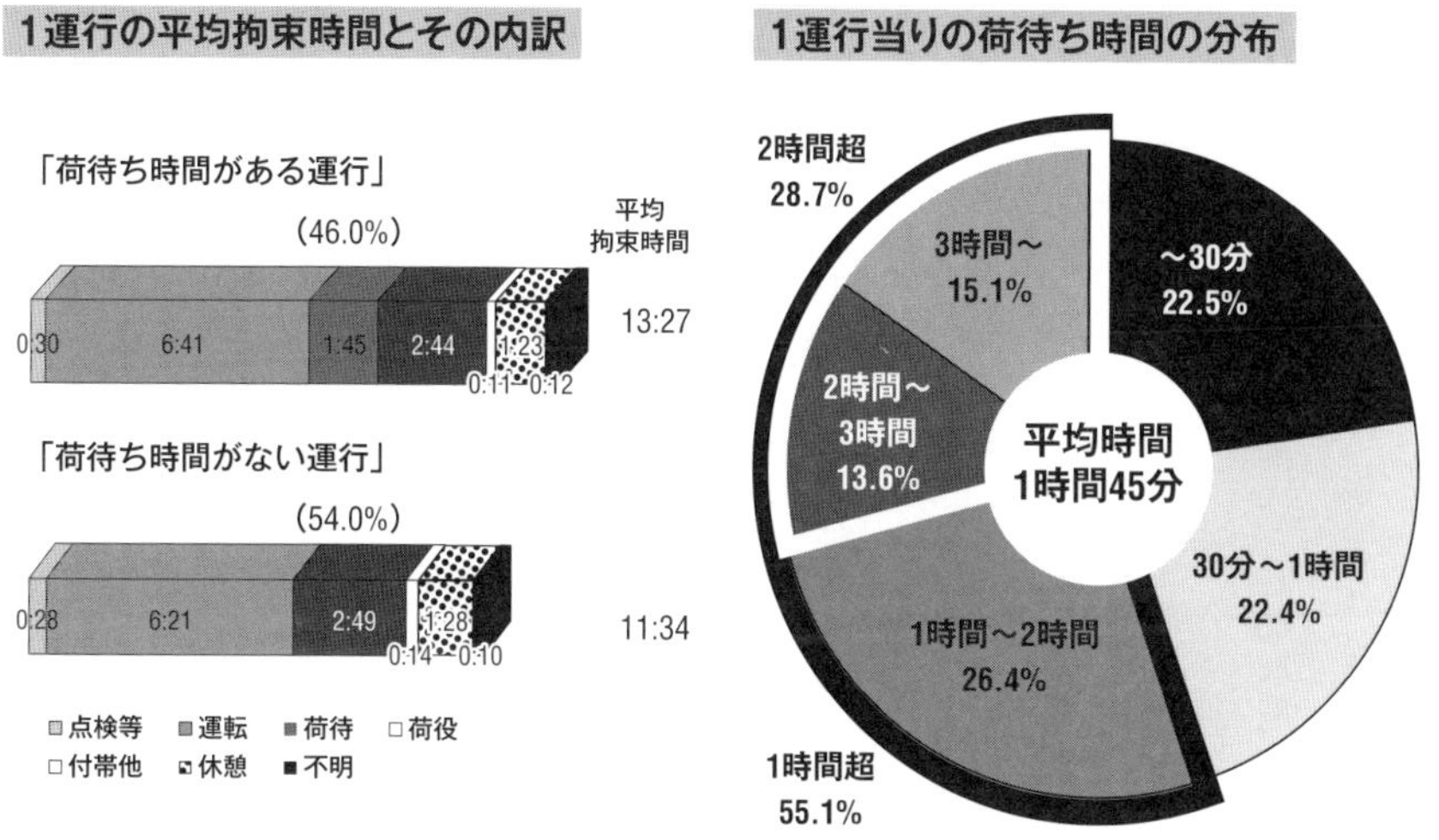

出所:『平成27年　トラック輸送状況の実態調査』(国土交通省)より作成

以上あり、その中に2時間超が28・7%、3時間超も15・1%含まれている（**図表6**）。

このことについては、トラックドライバーが個人事業主や中小企業の場合が多く、荷主に対して立場が弱く、荷主に改善を求めるのが難しい面がある。そこで行政としては、荷待ち時間の削減に向けて、まずその実態を把握するとともに、荷待ち時間を生じさせている荷主への勧告などを可能とする助けとして、荷主都合の荷待ち時間を記録することをトラック輸送事業者に義務づける省令の改正を行い、17年7月から施行された。

肝心要の労働力の不足が深刻化

自動車運輸業界として最も大きな課題は、労働力不足、すなわち圧倒的な**ドライバー不足**だろう。わが国においては少子高齢化が進み、人口減少時代に突入したことで、どの業界でも多かれ少なかれ〝人手不足〟が叫ばれている。なかでも物流関連は労働集約的な産業で、もとより多くの労働力が必要とされる仕事であるため、なおさら現状は深刻な状況として捉えられている。

全日本トラック協会の『トラック運送業界の景況感』によれば、「トラックドライバーが不足していると感じている企業の割合」は、11年には「不足」が2%、「やや不足」が16%と、合計2割にも満たなかった。それが13年には合計で46%と半分近くまで増加。17年では「不足」が21%、「やや不足」が42%と、合計6割を超えるまでになっている。

厚労省の『労働力経済動向調査』でも、「労働者が不足する事業所の割合－労働者が過剰な事業所の割合（%）」として、12年2月には「調査産業計」が20%を切っていたのに対して、「運輸業・郵便業」はその時点で30%を超えていた。それが18年2月には「調査産業計」が50%弱に、「運輸業・郵便業」は55%超にまで増加し、人手不足感が強まっていることを教えている。

よく耳にする**有効求人倍率**は、有効求職者数に対する有効求人数の割合だが、倍率が「1」を上回れば人を探している企業が多く、下回れば仕事を探している人が多いことを示すものだ。厚労省の『職業安定業務統計』でその推移を見ると、05年度には「全産業（パートを含む）」も「貨物自動車運転手」も共に「1」を少し切る程度だったのだが、09年度にいったん「0・5」を切るまで共に下降。その後、ぐんぐんと上昇を続け、18年8月には「全産業」は「1・46」、「貨物自動車運転手」に至っては「2・73」と高水準になり、まさにドライバー不足を実感させられるものとなった。

総務省の『労働力調査』等によれば、18年現在、「トラック運送事業」に従事する就業者数は全体で約193万人とされる。このうち「ドライバー等輸送・機械運転従事者」は86万人程度で、横這いもしくは微増で推移している。それは前述のように、トラックドライバーの受け皿となる自動車輸送事業者数が、6万2000～6万3000者の間で高止まり状態にあることにも原因があると思われる。

さらに同調査からは、「道路貨物運送業」が中高年層の男性労働力に強く依存しているのがうかがえる。「道路貨物運送業」では、40歳未満の就業者数は全体の約27％と4人に1人。29歳以下の若年層となると全体の9・4％と1割もおらず、「全産業」の約16％と比べるとかなり少ない。一方、「全産業」で約35％を占める40～54歳の就業者数は、「道路貨物運送業」では約45％と半数近く、50歳以上も約42％と高齢化が進んでいる。そして女性の進出に関しては、「全産業」では2859万人、43・8％を占めているのを尻目に、「道路貨物運送業」での女性の「ドライバー等輸送・機械運転従事者」は約1万人、2・4％と、非常に低い（次頁**図表7**）。

低賃金と長時間労働などの待遇改善がカギ

このように、若年層や女性の担い手も増えず、ドライバー不足を引き起こしている大きな理由は明確で、低賃金・長時間労働だと指摘できる。現に厚労省の『賃金構造基本統計調査』によると、トラックドライバーの18年の年間所得額は、全産業平均に比べ、大型トラック運転者で約1割、中小型トラック運転者では約2割、低くなっている。また、同じ調

〈図表7〉トラックドライバーの年齢構成と業界の女性進出状況

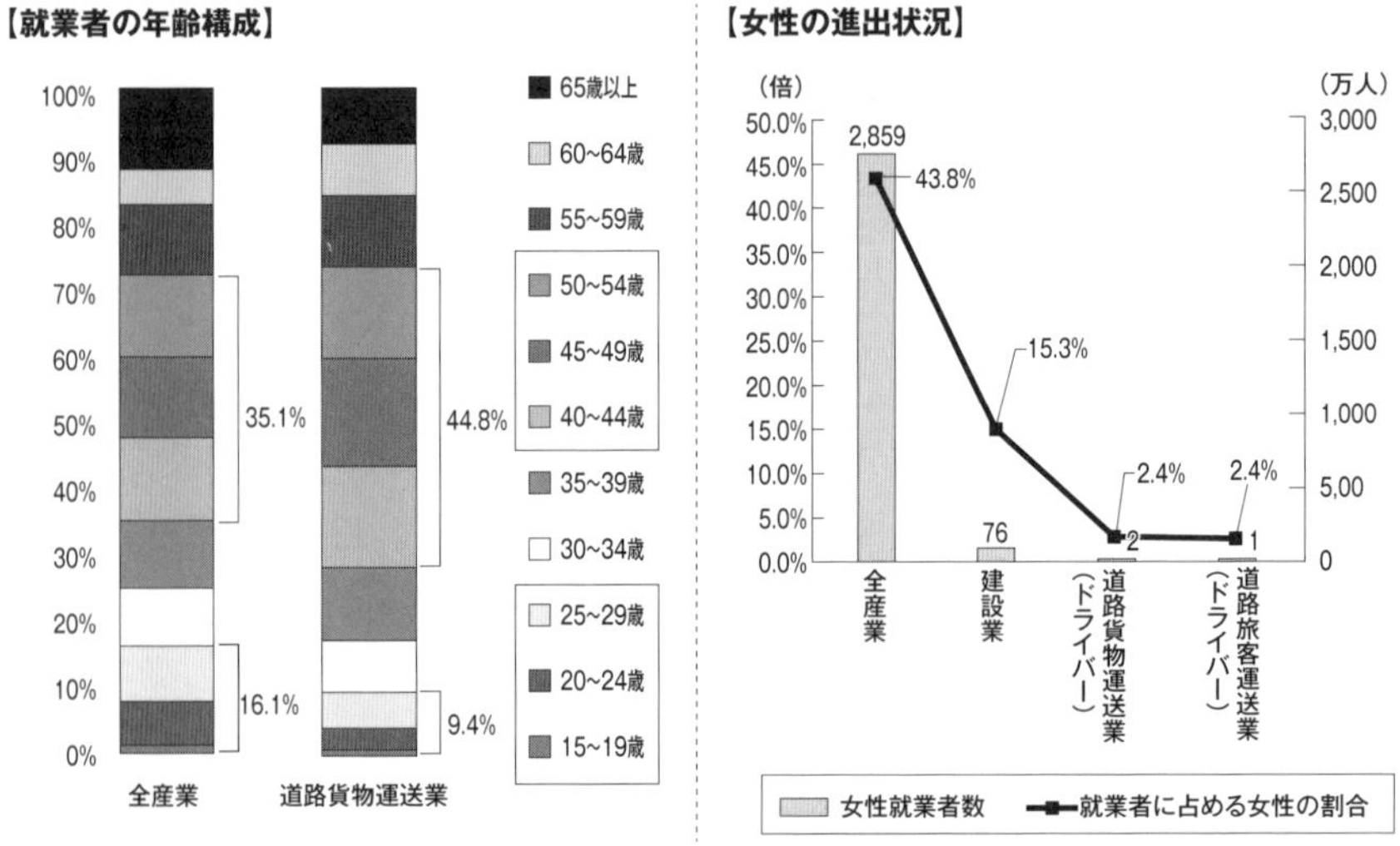

出所:『平成29年　労働力調査』(総務省)より作成

査で年間労働時間を見てみると、トラックドライバーの18年の年間労働時間を全産業平均と比べると、大型トラック運転者が456（月38）時間長くて約1・22倍、中小型トラック運転者は444（月37）時間長くて約1・21倍だ（**図表8**）。そしてこうした状況は昨日今日に始まったことではなく、すでに長い間続いているのである。

　宅配便市場で表面化した物流危機は、関連事業者、荷主や消費者などの利用者、行政などにさまざまな対応を促した。その結果、ドローンや空飛ぶトラック、自動運転車両など、新技術による配送の研究。自動車運転や荷役を行うロボットの開発。個人事業主のドライバーに直接業務委託する「アマゾン・フレックス」や、ヤマトの配達特化型ドライバーの「アンカーキャスト」など、新しい配送形態の取組み。あるいは、18歳から取得可能の**準中型運転免許**の新設等のチャレンジが続いている。

　これらには完全実用化できたものはまだ少ないが、物流危機には何か1つのアイデアですべてが解決できる魔法の杖はない。今後も多くの観点からのアプ

〈図表8〉トラックドライバーの労働条件

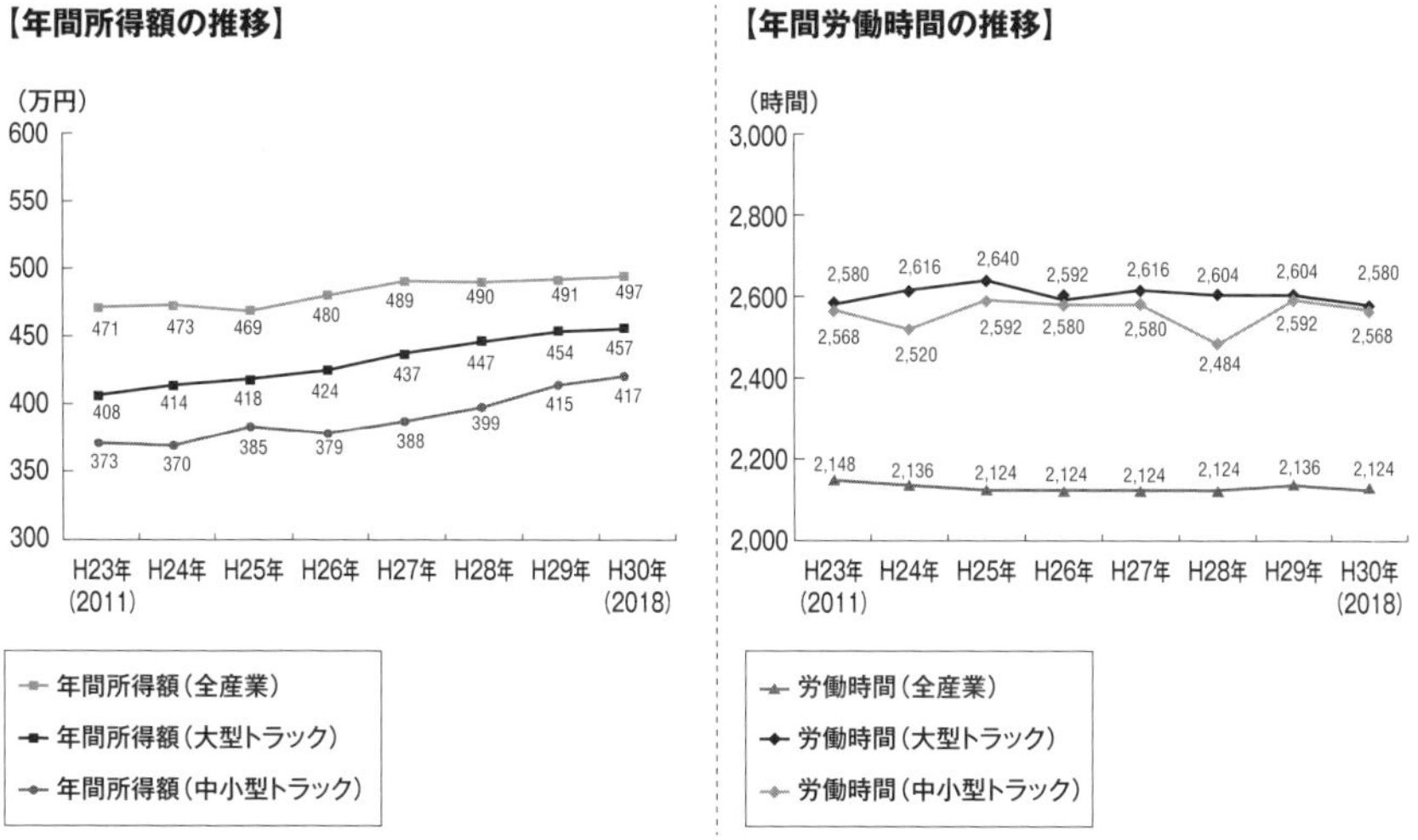

出所:『賃金構造基本統計調査』（厚生労働省）

ローチが必要になる。それを続けた上で、人手不足を主因とする課題からの脱出に向けた肝である、働き手の労働条件の改善を目指したい。

そのためには、従来のような扱い数量の拡大だけを求めるやり方から脱し、仕事の単価を上げる一方で、経営の効率化を進めてコストを下げることが必要になる。それができれば、過当競争で抑えられてきたドライバーの賃金を上げられるし、それが待遇改善のテコになり、荷主など利用者が物流問題を身近に捉えるきっかけになるはずだ。

物流は単なるサービスというよりは、社会基盤としてのインフラ産業であるという理解が進めば、利用者も本当にそのときに必要なサービスを、適正な運賃を支払って受けることを自然に受け入れられるようになるはずだ。ちょうど、宅配便の再配達問題で消費者が示した反応のように。ただし、その前提となるのが運賃の適正化であり、物流事業者も利用者である荷主も、丼勘定ではなく物流コストをしっかりと把握することの重要性を認識する必要があるのではないだろうか。

3

邦船3社がコンテナ船事業を統合

再編の動きが活発な外航海運業界で、まさかの「呉越同舟」に挑む

業界トップ3が一部事業を統合して新会社を

２０１６（平成28）年10月。日本郵船、商船三井、川崎汽船の**邦船3社**が、各社のコンテナ船事業を統合すると発表した。この3社は、わが国の全外航海運収入の大部分を稼ぐ業界トップ3。日頃は互いに激しくしのぎを削ることで業界を牽引してきたリーダーたちだ。それが敵同士ではなく、ともに手を携えて登場したことが、大きな驚きをもって迎えられた。「そこまでやるか」というのが大方の率直な受け止め方ではなかったろうか。

発表の翌17年7月には、持ち株会社である「オーシャン・ネットワーク・エクスプレス・ホールディングス」（本社・東京）のもとに、事業運営会社「**オーシャン・ネットワーク・エクスプレス**」（Ocean Network Express＝ＯＮＥ）が設立され、事態は表立って動き出した。

「**ＯＮＥ**」は本社をシンガポールに、地域統括拠点を香港、シンガポール、英国（ロンドン）、米国（バージニア州リッチモンド）、ブラジル（サンパウロ）に置く体制を整える。2億米ドル（約２３０億円）の資本金は、日本郵船が38％、商船三井と川崎汽船が31％ずつ出資し、社員の多くは当面、3社からの出向・転籍によることになった。

こうして18年4月、超大型コンテナ船31隻を含む総数約２４０隻の船隊を擁するＯＮＥの、実質的な船出が図られたのだ。

コンテナ船事業の安定を求めて

一般的に外航海運はリスク要因が多く、好不調の波が激しい事業。営業の基盤となる荷動きは、各国の景気動向や商品市況の影響を受けざるを得ない。仮に日本の主たる貿易相手国で大きな災害やテロなどが起これば、当然ながら通商活動も大混乱し、海運事業にも大きな影響が及んでしまう。

また、売上の多くを占める海上運賃収入も米ドル建てが多く、費用にしても米ドルや現地通貨建てのため、否応なく為替レートの動きに収支が左右されてしまう。さらには、船舶運航に不可欠の燃料油の価格もおおむね原油価格に連動し、世界の景気動向や産油地域の情勢、各国の在庫水準などにより大きく変動してしまうのだ。

加えて、海運会社は船舶などの新設や更新のための継続的な設備投資を行っているが、変動金利で調達している資金が金利の影響を受けてしまう。設備の安全性や船舶の安全な運航のために、国際機関や各国の法令などのさまざまな規制を受けることによって、コスト高になるという面もある。何より、常時多くの船舶を世界中に運航することで、不慮の事故に遭遇する危険性は決して低くはない。

そうしたことから、外航海運の業界にあって、このようにさまざまな、そして大きなリスクを負いながら安定的に事業経営を継続していくには、相応の企業規模が必要とされることになる。特にコンテナ船事業にはそうした側面が強い。

というのは、先にも述べたが船舶輸送は**定期船事業**と**不定期船事業**とに大きく分かれる。このうち主としてコンテナ船による定期船事業は、一定の就航ルートを定期的に運航するため、一定数以上の船舶やスタッフ等を確保しておく必要がある。そうなると、安定的にその運営が継続できるのは大規模な海運会社に限られるからだ。

日本のように食料やエネルギー、工業原料などの資源に乏しく、それらを海外から受け入れることを前提に発展してきた国にとって、そのライフラインを握る外航海運の役割はとても重い。それだけに戦後のわが国では、〝**海運集約**〟で海運各社を安定的に経営のできる規模にしていこうとする国の舵取りがあった。結果、多くの海運会社を集約して現在の大手3社体制に漕ぎ着けた経緯がある。また、世界的にも海運会社の規模拡大を目指す動きは活発で、国籍や規模の違いをモノともせずに、多くのM&A（企業合併と買収）が繰り返された歴史がある。

そこまでドラスティックではないが、複数の海運会社が提携して定期航路を運航する**アライアンス**（企業提携）と呼ばれる形もある。航空業界などでも、大手中心でグループ化したアライアンスがいくつかあるが、海運業界で1990年代にその嚆矢となったのが「ザ・グローバル・アライアンス」（TGA）だ。ナビックス・ラインと合併する前の商船三井が仕掛け人となり、ネドロイド（オランダ）、APL（当時・米国）、OOCL（香港）の、日米欧亜の4社によって発足した。

TGAの出現によって、定期コンテナ船の共同運航に限らず、他の事業を目的にしたアライアンスも結ばれ、当時で約30あった世界の定期航路が5つに集約された。そして船舶や港湾の共同利用が進み、業界としての大幅なコストダウンを可能にした。本来、コンテナターミナルでの港湾荷役やその先のトラックや鉄道による内陸輸送ではスケールメリットが出やすいのだが、その思惑どおりに統合効果はコンテナ船事業で発揮された形だった。

その際には、日本郵船はハパッグ・ロイド（ドイツ）、NOL（シンガポール）、P&Oコンテナーズ（英国）とともに「グランド・アライアンス」（GA）を、川崎汽船は陽明海運（台湾）、COSCO（中国）とともに「CKYコンソーシアム」（コンソーシアムは企業連合の意）を結んで対抗している。

その後、各アライアンスは構成メンバーをさまざまに入れ替えながら現在に至っているが、その経緯を示したのが次々頁**図表9**である。

3グループに整理統合されたアライアンス

そしてこの間にも、盛んにM&Aが続けられてきた。最近では2016年に、CMA-CGM（フランス）がＡＰＬ（シンガポール）を買収。ＣＯＳＣＯとＣＳＣＬ（中国）が合併するなど、大手中心に再編が加速するなか、韓進海運（韓国）が破綻している。17年には、ハパッグ・ロイドがＵＡＳＣ（アラブ首長国連邦）と合併。マースク（デンマーク）がハンブルグ・スード（ドイツ）を買収。ＣＯＳＣＯがＯＯＣＬを買収といった慌ただしさのなかで誕生したのが、邦船3社によるＯＮＥであった。

各社の離合集散の結果として、現状のアライアンスは次の3グループに整理統合されている。

「2M」＝業界首位のマースクと2位のＭＳＣ（スイス）によるもの。業界9位の現代商船（韓国）は戦略提携によって参加。

「オーシャン・アライアンス」（ＯＡ）＝「オーシャン3」（OCEAN3）を母体に、業界4位のＣＭＡ－ＣＧＭと業界3位のＣＯＳＣＯ、7位のエバーグリーン（台湾）が合流。

「ザ・アライアンス」（ＴＡ）＝邦船3社の事業統合によって業界6位に躍り出たＯＮＥと、5位のハパッグ・ロイド、8位の陽明海運が合流。

ここで示した「業界何位」というのは、世界の海運企業ランキングを毎年発表しているフランスの海運専門誌「Alphaliner」と日本郵船の調査グループの発表を基に、「日本海事センター」がまとめた資料（１２６頁**図表10**参照）によるものだ。ランキングの指標は、海運業界での経営規模を表すのによく使われる「**ＴＥＵ**」（Twenty－foot Equivalent Unit）。コンテナ船の積載容量やコンテナターミナルの貨物取扱数などが、20フィートの海上コンテナで何個分に相当するかを示す貨物容量の単位である。

これによると、19年4月現在の世界のコンテナ船の運航船腹量の合計は２２８８万ＴＥＵ。構成メンバーは異なるが、１９９５年の２９７万ＴＥＵの７・７倍、２００１年の４７９万ＴＥＵの４・８倍の規模に拡大している。上位社のシェアに注目すると、95年には上位3社合計が17％ほどだったのが、01年には約26％に、19年には約45％にと、上位社への集中度が高まっていて、表にある上位15社で全体の九割近くを占める。

１２７頁**図表11**は、3つのアライアンスの商船隊

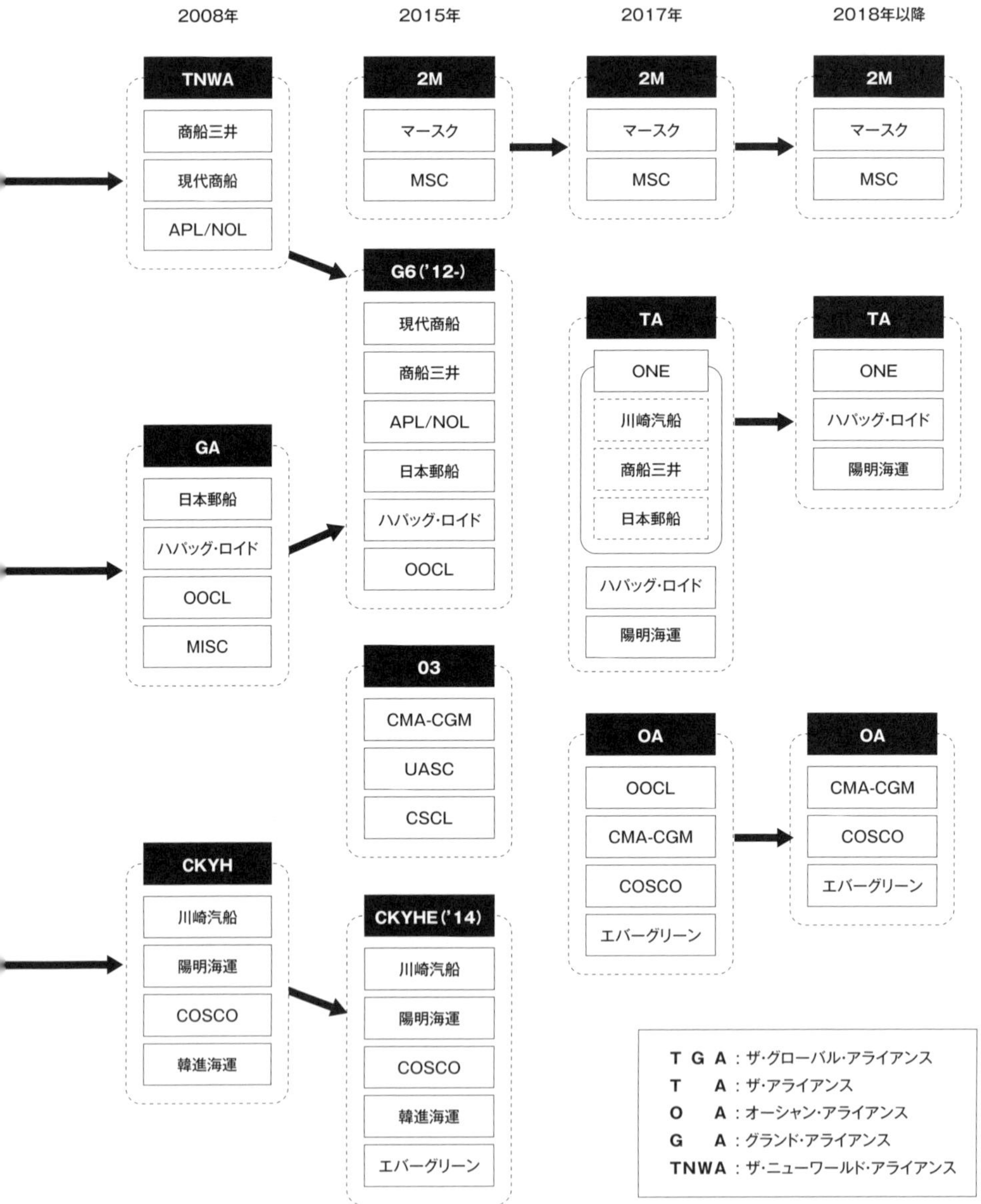
2008年
2015年
2017年
2018年以降
TNWA
商船三井
現代商船
APL/NOL
GA
日本郵船
ハパッグ・ロイド
OOCL
MISC
CKYH
川崎汽船
陽明海運
COSCO
韓進海運
2M
マースク
MSC
G6('12-)
現代商船
商船三井
APL/NOL
日本郵船
ハパッグ・ロイド
OOCL
03
CMA-CGM
UASC
CSCL
CKYHE('14)
川崎汽船
陽明海運
COSCO
韓進海運
エバーグリーン
2M
マースク
MSC
TA
ONE
川崎汽船
商船三井
日本郵船
ハパッグ・ロイド
陽明海運
OA
OOCL
CMA-CGM
COSCO
エバーグリーン
2M
マースク
MSC
TA
ONE
ハパッグ・ロイド
陽明海運
OA
CMA-CGM
COSCO
エバーグリーン
T G A : ザ・グローバル・アライアンス
T A : ザ・アライアンス
O A : オーシャン・アライアンス
G A : グランド・アライアンス
TNWA : ザ・ニューワールド・アライアンス

〈図表9〉 コンテナ船社のアライアンスの変遷

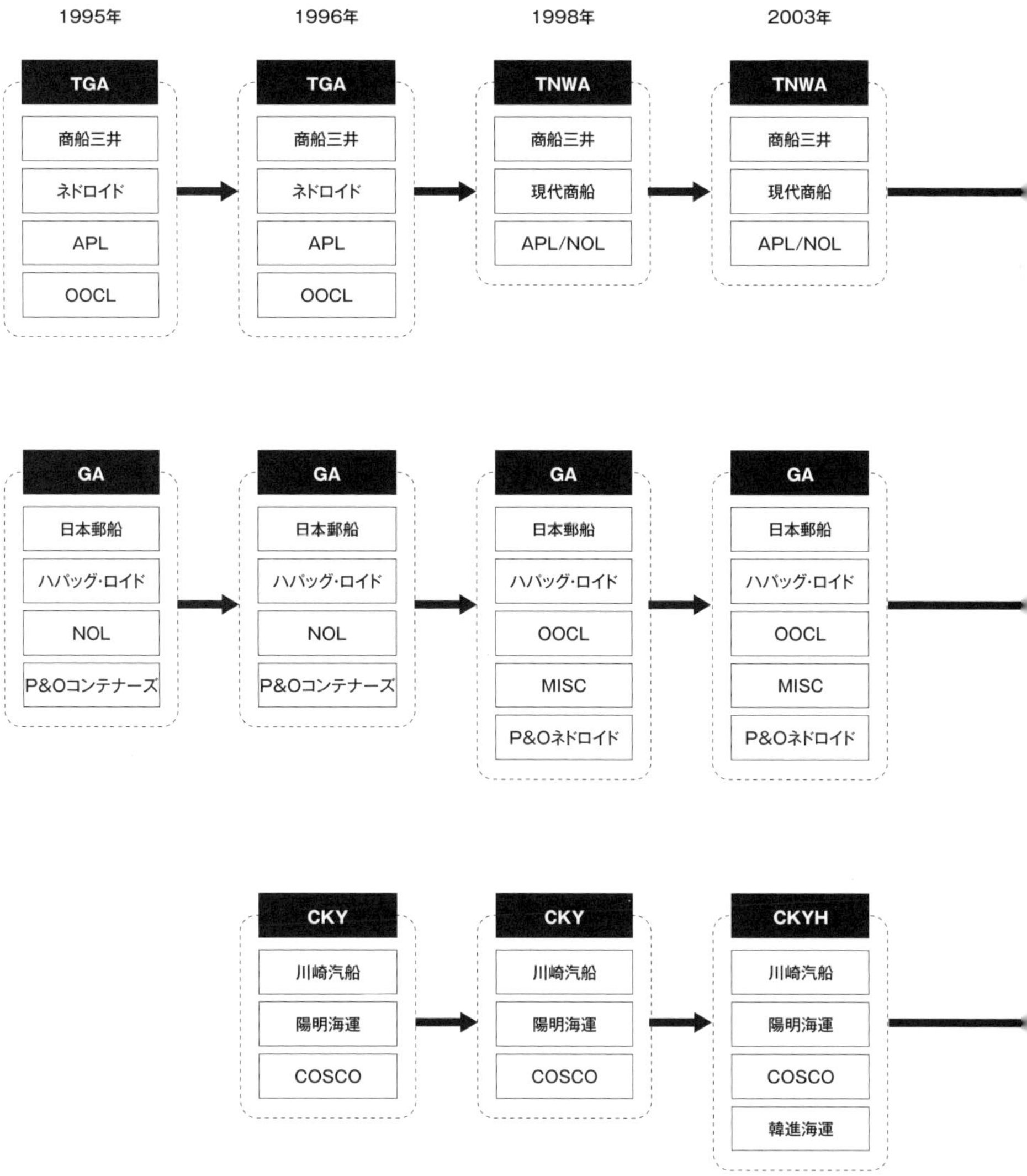

出所:『SHIPPING NOW 2019-2020』(日本海事広報協会)
(元資料は日本海事センター作成)

〈図表10〉フルコンテナ船運航船腹量上位15社

順位	運航会社	TEU	シェア（%）
1	Maersk Line（デンマーク）	4,092,047	17.9
2	MSC（スイス）	3,357,314	14.7
3	COSCO（中国）	2,804,882	12.3
4	CMA-CGM（フランス）	2,666,830	11.7
5	Hapag-Lloyd（ドイツ）	1,671,234	7.3
6	ONE（Ocean Network Express）	1,534,957	6.7
7	Evergreen（台湾）	1,236,686	5.4
8	陽明海運（台湾）	682,318	3.0
9	現代商船（韓国）	436,768	1.9
10	Pacific International Lines（シンガポール）	417,793	1.8
11	Zim Integrated Shipping Services（イスラエル）	321,882	1.4
12	Wan Hai Lines（台湾）	251,716	1.1
13	Islamic Republic of iran Sipping Lines（イラン）	154,415	0.7
14	KMTC（韓国）	153,963	0.7
15	安通控股（中国）	148,264	0.7
全世界		22,878,916	100.0

出所：『SHIPPING NOW 2019-2020』（日本海事広報協会）
（元資料は『世界のコンテナ輸送と就航状況』（Alphaliner、日本郵船調査グループ）より日本海事センター作成）
※1　2019年4月現在
※2　上位15社合計のシェアは全世界の約87%

の隻数と運航船腹量のシェア。こちらは18年末の数字がベースだが、3つのアライアンスが、世界の合計のうち隻数の半分以上、運航船腹量の約8割を占め、やはり上位社への集中具合がうかがえる。

荒波のなか、ONEの航海は始まったばかり

そんな中で18年4月に営業を開始したONEのコンテナ船運航船腹量は153・5万TEUで、世界シェアでは6・7%の6位につけている。18%のマースク、15%のMSC、12%前後のCOSCOやCMA－CGMなどの上位社には少し水を開けられている感は否めない。もちろん、今回の事業統合はコンテナ船事業の規模の拡大だけが狙いではなく、3社それぞれが保有する港湾施設を一本化するなどで年間1000億円超の経費を圧縮し、本体の企業体質を筋肉質につくり直すという目的が大きい。

日本の海運各社の場合、コンテナ船による定期船事業のみならず各種の不定期船事業もメニューに加えた〝デパート型〟の経営が特徴。鉄鋼や自動車業

〈図表11〉各アライアンスの運航船腹量と取扱い貨物量のシェア

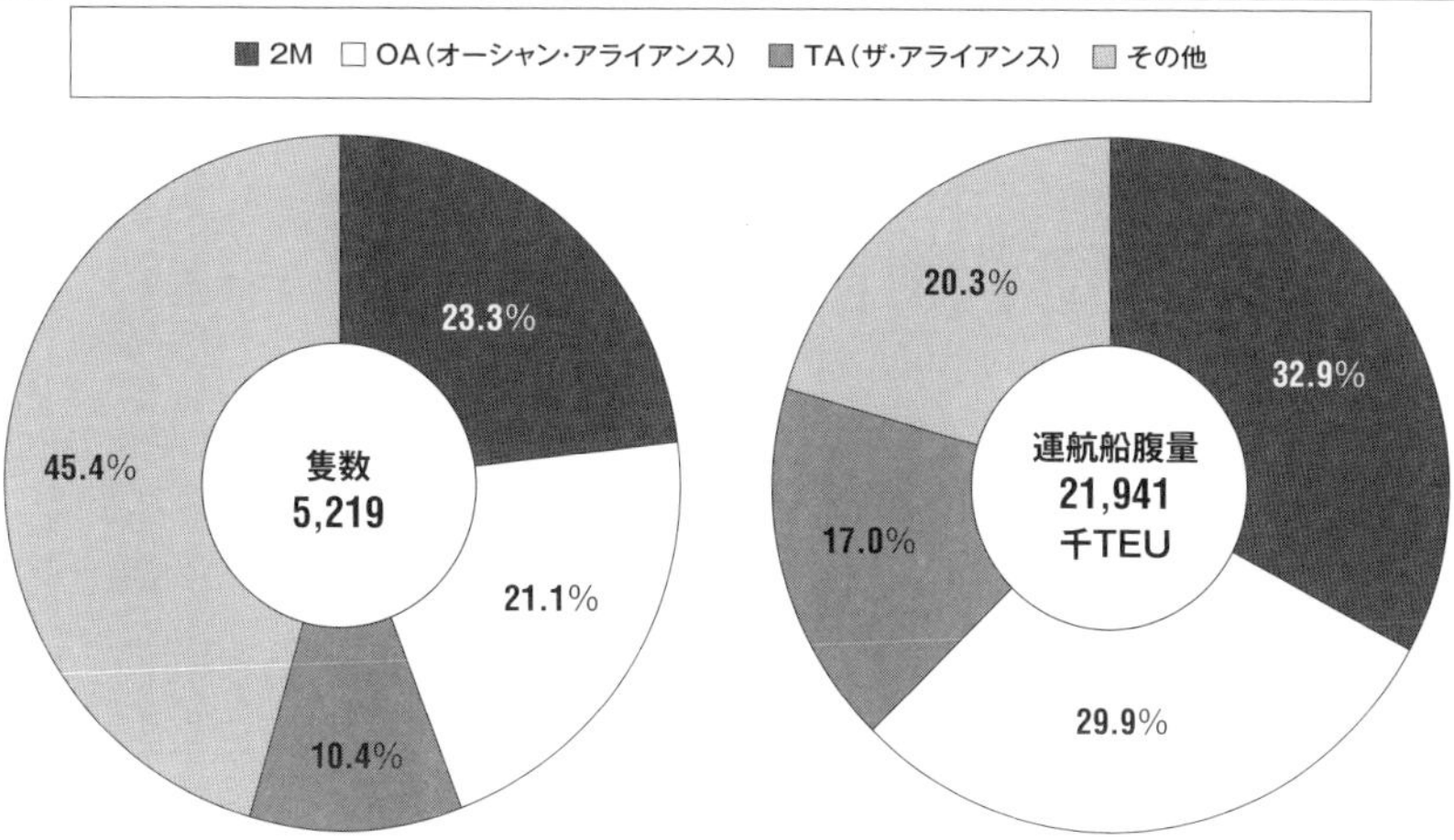

出所：『海事レポート　2019』（国土交通省）より
（元資料は（MDS、IHS9Fairplay）より日本郵船にて集計したものに基づき国土交通省海事局作成）
※　2018年末

界などに支えられる不定期船事業は邦船３社の収益源だが、自動車船やＬＮＧ船以外の船種での存在感はやや薄れていたといえる。また、各社の売上の３～５割を占めてきたコンテナ船事業でも、好況時につくられた船余りで運賃水準が暴落してしまい、最近は採算割れが続いていたのが実情だ。

収益の安定化を求めた邦船３社は、採算確保に苦しんだコンテナ船事業を本体から切り離して統合する道を選択。今後は、市況変動が激しいばら積み船の構造改革や中長期契約が主体のＬＮＧ船を拡充することなどで、経営体質の改善を進めるようだ。

ＯＮＥの営業1年目となる19年３月期の実績は、各社のシステム方式の違いなどから軌道に乗せるのに時間を要し、連結最終損益で約６億ドルの赤字に。20年３月期は、北米航路の契約更新が進んで需要の４％増を見込み、統合効果も出て８５００万ドルの黒字転換を予定している。また、本体３社の19年３月期は、コンテナ部門をＯＮＥへ移行したことで営業収益や費用は大幅に減少。営業損益で４５０億円の赤字（３社計、単体ベース）となっている。

4

課題の多い海運業界の〝船員問題〟

業界の構造的な課題に、税制などを切り口に官民で取り組む

減少し続けた日本籍船と日本人船員

深刻なドライバー不足が叫ばれ、そのことが物流危機として社会問題化している自動車輸送業界。だが、海運業界でも以前から船員不足という同種の問題や、その原因にもなっていた業界独自の構造的な課題に頭を悩ませてきたことは、あまり知られてはいないようだ。

外航海運の分野は全世界を1つの市場として、激しい国際競争を繰り広げていることは周知のとおりだろう。そして、何度も厳しい海運不況に直面してきたわが国の海運各社は、外国船社との競争力を強化するために、自社の**商船隊**（運航する船隊全体）の多くを「仕組船」と呼ばれる外国籍船中心の構成に移してきた歴史がある。

仕組船というのは、日本の外航海運会社が、船舶の登録免許税や固定資産税の安いリベリアやパナマといった外国に設立した子会社を通じて建造する船舶のことだ。便宜的にその外国の船籍で登録・保有しておき、運航は外国人船員を配乗してチャーターする。そうすることで、船舶の建造・管理・運航にかかる費用や船員の人件費などのコストが抑制できるためだが、その結果、**日本籍船**の船籍を便宜置籍国へ移す「**フラッキングアウト**」が盛んに行われ、むしろそれが主流になっていたのだ。

しかし、そうやって外国用船を増やすことが、日本籍船と日本人船員を激減させるという、業界にとって困った問題を生じさせたのである。

図表12は、日本の外航海運会社が運航する200

〈図表12〉日本商船隊の構成の変化

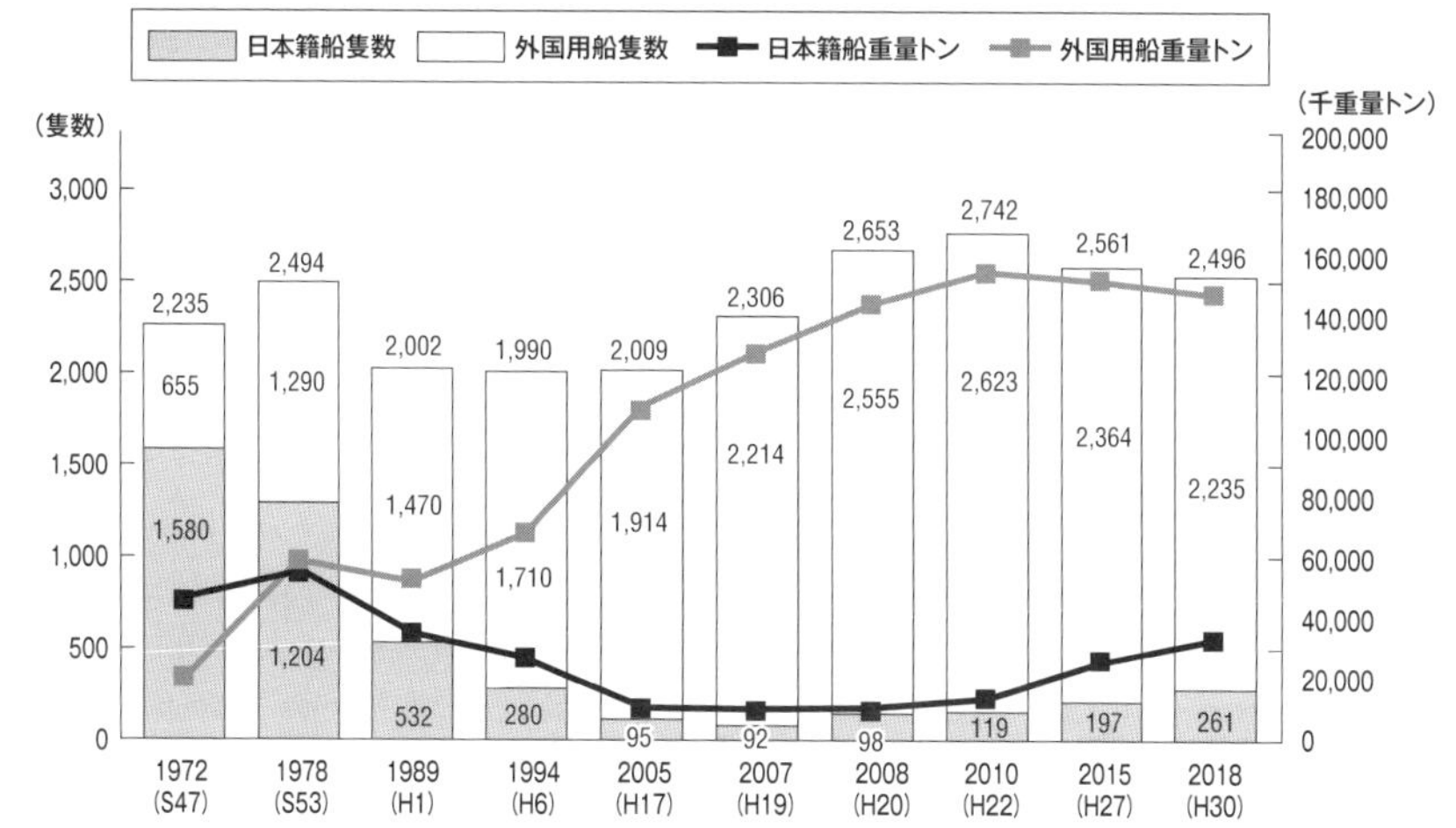

出所:『海事レポート2019』(国土交通省)より作成
(元資料は国土交通省海事局調べ)

０総トン以上の外航船舶のうち、日本籍船とそれ以外の外国用船の船籍別の構成の推移を示したものである。１９７２（昭和47）年は、日本籍船が最も多く建造された年だが、２２３５隻の日本の商船隊全体のうち、日本籍船が約7割の１５８０隻を占め、外国用船は3割弱の６５５隻という構成だった。それが78年には、総数２４９４隻のうち日本籍船が48％の１２０４隻、それに対して外国用船が52％の１２９０隻と逆転。そして日本籍船の隻数は２００７（平成19）年に92隻（４・１％）になるまで減り続けたのである。

仕組船が増え日本籍船が減少することによって、当然ながら日本人の外航船員も減少してしまった。次頁**図表13**は、わが国の船舶所有者に雇用されている、外国人船員を除く乗組員と予備船員の人数の推移を示している。

日本人船員数は、１９７４年頃が約27・8万人でピークだったが、その後は激しく減少し、２０１０年代に入ると6万人台にまで落ち込んだ。なかでも外航船員は、同時期に約5万７０００人から２００

〈図表13〉日本人船員数の推移

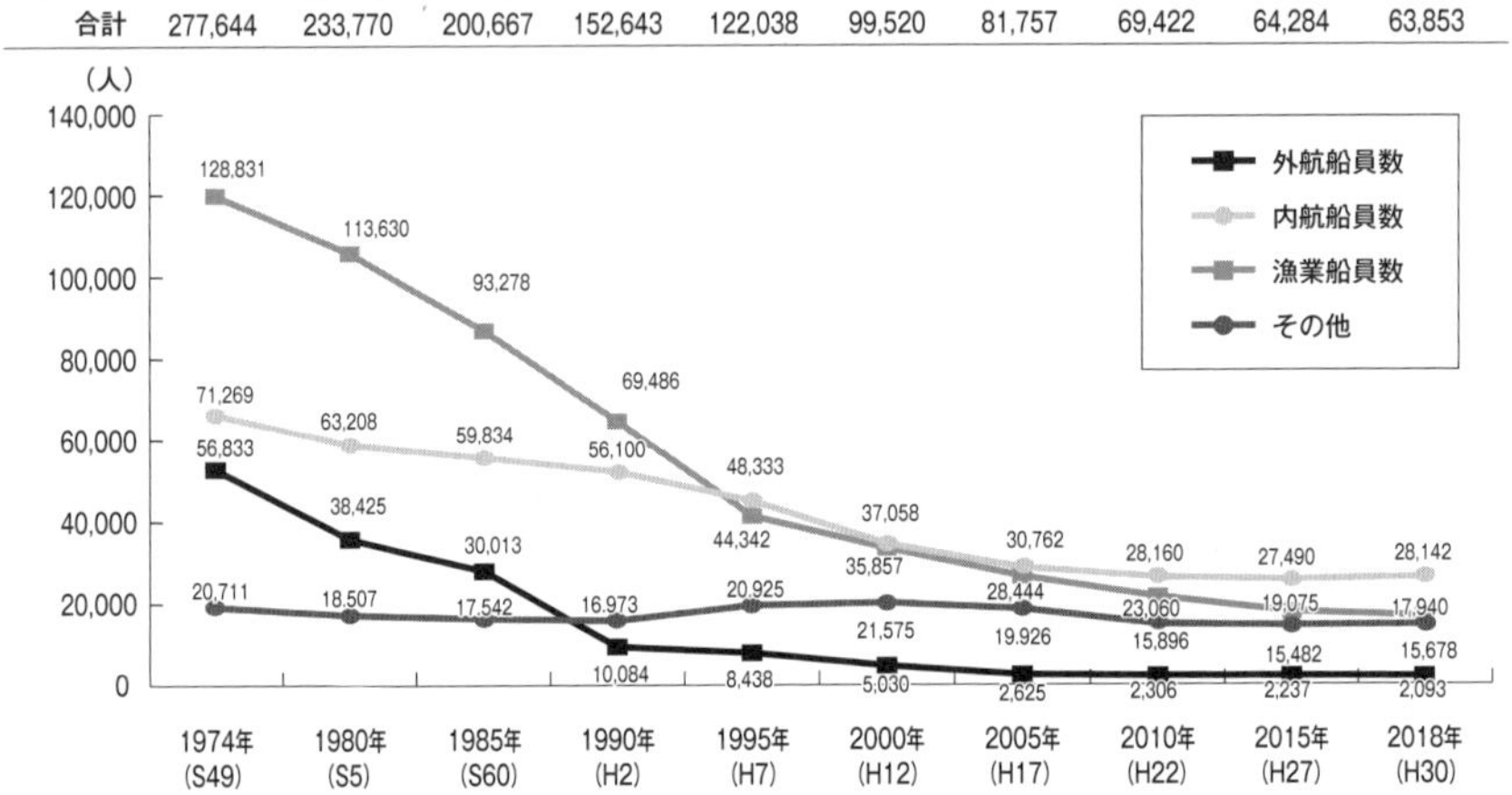

出所:『海事レポート　2019』（国土交通省）より作成
（元資料は国土交通省海事局（2005年までは「船員統計」による）調べ）
※1　船員数は、わが国の船舶所有者に雇用されている乗組員数と予備船員数を合計したもの
※2　「その他」は、引船、はしけ、官公署船等の船員

0人台に激減。内航船員は、約7万1000人から2万8000人台になっていた。

激減した日本人船員に国交省も危機感を持つ

内航、外航にかかわらず、海運がわが国の経済や国民生活を支えるライフラインとして果たす役割が非常に大きいことは、本書でも指摘してきたとおりだ。それは以前から変わってはいない。その海運事業の大半を外国人船員の操る外国用船が担っている状況で、船員の供給国で大規模災害や政変が起きるなどすれば、たちまち運航に支障が出かねない。

さらに、日本人船員の減少を放置したのでは、航海の現場を知る日本人船員が枯渇し、技術の伝承が途絶えてしまうという危惧があった。海運は、船舶の運航に従事する船員と陸上でこれを管理・支援する**海技者**により支えられており、海上輸送の安全・安定の確保にはこれらの人的基盤が不可欠である。しかも、水先人や海難審判官など多くの周辺の職種の人材として、船長経験者が大きな役割を果たすことなどを勘案すると、技術集団として貴重な財産である日本人船員を確保することの重要性は、論を俟たないだろう。

業界の監督官庁である国土交通省（国交省）としても、将来にわたってそうした事態を避け、安定的な国際海上輸送が行われるための基盤づくりとして、日本籍船と日本人船員を増やすことに積極的に取り組むようになっていった。

国土交通大臣（国交相）の諮問機関である「交通政策審議会」が設置した「国際海上輸送部会」では、「今後の安定的な海上輸送のあり方」について07年12月に答申を発表。そこには非常時にわが国が一定程度の社会生活を続けられる目安として、日本籍船と日本人船員がどのくらい必要かといった試算などとともに、トン数標準課税制度の早急な検討、日本船舶・日本人船員の確保のための法整備等を図ることが盛り込まれていた。

こうして08年5月、海運事業にとっての基本的なガイドラインとなる「**海上運送法**」と「**船員法**」について、その一部を改正する法律が成立。同年7月に「**トン数標準課税制度**」が導入された。

ここで、わが国の海事産業強化のための法改正というその目的と、トン数標準課税制度導入との関係について少し補足しておく必要があるだろう。

それまでは、わが国の海運事業者に対する法人税は、他業界と同様に所得に応じて税額が計算されていた。それをこの法改正によって、保有する船舶トン数に応じて計算するのを09年から認めるとしたのである。

こうしたトン数標準課税制度は、欧米はじめインド、韓国など17の主要海運国、船腹量ベースでは世界の約6割に適用されており、〝世界標準〟ともいわれるやり方。それを採用することで、税額計算では国際的な水準を踏まえて設定・計算されるみなし所得が使われるため、国際的な競争条件の均衡化が図れる。また、みなし所得が比較的低額であり法人住民税と法人事業税にも及ぶため、好況時には大幅な減税効果を生むとされていた。

外航海運会社の場合、全世界で得た所得のすべてに本社所在地の国の法人税が課されるため、税制の差が国際競争力の差につながる。そのため以前から日本の海運会社は、「税制によって国際競争力上の大きなハンディキャップを負っているから、それを是正してほしい」という主張をしていた。

国交省としては、業界のそうした思いを受け入れる形で、法改正の目的である「日本籍船の確保と日本人船員の育成及び確保」を、海運事業者たちに積極的に履行させるための〝テコ〟として、トン数標準課税制度を活用しようとしたわけだ。

業界の課題解決にトン数標準課税制度を切り口に

ところが当初、同制度が受けられるのは、「日本船舶・船員確保計画」を作成し、国交相の認定を受けた外航海運会社に限定されてしまった。さらに対象が日本の外航海運会社が運航する船舶のうち5％（当時）にも届かない日本籍船に限られたために、外航海運会社にとって同制度を使うメリットが実質的にほとんど得られない状況が続いた。

そんな最中の11年3月、大津波や原発事故を伴って東日本大震災が発災。これにより「日本籍船の確保と日本人船員の育成及び確保」の必要性をさらに強く意識した国交省が、その遂行を外航海運会社に再度促すために放った第二の矢が、海上運送法の改正だった。12年9月に海上運送法の一部を改正する法律を成立させ、12月11日より施行した。

改正では「準日本船舶制度の創設」を目的としており、日本の海運業者が事実上保有して一定の条件を満たす外国船を「**準日本船舶**」とし、大規模災害時には国交相が準日本船舶に物資や人員の輸送を命令できることなどを明文化した。準日本船舶としては、わが国の外航海運会社の子会社が保有する外国用船が想定されており、税制上それらに対するトン数の測定の特例制度を設けることで、トン数標準課税制度の対象を実質的に拡充したのである。

これを受けて「平成25年度（2013年度）税制改正大綱」には、国交相から「日本船舶・船員確保計画」の認定を受けた外航海運会社については、トン数標準課税制度の対象を日本籍船だけでなく準日本船舶にまで実質的に拡充することが盛り込まれた。

準日本船舶のみなし利益は日本籍船の1・5倍にカウントされるという、この新たなトン数標準課税制度は13年3月から実施された。

さらに17年10月にも、海上運送法および船員法の一部を改正する法律が施行された。この改正では、日本の船主の子会社が保有する準日本船舶と同様の要件を満たした外国籍船まで認定対象に追加。併せて、航海命令が出された際に準日本船舶を日本籍化するために必要な手続きを円滑化する規定も盛り込まれるなど、トン数標準課税制度を拡充する内容であった。

こうしたトン数標準課税制度の導入、拡充といった切り口で国交省と業界が取り組んだ効果もあって、07年には92隻にまで減少を続けていた日本籍船は増加に転じ、18年時点で261隻と2・8倍になっている。日本商船隊に占める日本籍船の割合は、07年が4%、18年が10・5%だ（先の**図表12**参照）。

また、日本人船員のうち外航船員は、09年に2187人まで落ち込んだが、その後はほぼ横ばい状態を保ち、2100人～2300人で推移している（先の**図表13**参照）。

国交省としては、先述のトン数標準課税制度導入に当たっての試算で、非常時の経済安全保障の確立に必要な日本籍船は450隻、日本人船員は5500人としていた。だが現状とのギャップが大きいことから、短期間でこれらを達成するのは困難だと判断。当面の取組みとして、日本籍船を5年で2倍に、日本人船員は10年で1・5倍に増やすということを、外航海運業界ともども目標に掲げて取り組んでいる。

内航船員の高齢化にも歯止めが

日本人船員については、絶対数の少なさに加えて、高齢化の進行というもう1つの課題も見逃せなかった。外航海運では陸上での船舶管理業務などを担当する若年層も少なくないのだが、外航船員以外は高齢船員の割合が高く、特に内航船員では55歳から65歳の割合が高かったのである。

08年頃には、外航、内航、漁船その他も合わせた船員の54%が45歳以上。しかも55歳以上の割合は、

１９９８年の12・２％から２００８年には28・１％へと倍以上に増加し、60歳以上も10％を超えていた。内航海運に限れば08年の45歳以上の割合は64％に達し、将来的に高齢者のリタイアが続けば、２割程度の船員不足が生じるおそれがあるといわれていたのである（いずれも国交省調べ）。

そこで、ここでも官民協力のもと、若年船員確保に向けたさまざまな取組みが重ねられたところ、30歳未満の内航船員（旅客船も含む）は、２０１２年の３６４６人が18年には５２７０人へと１６２４人のプラス。全体に占める割合も、13・４％から18・７％に上昇した（**図表14**）。

ただし、現在の日本商船隊の乗組員は推定６万人とされるが、日本人船員の割合はまだ約４％でしかない。日本人船員を増やすことはもちろん重要だが、乗組員のほとんどを占める外国人船員の確保・育成にも注力する必要がある。また、18年の内航・外航日本人船員３万２２００人余のうち、７２４人と約２％でしかない女性の参画を増やすことなど、〝船員問題〟にはまだまだ取り組むべき課題が多い。

〈図表14〉内航船員の年齢構成

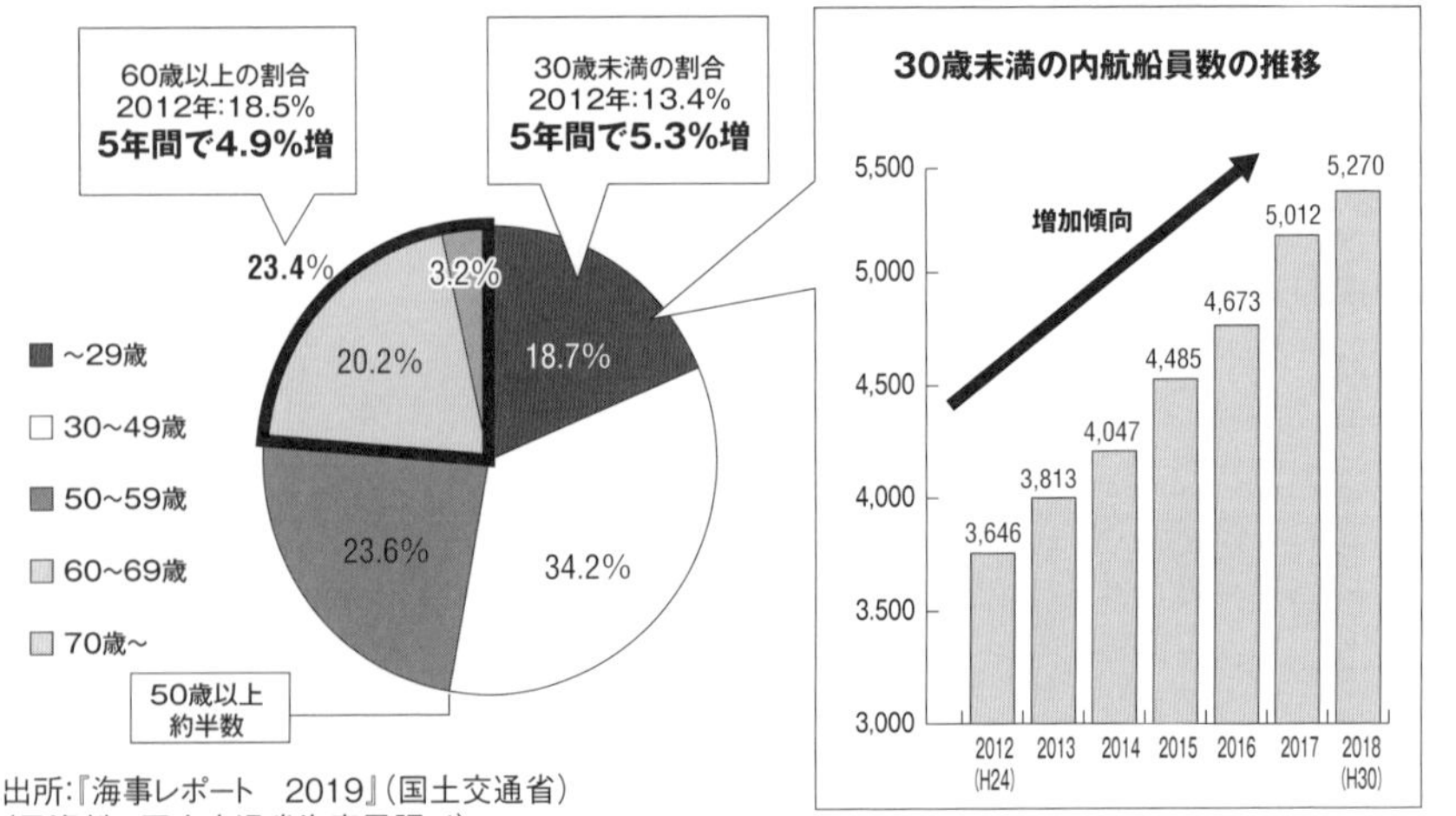

出所:『海事レポート　2019』(国土交通省)
(元資料は国土交通省海事局調べ)
※1　2018年10月1日現在
※2　わが国に所在する船舶所有者(内航貨物、内航旅客)に雇用されている船員(外国人を含む)の年齢構成

日本の海運事業と日本人船員は、戦後の復興とそれに続く高度経済成長を海上輸送面で支えたことに間違いはない。その人材育成を担ってきたのが2大学5高専の船員教育機関だが、一般の大学卒業生に船員への門戸を開き、入社後に専門教育を受けさせる海運会社も増えている。海運会社の中には、外国人乗組員の養成に取り組むところもあり、08年には日本の外航船の船員の約7割を占めるフィリピンに商船大学を設立するなどしている。

だが、そうした外国人乗組員を活用するにも、幹部候補生としての日本人船員の育成は欠かせない。従来は船舶の運航要員だった日本人船員も、外国人船員を含んだ船舶や組織の管理・運営等を行うことが否応なく求められることになる。資質・能力に関しても、マネジメント能力やIT技術が不可欠となっている。そうしたことから、日本人船員の量の確保だけではなく、その質を確保する取組みが急務となっている。それは、海運事業者の企業努力だけに委ねられるのではなく、予算措置なども含めた官民の協力が必要になるだろう。

〈図表15〉船員の生活例

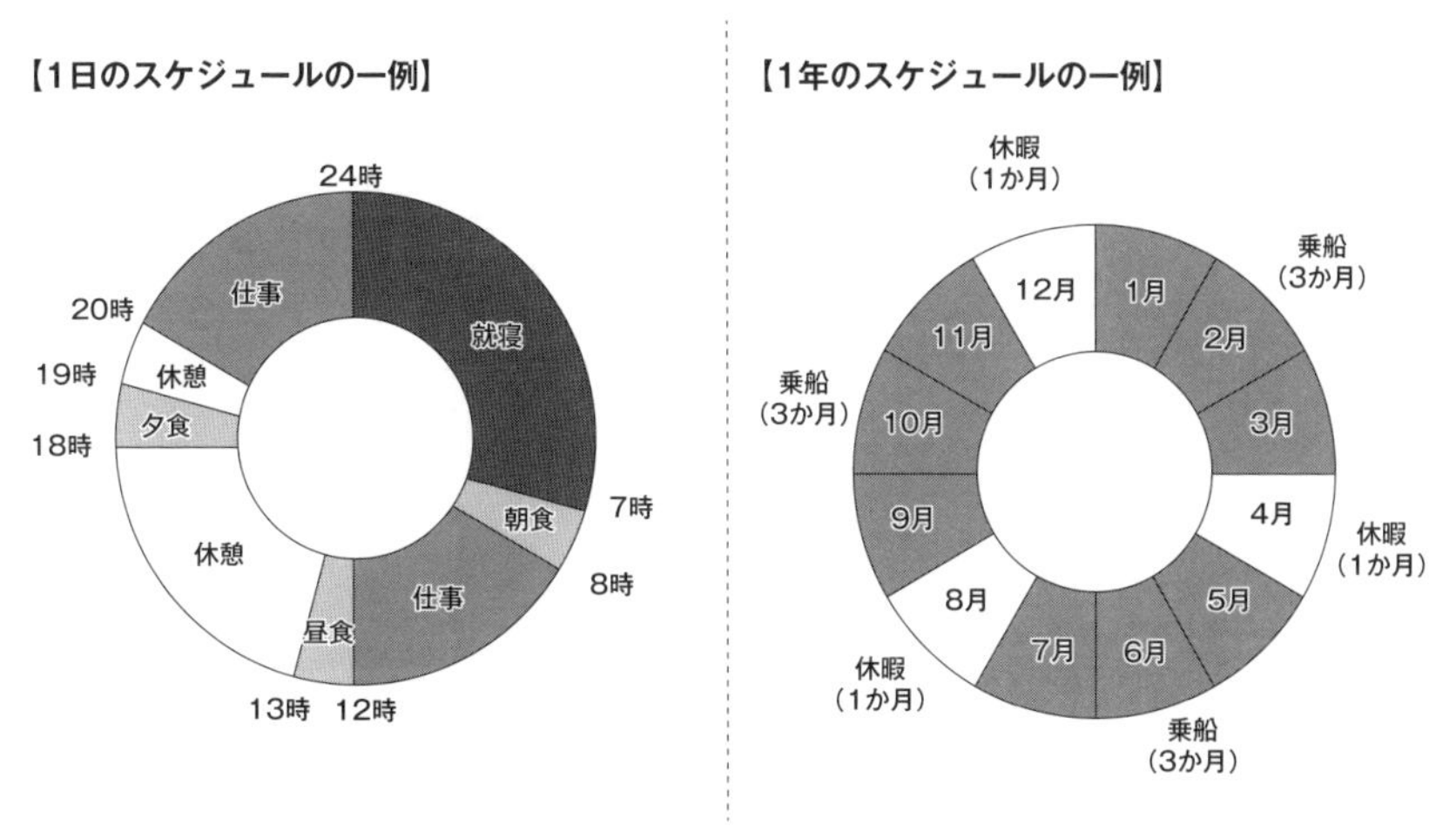

出所:『海事レポート　2019』（国土交通省）より作成
※　内航船乗組員の例

5 国際海上輸送の安全を守る

海賊・武装強盗事案は国際海上輸送のリスク。継続した対処活動が求められる

現代に「海賊」がよみがえった！

２０１９（令和１）年６月13日、早朝。中東のペルシア湾（アラビア湾）とオマーン湾を結ぶ**ホルムズ海峡**付近（**図表16参照**）を航行中のタンカー２隻が爆発物による攻撃を受け、船舶の一部に火災を生じるという事件が起こった。

被害を受けた船舶は、日本の海運会社「国華産業」が運航するタンカー「コクカ・カレイジャス」（パナマ船籍、総トン数１万９３４９トン）と、ノルウェーの会社の所有する「フロント・アルテア」。どちらにも日本関係の荷物が積まれていたとされる。幸いにして、合計44名の乗組員は近くを航行中の船の救命ボートで全員救助された。

これに先立つ同年5月にも、サウジアラビアやアラブ首長国連邦（ＵＡＥ）のタンカーなど4隻が、機雷による攻撃を受ける事件が発生している。アメリカ政府はいずれもイランの関与によるものと確実視しているが、イランは全面的に否定。真相は曖昧なまま、イランと米国およびその同盟湾岸諸国との間で緊張が続いた。

複雑な中東問題を背景にしたと思われるこうした事件はやや特別なケースかもしれないが、国際海上輸送の安全性を妨げて海運会社の頭を悩ませるような事件は決して少なくない。政治的というよりはむしろ経済的な事由によって引き起こされることの多い**海賊・武装強盗事案**、いわゆる海賊等事案は毎年数百件規模で発生しているのだ。

わが国では08（平成20）年から09年にかけて、そ

〈図表16〉中東周辺

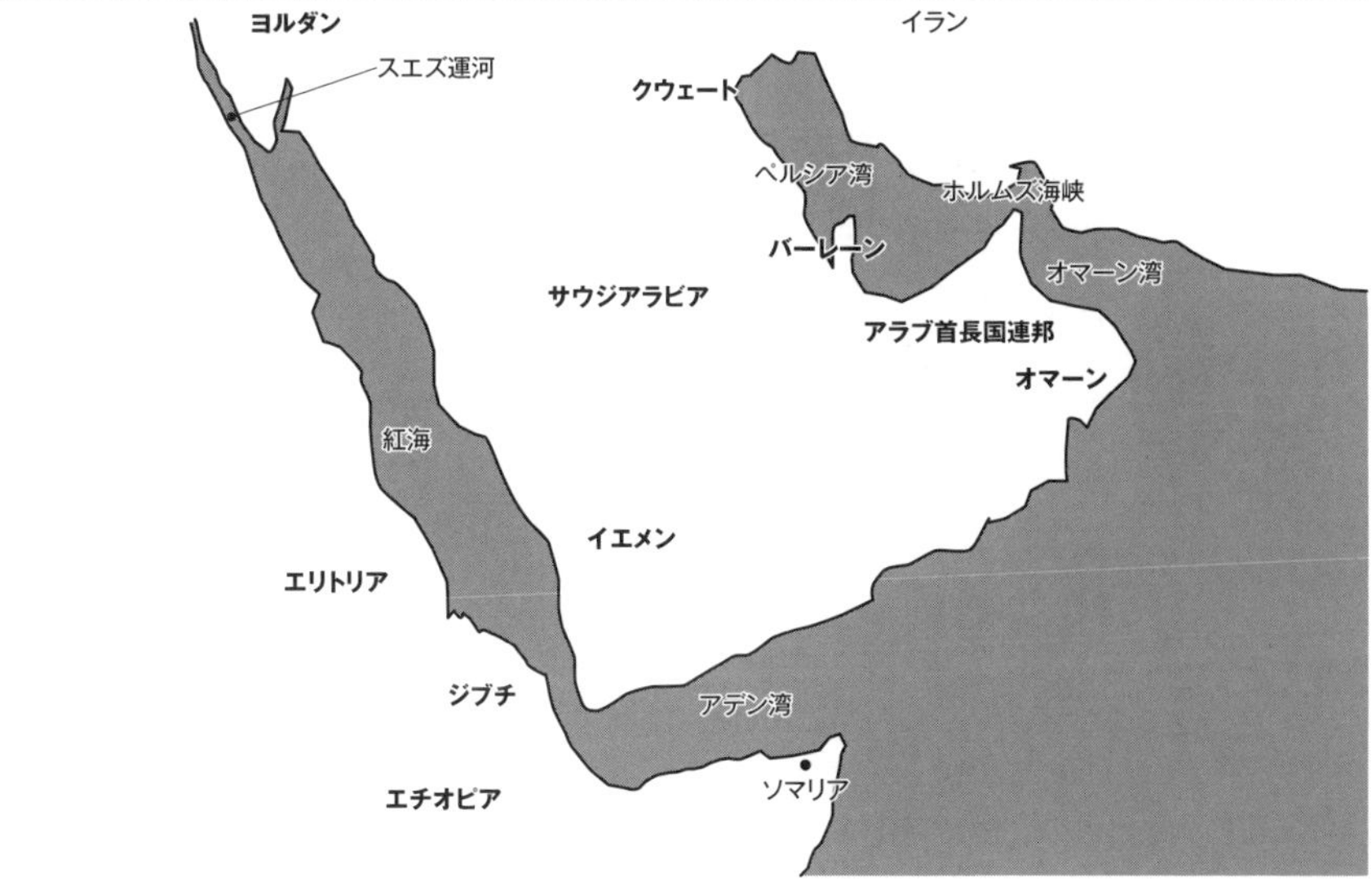

の「海賊」のニュースがよく流されていたのをご記憶だろうか。欧州の古代伝説にも登場し、北欧のバイキングや東アジアの「倭寇《わこう》」、人によってはドクロのマークや「ピーターパン」のフック船長などを連想するかもしれないあの海賊。当時は、そんな牧歌的な過去の遺物のような存在が現代によみがえったことに、驚いた人も多かったようだ。**ＩＭＢ（国際海事局）**によれば、03年には世界で４５０件近い海賊被害が発生しており、その〝健在ぶり〟には唖然とさせられたものだ。

当時のそうしたニュースの震源地の多くは、アフリカの東北端に位置する**ソマリア**沖の海域だった。やはりＩＭＢによれば、03年以降、世界的には海賊被害が減少傾向にあるなかで、同海域では03年の21件に比べ、07年には44件、08年には１１１件と急増。09年に入るとさらに２００件台まで倍増し、11年まででそうした状況が続いた（次頁**図表17**）。乗っ取られた船舶も多く、その多くが抑留されて数百名が人質になっていた。

インド洋に角《つの》のように突き出している国の形状か

〈図表17〉 世界における海賊等発生件数の推移

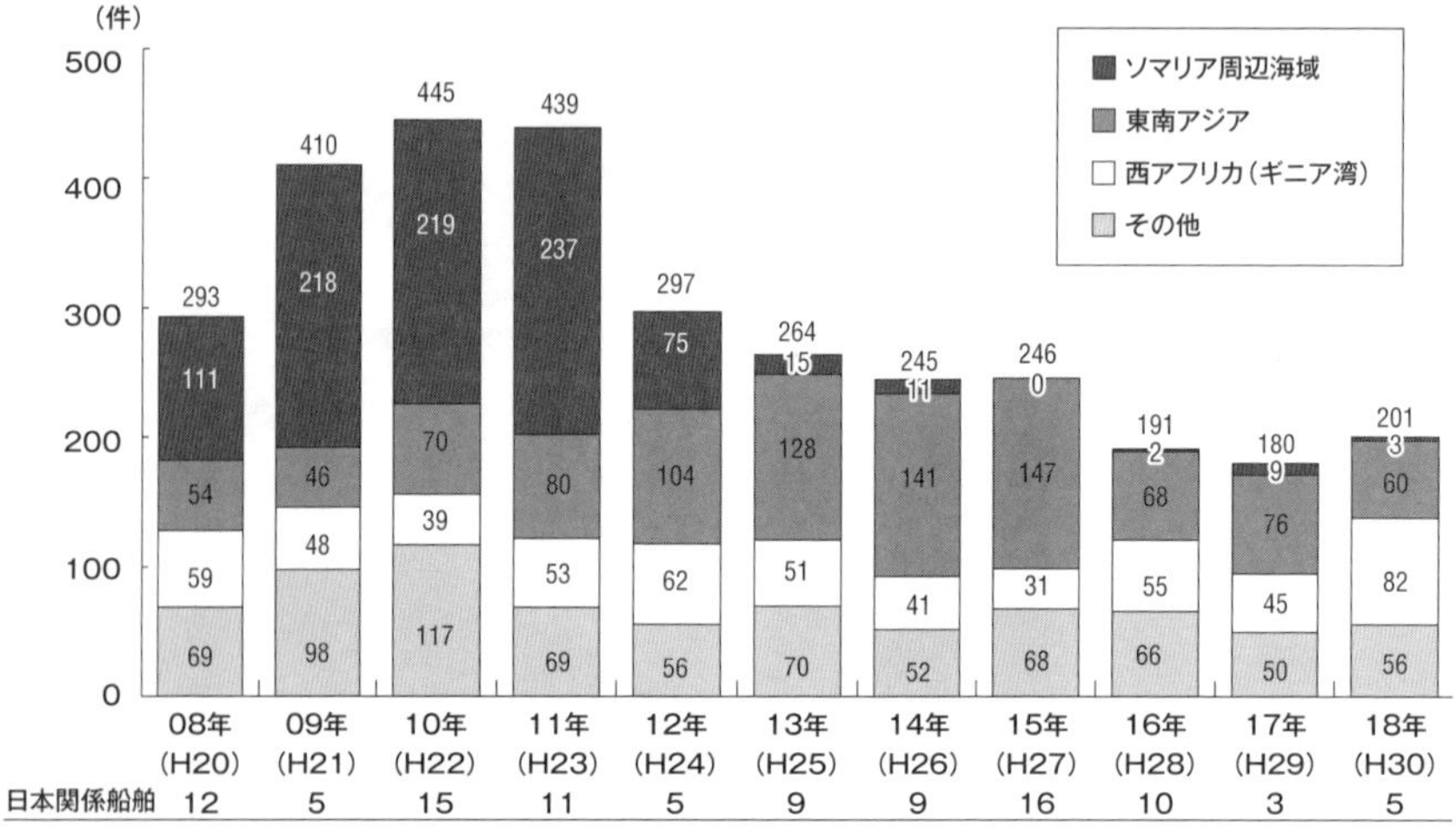

出所:『海事レポート　2019』(国土交通省)より作成
(元資料はIMB報告)

ら「アフリカの角」と呼ばれるソマリアには当時、五つの海賊集団があり、総勢で1000人を超える武装したメンバーが存在していたそうだ。

複数の小型高速船に分乗して貨物船などに近づき、自動小銃や携帯型のロケット砲などで威嚇する手口が多く、身代金目的なので人質に危害を加えるケースはあまりなかったらしい。操船の自動化が進んでタンカーなど大型船舶の操縦が少人数でも行えるようになり、乗組員が少なくなったため襲撃と船内の制圧が容易になったことも関係していたようだ。

海賊は国際海上輸送に付き物のリスク

頻繁に起こる海賊等事案は、海運会社にとって大きな経営リスクである。現に、日本企業に関係する商船の乗っ取り被害は、07年秋からの約1年間だけで6件発生。6件とも人質は解放されたが、解放の際には交渉費用も含めて100万～200万米ドル、時にはその10倍にも及ぶ身代金が支払われたと噂された。そのため保険料が上昇したり、ソマリア海域を通過する船舶には船員が搭乗を拒否したりする等の影響も出たという。

もちろん影響は私企業に対してのみならず、貿易立国であるわが国にとっても甚大で、外航船舶の航行の安全や海上の安全確保は極めて重要な問題として、改めて認識されることとなった。

そこでわが国では、09年3月から自衛隊の護衛艦をソマリア沖に配備して、日本関係船舶の警護を開始。7月には、船籍にかかわらず警護が可能で、武器使用を認める「**海賊対処法**」が施行された。他の国々も国連安保理決議などに基づき艦艇や哨戒機などを派遣し、日本も含んだ二十数か国が派遣した約40隻の軍艦が、ソマリア沖海域の警護を行うこととなったのである。

各国が海賊対策に熱心なのには、人道的な側面はもちろんだが、ソマリアの北側に広がるアデン湾が、スエズ運河を経て欧州と中東・アジアをつなぐ海運の要路であることが大きい。当時は、各国のタンカーや輸送船などが年間約1万8000隻通航していたが、そのうちの約1700隻は日本関係の船舶。コンテナ貨物で全世界の約2割、日本からの自動車輸出全体の約2割が同海域を通過していた。

それぞれで事情は異なるとしても、そうした重要な海域で海賊の被害を受けた国や海運会社は、船舶の損壊や乗組員が誘拐された場合の身代金などの大きな負担を背負う。その間の輸送活動が滞ることによる損害を含んだ悪影響も受けざるを得ない。さらに海賊の存在による海運保険料率の引上げ、民間による警備費や警備のための各国の軍事費の増加などを試算すると、世界の貿易コストを180億ドルも押し上げていると指摘されたくらい、大きな経済的損失も受けなければならないからである。

今後も引き続きの警戒が必要

ソマリア沖・アデン湾までは日本から約1万2000キロ。この悠遠の地において09年に始まった自衛隊による海賊対処のための護衛活動では、対象に日本の商船隊のみならず外国商船も加わった。また、一定の要件を満たす日本籍船において民間武装警備員の乗船警備を可能にする、「海賊多発地域における日本船舶の警備に関する特別措置法」（日本船舶警備特措法）も、13年11月に施行されている。

ＩＭＢの報告では、18年の海賊等事案の発生件数は世界全体で２０１件。わが国の自衛隊派遣を含む各国共同の海賊対策が奏功してか、09年頃から比べると件数は半分以下まで減少している。特にソマリア周辺海域の海賊等事案は、ほぼ撲滅したといってよいかもしれない（先の**図表17**参照）。

また、襲撃を受けたもののどうにか回避して被害を免れた例も少なくはない。たとえば18年には、日本籍船および日本の船会社が運航する外国籍船における海賊等被害の発生件数は、主に東南アジアの海域で5件。うち4件については備品が盗まれるという軽被害だったのは不幸中の幸いである。

しかし、世界の事案に戻ると、そうした場合にも銃撃されて生命の危険があったり、結果として２２４名も拘束され、そのうち83名が誘拐されたりしているという現実は、重く受け止めなければならない。そしてギニア湾沿海を含む西アフリカや、マラッカ・シンガポール海峡を含んだ東南アジア地域などでの件数が増え、広範化していることが懸念材料だ。

今回の事件のあったホルムズ海峡も、ペルシア湾沿岸諸国で産出する石油の重要な搬出路であり、毎日約１７２０万バレルという、世界の石油消費量の2割が輸送される海運の要衝である。わが国へのエネルギー輸送についても、中東から日本に原油や液化天然ガスを運ぶタンカー全体の8割、年間３４０0隻が通過する海域だ。攻撃する側の意図や背景はさまざまとしても、狙われやすいのは間違いない。

10年7月には、同地域で商船三井の大型石油タンカー「Ｍ・ＳＴＡＲ」（マーシャル諸島船籍、約16万トン）のブリッジ付近で爆発があり、インド人乗組員一人が軽傷を負い、ブリッジの鉄製ドアが吹き飛ぶ事件もあった。

海賊等事案が減少したとはいえ、油断は禁物であり、海賊問題をさらにクリアにする特効薬があるわけではない。安全な海上輸送を確保するためには、今後も警戒の手を緩めることなく、海賊対処活動を継続していくことが重要である。

Chapter 5

ロジスティクス業界の主要企業

――業界を牽引するリーディング・カンパニーのプロフィール

1

陸運①

日本通運（日通）

世界的にも最大級の規模を誇る総合物流企業

当初は鉄道利用運送事業者として業容を拡大

資本金は700億円超、グループ会社の総従業員も7万人を超え、わが国の陸運最大手であるだけでなく、世界的にも最大級の規模を誇る総合物流企業。

その歴史は、明治維新が成立して早々の1872（明治5）年、殖産興業政策の一環として、全国的な輸送網づくりに着手した新政府の後押しを受け、江戸期の飛脚業者らが設立した「陸運元会社」に始まる。75年には「内国通運会社」と改称し、鉄道輸送の発達とともに、各駅発着の小荷物輸送を扱う**通運事業**（利用運送事業＝フォワーディング）を拡大。1928（大正3）年にはさらに「国際通運」に改称されたが、これが同社の母体となる。

1937（昭和12）年には政府出資を受け、半官半民の国策会社「日本通運」として発足。第二次大戦の進展に伴い、国家による輸送の総合的運営の必要に迫られた政府方針により42年、全国主要都市の運送業者を合併して現在の同社の原形が形づくられる。そして戦後の50年に、「通運事業法」の施行とともに民間企業として再出発している。

当時の国内の貨物輸送の大半は鉄道によっていたが、高度経済成長による輸送量拡大という追い風ながらも、モータリゼーションの急速な進展や産業構造の転換といった要因が加わり、貨物輸送の主役は鉄道から自動車へと移っていく。鉄道貨物の**利用運送事業者（フォワーダー）**として発展してきた同社も、事業の重点を**キャリヤー**としての自動車輸送へ移すことになる。

それとともに、総合物流企業へのステップとして、55年には観光業務と国内航空貨物混載業務、57年には国際航空貨物混載業務、64年には国内海上輸送業務を開始するなど、70年代半ばまでには現在の事業基盤をほぼ確立。77年には「ペリカンＢＯＸ簡単便」（82年に「ペリカン便」に改称）を開始し、小口貨物分野にも乗り出す。

また、62年には最初の海外現地法人「米国日本通運」、84年には旅行事業の「欧州日本通運旅行」を設立して海外進出を果たし、その動きを加速させた。

広範かつそれぞれが大規模な運送事業を展開

現在の同社は、まさに総合物流企業として広範な事業を展開している。「ロジスティクス事業」では、一般貨物や引越しその他の荷物を扱う貸切り輸送と積合せ輸送を行う〝自動車運送〟を筆頭に、ＪＲ貨物の40％強、年間２００万個の荷物を扱う〝鉄道利用運送〟に、海上運送や港湾運送も行う内航・外航の〝海運〟も。そして、「日通航空」ブランドによる〝利用航空運送〟は、航空フォワーダーとして国内貨物のシェア1位、世界でも2位の規模だ。さらに、国内の１２５０拠点・２９５万㎡、海外にも合計３０５万㎡の所管面積を数える営業倉庫や、２８００拠点・６６０万㎡の流通施設を活用した〝倉庫・流通加工〟も大きく育っている。

また、「物流サポート事業」では、物流機器・包装資材・梱包資材・車両・石油・ＬＰガスなど各種商品の販売・リース、車両整備、保険代理業。不動産の賃貸、仲介、鑑定、ビル・倉庫等の設計、管理などの不動産業や、調査・研究、貸金、自動車運転教習、労働者派遣などを行う。

さらには、重量品の運搬、架設、設置および工場内運搬などの「重量品建設事業」や「警備輸送事業」といった専門事業もカバーする。

これらの事業は、同社と子会社２９９社、関連会社68社、合計３６８社のグループ会社で進める。その内訳は、「ロジスティクス事業」が国内２０５社（「日通トランスポート」「日通・パナソニックロジスティクス」「日通ＮＥＣロジスティクス」「日本海運」「大阪倉庫」など）と海外118社（「米国日本通運」など）。「物流サポート事業」が国内30社（「日通商事」「日通不動産」「日通総合研究所」など）と海外13社。「重量品建設事業」が国内1社（「巴鉄工」）となっている。なお、日通当社はロジスティクス事業、重量品建設事業とともに「警備輸送事業」を行っている（次々頁**図表4**）。

2019年3月期の連結売上は、前期比7・2％増の2兆1385億円（**図表1**）。グループ全体で初の2兆円超となった。事業別の売上では、ロジスティクスが76・1％、物流サポートが18・2％、警備輸送と重量品建設とを合わせて5・6％（**図表2**）だ。

単体で見ると、同じ18年度で1兆1548億円（前期比5・5％増）の売上のうち3660億円（31・7％）が自動車運送、海運が1370億円（11・8％）、利用航空運送が1947億円（16・8％）、倉庫が1163億円（10・1％）、鉄道利用運送が793億円（6・9％）。海外関連は25％を超えている（**図表3**）。

グローバル・ロジスティクスや3PLを拡大

今後の同社は、国内では1000以上も展開する拠点の統合・整理を図りつつも、世界46か国・302都市に擁する705拠点の一大ネットワークや、ロジスティクスに関するハード・ソフト両面の豊富な経営資源を活用。顧客のグローバル化に対応できるグローバル・ロジスティクスの提供や、すでに業界トップ級とされる**3PL**関連の事業を拡大していこうとしている。

特に、他社に先行する中国市場には、79年の「香港日通」設立以来、拠点を増やすとともに複合輸送サービスを定着させ、さらにそうした動きをASEAN諸国に向けても加速させている。

08年のリーマンショックや、09年の宅配便事業「ペリカン便」の売却などで落ち込んだ売上も回復してきた。19年からは組織を4部門7本部に再編し、権限・責任の明確化と意思決定の迅速化によって、スピード感を持ったビジネスの拡大を目指す。

〈図表1〉日本通運の最近の業績

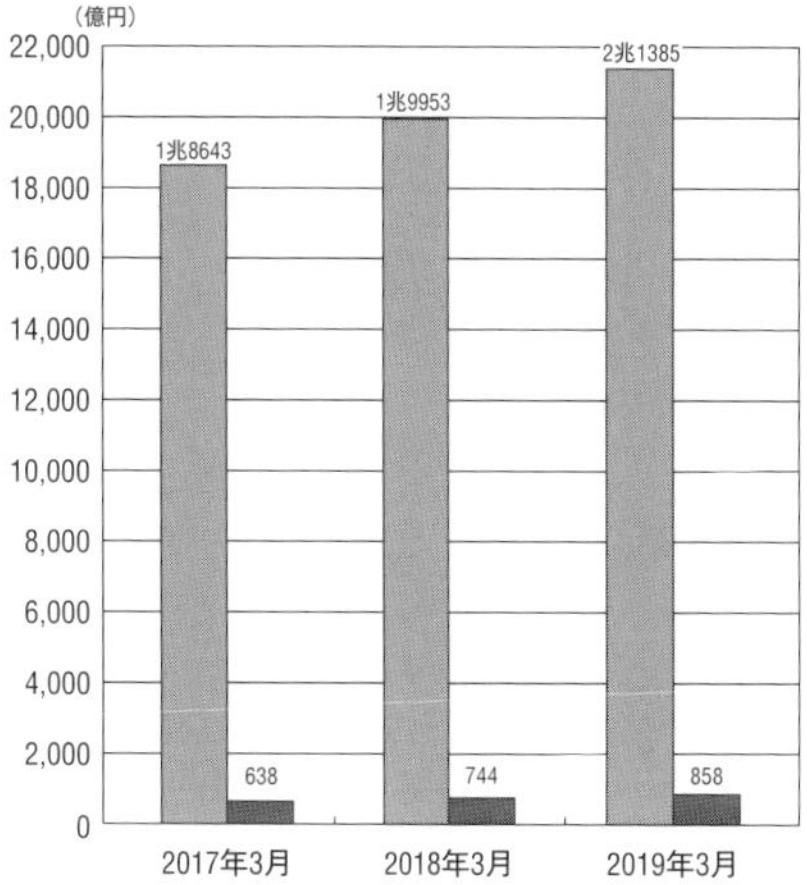

出所:同社の有価証券報告書より作成
※1　連結売上高と経常利益の推移
※2　億円未満は四捨五入

〈図表2〉日本通運の事業展開

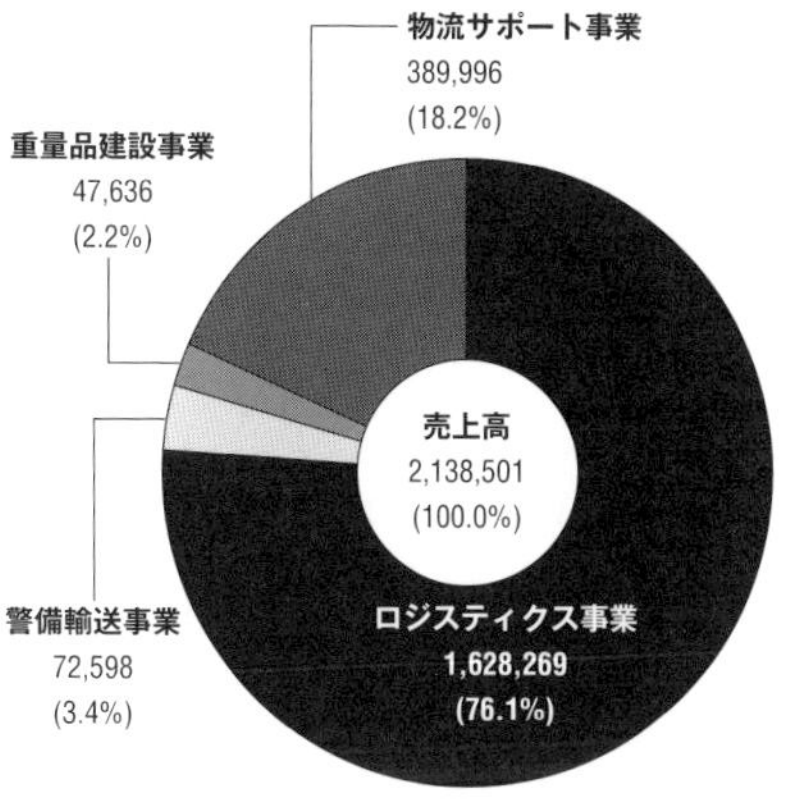

出所:同社の有価証券報告書より作成
※1　2018年度(平成31年3月期)
※2　単位:百万円(%)

〈図表3〉日本通運単体の売上高と事業別割合

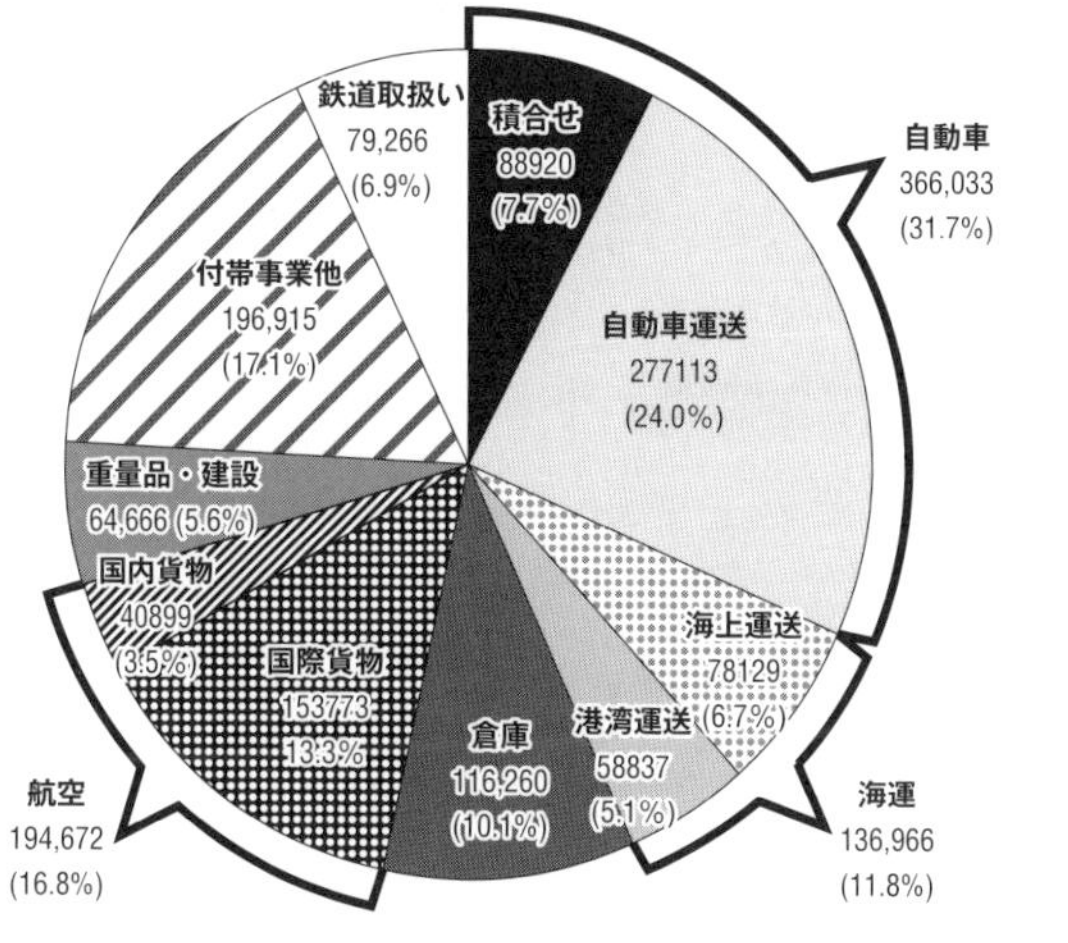

出所:同社の有価証券報告書より作成
※1　2018年度(平成31年3月期)　　※2　単位:百万円(%)

〈図表4〉各事業を担うグループ会社

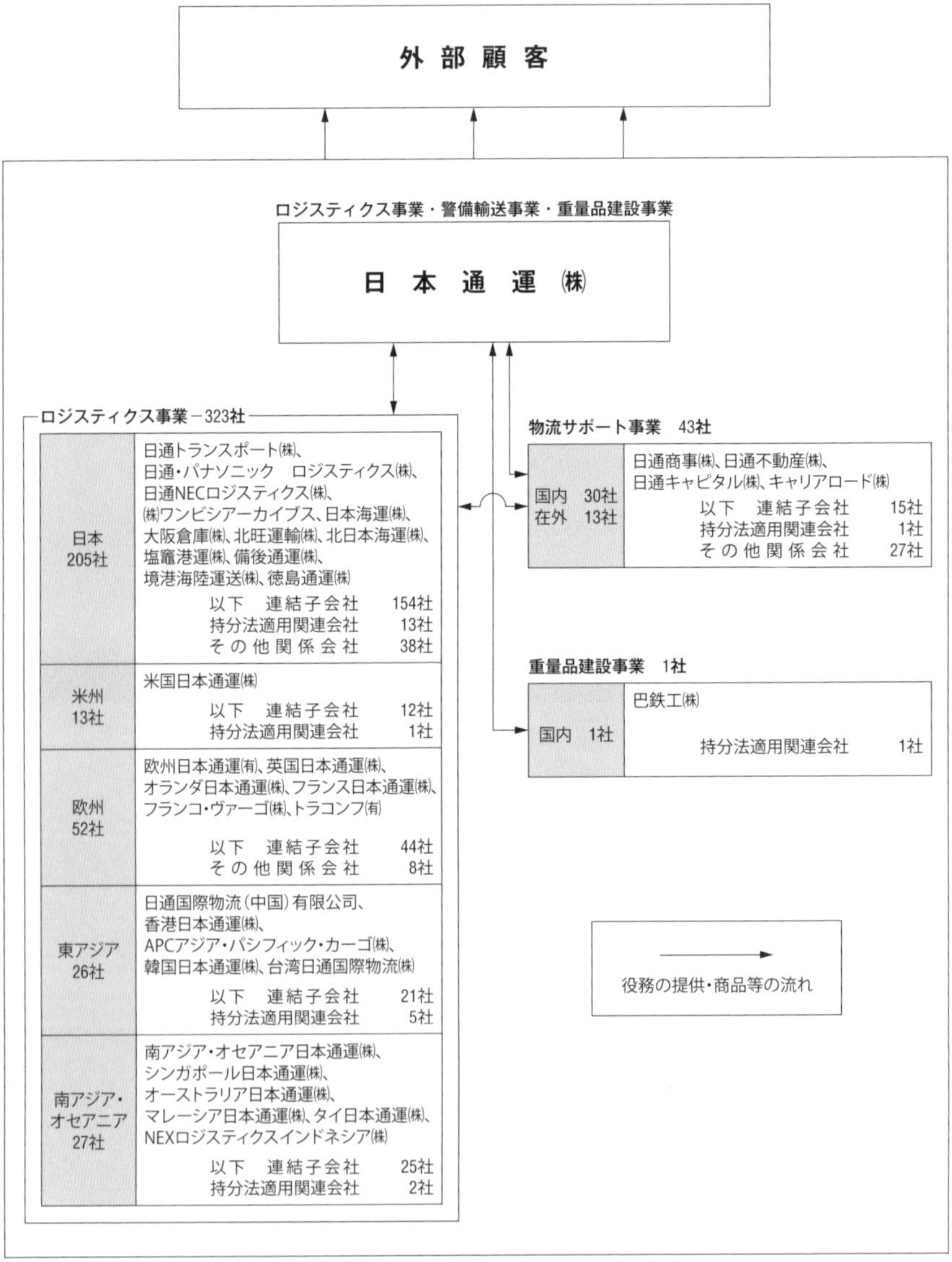

出所:同社の有価証券報告書より
※ 2019年3月末現在

2

陸運②

ヤマトホールディングス（ヤマト運輸ほか）

自ら創造し育て上げた宅配便市場でシェア4割超、1兆2000億円を売り上げる

会社の苦境を打開した常識外れの「宅急便」

宅配便のトップランナー。「宅急便」ブランドで**小口貨物輸送**の宅配便市場を立ち上げ、現在も年間18億3500万個を扱い、4割超のシェア（個数、トラック便のみ）を占める。

創業は、陸上輸送の中心がまだ荷馬車だった1919（大正8）年。全国のトラック台数が204台という時代に、「大和運輸」の社名のもと、資本金10万円、トラック4台を擁し、自動車輸送事業者の草分けとしてスタートした。当初は貸切り輸送事業を行い、関東の百貨店やメーカーなどの商品配送を請け負う。29（昭和4）年には、わが国初の**路線事業**（小口貨物を積み合わせる定期便）を東京～横浜間で開始。営業地域と運行系統を関東一円に拡大し、「大和便」として広く知られるようになる。

第二次大戦中は事業縮小を余儀なくされたが、終戦で路線事業を再開。鉄道輸送と組み合わせた**通運事業**に進出するほか、積極的な多角化で業績を拡大。そして、わが国の貨物輸送の主体が鉄道から自動車へと移り、長距離輸送にもトラック便の割合が高まっていったのを尻目に、同社の路線網では対応しきれず、オイルショックの影響などもあって事業が停滞してしまう。

そんな苦境からの脱却を図り、76年1月から始めた新事業が、アメリカの「UPS」のシステムをヒントにしたといわれる「宅急便」である。小口の個人貨物は手間とコストがかかり、採算に乗らないとされてのスタート。初日は11個の集荷しかなかった

ものの、当時、不便きわまりなかった郵便や鉄道を使った個人宅配に替わり、急速に市場を拡大。その年の12月には取扱い個数が通算で170万個に達する。さらに、翌77年12月には月間100万個を突破。5年目の81年3月には年間の扱いが3340万個と国鉄小荷物に肩を並べ、いっきに35社が宅配便事業に参入してきた。

その後も取扱い地域を拡大しながら、「スキー宅急便」「ゴルフ宅急便」「クール宅急便」「時間帯お届け」など、消費者ニーズに応える新サービスを次々と追加。国内のほぼ全域をカバーし、年間365日営業で、基本的には出荷翌日に配送されるという驚異的なシステムを実現してトップの座を堅持。その間、82年には「ヤマト運輸」に改称し、2005（平成18）年より純粋持ち株会社制に移行した。

「宅急便」以外の経営の柱を育てるのが課題

19年3月期の連結売上は、前期比5・6％増の1兆6253億円（**図表5**）。そのうちのほぼ8割、1兆3000億円近くを売り上げる絶対的な柱は、一般消費者や企業向けの小口貨物輸送サービスである「デリバリー事業」だ（**図表6**）。なかでも「宅急便」はほぼ1兆2000億円の売上。97年にスタートし、何度かリニューアルしてきた「クロネコDM便」は、年間12億1152万冊（シェア24・1％）で、日本郵便の「ゆうメール」36億5042万冊（同72・7％）の後塵を拝してはいるが、730億円を売り上げる（104頁参照）。

それ以外では、顧客企業の輸出入から在庫管理まで含めた多様なニーズに対応する企業間物流中心の「BIZ‐ロジ事業」。引越しや家事代行、食料品や生活必需品などの販売といった生活支援サービスを行う「ホームコンビニエンス事業」。同社発展の基盤となった荷物追跡システム開発のノウハウを活かし、顧客企業の販売・物流支援、決済などのシステム構築などを行う「e‐ビジネス事業」。また、通販企業などの商品の配達・集金・決済を代行する「コレクトサービス」などで培った金融サービスを行う「フィナンシャル事業」や、運送事業者向けの車両管理一括代行サービスを提供する「オートワークス事業」などがある。

こうした事業は現在、それぞれ連結売上の数%にしか過ぎない。が、「デリバリー事業」のさらなる基盤強化を行いつつも、各事業にも注力して未来の経営を支える柱に育て上げようというところだ。

グループ会社は、同社と子会社57社、関連会社21社の合計79社。内訳は、「デリバリー事業」10社（「ヤマト運輸」「ヤマトグローバルエキスプレス」など）、「BIZ‐ロジ事業」46社（「ヤマトロジスティクス」「ヤマトパッキングサービス」など）、「ホームコンビニエンス事業」1社（「ヤマトホームコンビニエンス」）、「e‐ビジネス事業」3社（「ヤマトシステム開発」など）、「フィナンシャル事業」4社（「ヤマトフィナンシャル」など）、「オートワークス事業」5社（「ヤマトオートワークス」など）、「その他」10社（幹線輸送の「ヤマトボックスチャーター」やその販売支援を行う「ボックスチャーター」、会計・人事業務支援の「ヤマトマネージメントサービス」など）だ（次頁**図表7**）。

〈図表5〉ヤマトHDの最近の業績

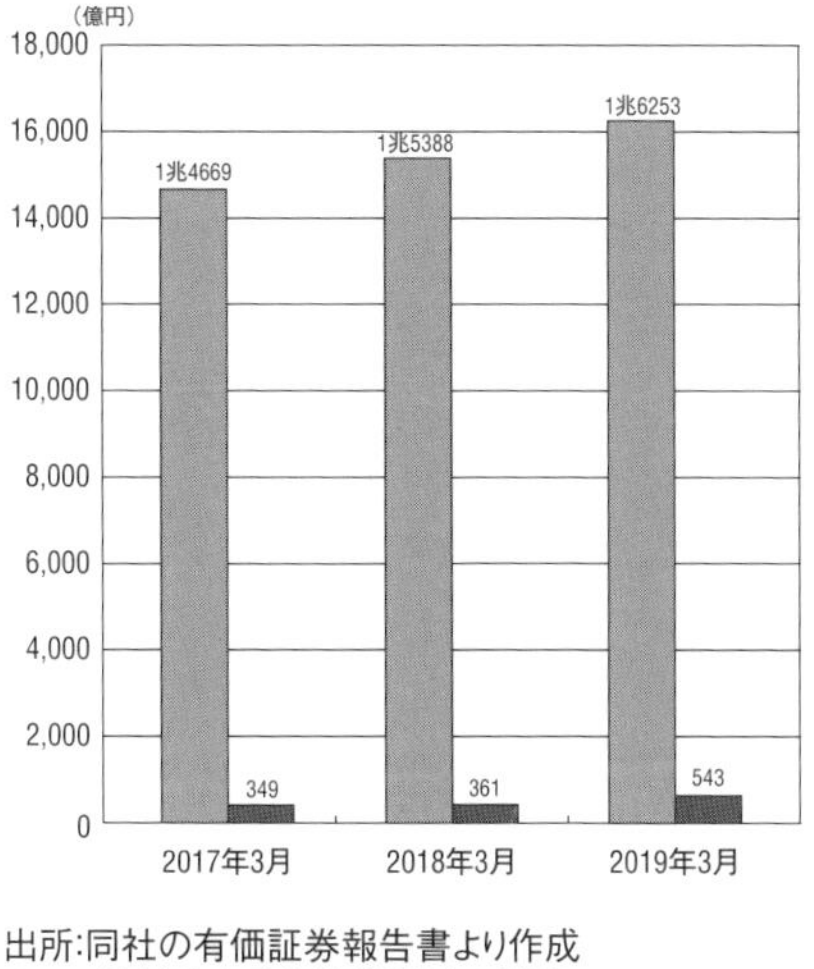

出所:同社の有価証券報告書より作成
※1　連結売上高と経常利益の推移
※2　億円未満は四捨五入

〈図表6〉ヤマトHDの事業展開

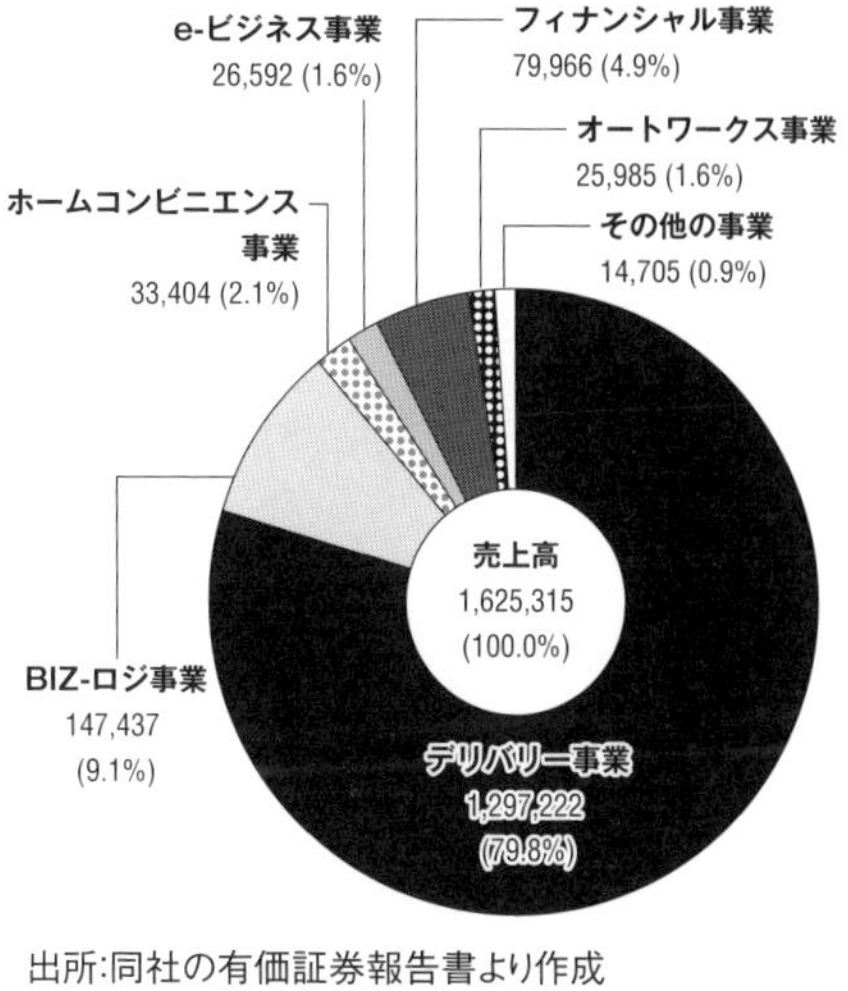

出所:同社の有価証券報告書より作成
※1　2018年度(平成31年3月期)
※2　単位:百万円(%)

〈図表7〉各事業を担うグループ会社

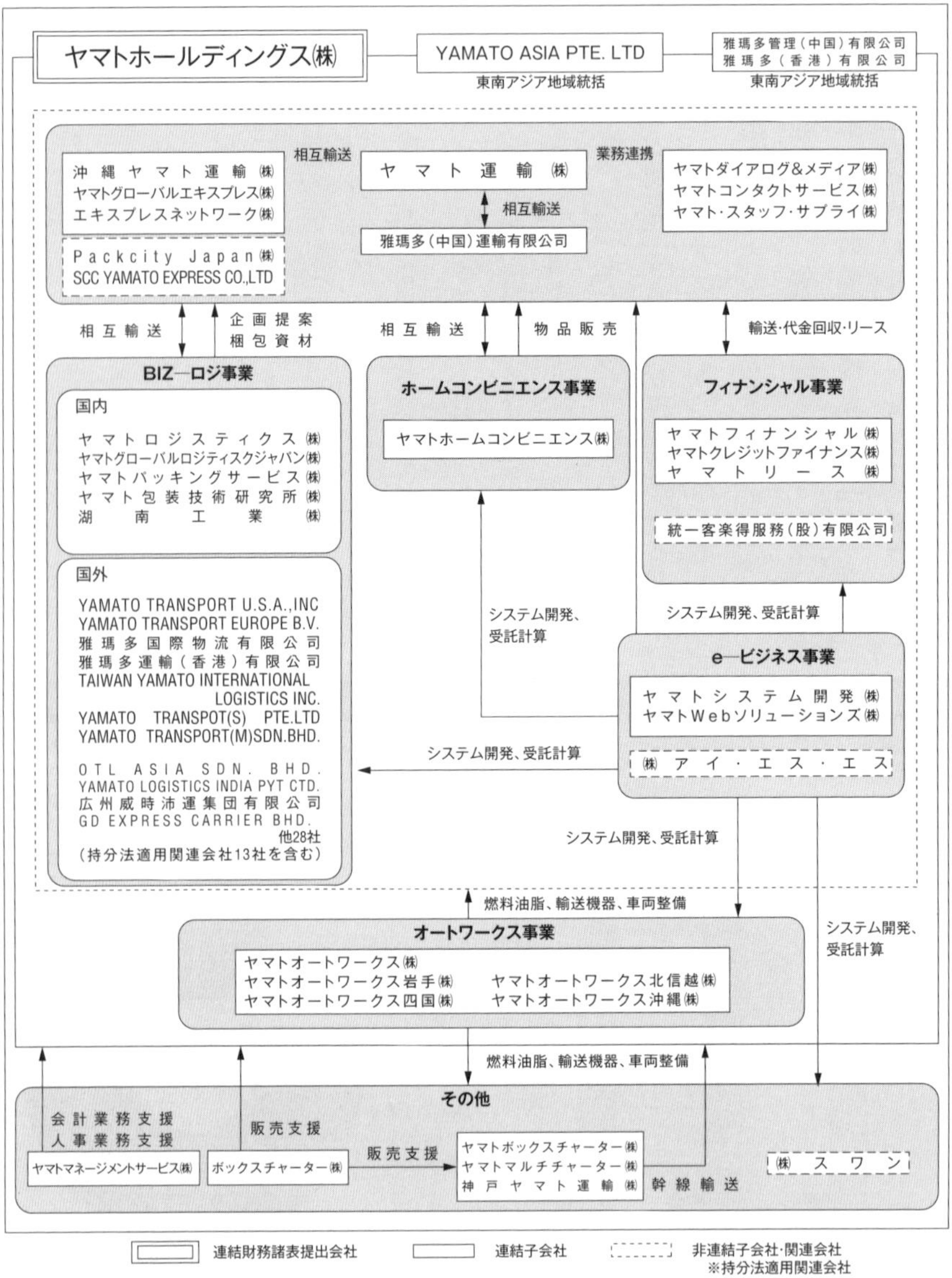

出所:同社の有価証券報告書より
※ 2019年3月末現在

3

陸運③

SGホールディングス（佐川急便ほか）

宅配便2強の一角だが、顧客の中心は個人よりも企業

企業発の宅配便事業の草分け

陸運では3番手ながら、企業発の宅配便事業の草分けであり、宅配便2強の一角として首位のヤマトを猛追している。

創業は1957（昭和32）年。同社の資料では、「京都・大阪間を主体とした飛脚業を開始する」とある。昭和30年代になっての飛脚業というのに違和感はあるが、創業者の〝飛脚の精神〟に対する深い思い入れが表現されているようだ。

62年に有限会社「佐川」を設立し、65年には「佐川急便」に。早期での全国展開を目指して、各地で地元の運送会社をグループ内に吸収。60社近いネットワークを整備し、84年には全国を縦貫する路線網を完成させる。その後も地域に密着して企業中心に顧客を開拓し、企業が発荷主で企業や一般消費者へ送られる「BtoB」や「BtoC」の小口貨物、いわば企業発の宅配便を中心に扱う**積合せ（混載）事業**者として成長する。

91（平成3）年にはグループ会社の「東京佐川急便」による、政治家に対するヤミ献金問題が発生。統治体制の強化を図るために、92年から各地のグループ会社を次々に「佐川急便」本体に取り込み、2006年には純粋持ち株会社制に移行。17年には東京証券取引市場第一部に上場を果たした。

一般消費者向けの宅配便事業には、98年に社名と同じ「佐川急便」として参入。07年に「飛脚宅配便」に改称し、トップのヤマトと競いながら、現在、年間12億4700万個を扱い、シェア29・3％

の第2位につける。この分野では後発でもあり、コンビニや一般商店といった集荷の窓口をあまり多く持たず、顧客には営業活動で開拓した企業が多いという特徴がある。特に割合の高い通信販売会社などが、ネットによる取引量を増やしているのを追い風に、配達品の代金決済をクレジットカードなどで配達時にできる「e‐コレクト」（ビジネスモデル特許を取得済み）は、年間約1億個を扱い、決済金額で1兆円超えとなっている。

ロジスティクスを第二の中核事業に

19年3月期の連結売上は、前期比0・2％減の1兆1181億円（**図表8**）。うち80・8％が「デリバリー事業」で、「飛脚宅配便」や「飛脚メール便」などの積合せ輸送、引越し、ルート配送、一般貸切り輸送、納品代行などによるものだ。

次いで売上の11・8％を占める「ロジスティクス事業」は、第二の中核事業として拡大したい分野。国内外にかかわらず、物流保管や流通加工、利用運送（フォワーディング）などを行うほかに、それらを複合した物流業務の包括的受託、いわゆる**3PL**は特に強化していきたいと考えている。

また、アジアを中心とした海外現地法人のネットワークを活かし、国内外のロジスティクス事業とフォワーディングを絡めた複合一貫輸送、あるいは、国際貨物全般、なかでも「SGX便」と名付けた**クーリエ**（契約書等の書類などを急送するサービス）などの飛躍に期待がかかる。

残りの「不動産事業」と「その他」は、売上の7・4％。業績の手堅い「e‐コレクト」を含み、自動車販売・整備、システム販売・保守、人材派遣、商品販売、保険・旅行代理、不動産管理などを行っている（**図表9**）。

グループは、同社および子会社100社、関連会社8社の合計109社で構成されている。その内訳は、「デリバリー事業」5社（「佐川急便」「ワールドサプライ」「SGムービング」など）、「ロジスティクス事業」91社（「佐川グローバルロジスティクス」、「佐川急便（香港）有限公司」等の現地法人など）、「不動産事業」２社（「ＳＧリアルティ」など）、「その他」８社（「佐川アドバンス」「佐川フィナンシャル」「ＳＧモータース」「ＳＧシステム」など）となっている（次頁**図表10**）。

今後に向けて同社は、高度化・多様化する顧客ニーズに的確に応えるために、国内の輸送インフラの強化や国際事業の強化などに積極的に取り組み、国内外で物流拠点を多数開発。その集大成として、本社の隣接エリア（東京都江東区）に、佐川急便の中継センターと賃貸倉庫で構成される国内最大級の物流施設を建設中で、20年度後半から稼働の予定だ。

また、他の物流企業との提携にも熱心で、16年3月には「デリバリー事業とロジスティクス事業の融合」を狙って、やはり企業物流が主力の日立物流と資本業務提携を締結。19年8月には、陸運大手のセイノーホールディングスとの間で、業務提携に向けた検討を進めることで基本合意を得ている。これにより、提携両社の経営資源を活用した新たな物流ソリューションの提供や、車両・センターの共同活用による効率化といった効果を目指す。

〈図表8〉ＳＧＨＤの最近の業績

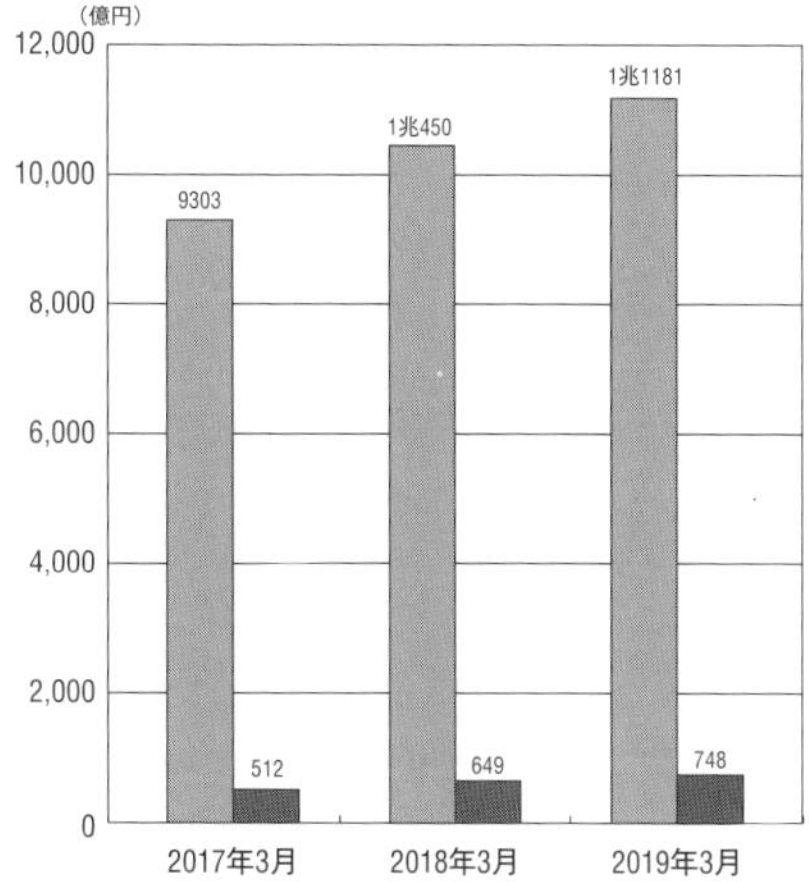

出所:同社の有価証券報告書より作成
※1　連結売上高と経常利益の推移
※2　億円未満は四捨五入

〈図表9〉ＳＧＨＤの事業展開

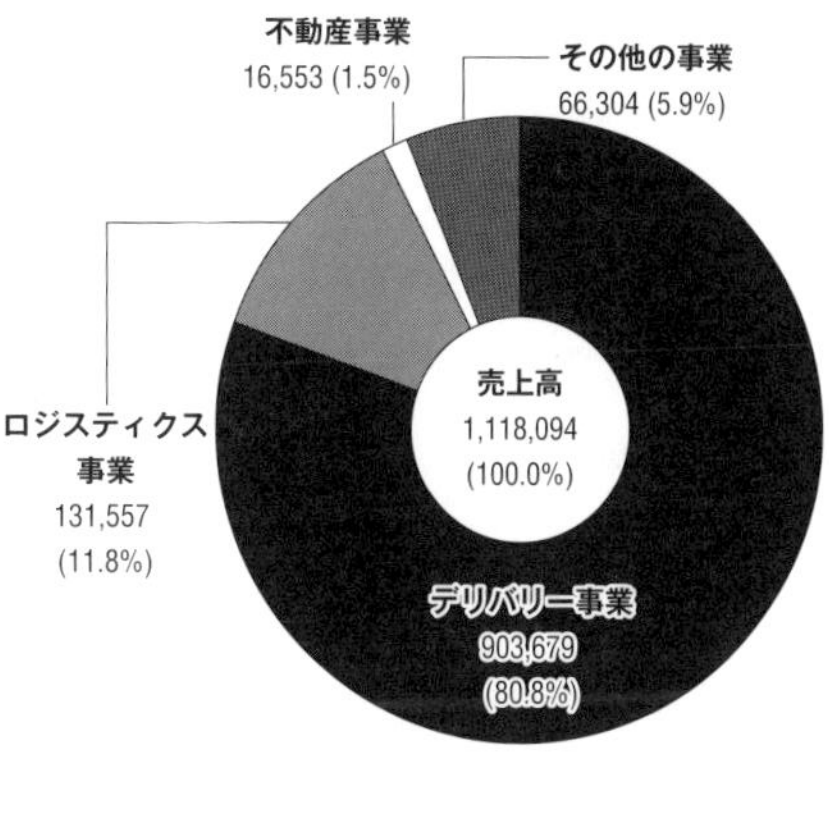

出所:同社の有価証券報告書より作成
※1　2018年度（平成31年3月期）
※2　単位:百万円（%）

〈図表10〉各事業を担うグループ会社

顧　客

各リソースを活用した最適な物流ソリューションを提供

SGホールディングス㈱

物流ソリューション

デリバリー事業	佐川急便㈱ ㈱ワールドサプライ 佐川ヒューモニー㈱ SGムービング㈱ 他　持分法適用会社　1社
ロジスティクス事業	佐川グローバルロジスティクス㈱ 佐川ロジスティクスパートナーズ㈱ SGHグローバル・ジャパン㈱ EXPOLANKA HOLDINGS FLC Expo Freight Private Limited Expolanka USA LLC EFL Container Lines LLC SG SAGAWA USA. INC. Expolanka Freight (vietnam) Ltd SAGAWA EXPRESS VIETNAM CO., LTD SG SAGAWA VIETNAM CO., LTD. Expo Freight Limited Expolanka (Private) Limited Expolanka Freight (Private) Limited Expo Freight (Shanghai) Limited Expofreight (Hong Kong) Limited 保利佐川物流有限公司 佐川急便（香港）有限公司 Expolanka Freight Dubai LLC PT Expo Freight Indonesia SG SAGAWA AMEROID PTE LTD. 他　連結子会社　63社 持分法適用会社　7社

物流ソリューション提供の前提となる施設等の事業インフラを提供

物流附帯サービス

不動産事業	SGリアルティ㈱ 他　連結子会社　1社
その他	佐川アドバンス㈱ 佐川フィナンシャル㈱ SGモータース㈱ SGフィルダー㈱ SGシステム㈱ 他　連結子会社　3社

SGエキスパート㈱とSG HOLDINGS GLOBAL PTE.LTDはセグメント上「全社（共通）」のため記載を省略している

出所：同社の有価証券報告書より
※　2019年3月末現在

4

陸運④

セイノーホールディングス（西濃運輸ほか）

企業間貨物輸送が主力で、自動車輸送業界一の国内路線ネットワークを持つ

路線輸送事業の先駆者として全国ネットを構築

自動車による路線輸送事業の先駆者であり、業界随一の国内ネットワークを持つ。創業以来、事業の中心は「ＢtoＢ」の企業間貨物輸送で、特に商業小口貨物の輸送に力を入れている。

創業は１９３０（昭和５）年。岐阜県に「田口自動車」として誕生。41年に「西濃トラック運輸」を設立するが、42年に、戦時陸運統制令により他社と集約合同される。戦後の46年、合同会社より分離して「水都産業」となり、48年に「西濃トラック運輸」、55年に「西濃運輸」に改称した。２００５（平成17）年には、純粋持ち株会社制に移行している。

その間、48年の大垣～名古屋間に始まり、49年、大垣～大阪、50年、大垣～東京、54年、東京～大阪など次々に長距離路線免許を得ながら、**路線輸送事業**に注力する。81年までに構築した札幌から鹿児島までを結ぶ本土縦貫の自動車路線を幹線に、90年までには多数の枝葉路線まで含んだネットワークを実現。これらを自社インフラとして、商業貨物を中心に個人宛宅配、会社や家庭の引越輸送などの実績を伸ばしている。

２０１９年３月期には、連結売上が前期比３・７％増の６１８４億円（次頁**図表11**）。ただし、そのうちの「輸送事業」は74・８％の４６２５億円で、他の大手陸運に比べると、全売上に占める割合も金額自体もやや小振りである。「輸送事業」中の宅配便「カンガルー便」の年間扱い個数は１億２０６０万個で、シェアは２・８％の５番手だ。売上の残り

〈図表11〉セイノーHDの最近の業績

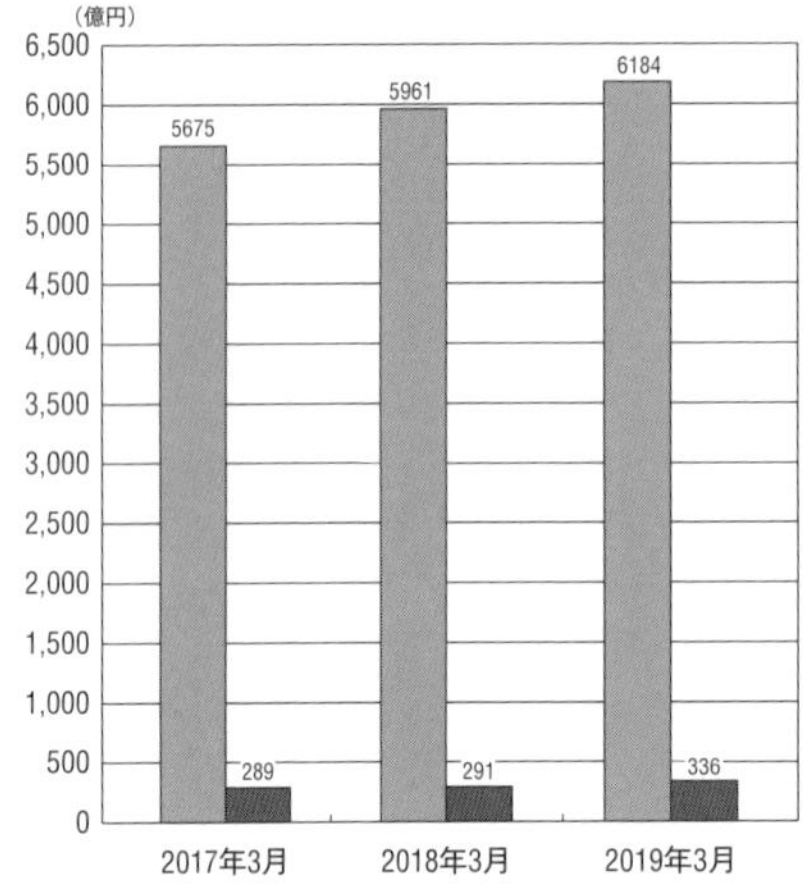

出所:同社の有価証券報告書より作成
※1　連結売上高と経常利益の推移
※2　億円未満は四捨五入

〈図表12〉セイノーHDの事業展開

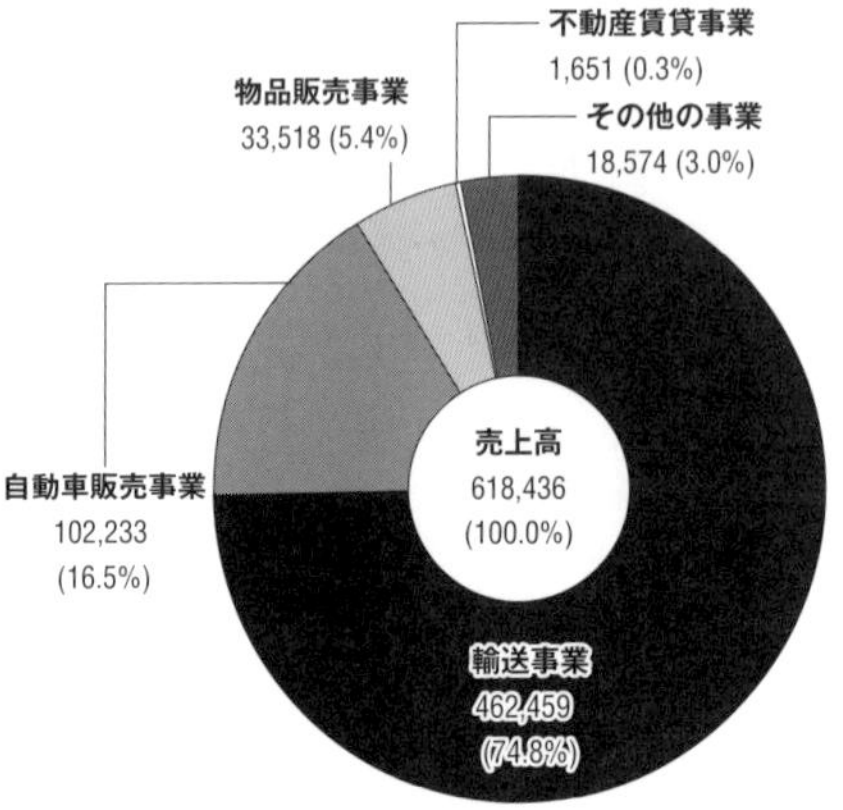

出所:同社の有価証券報告書より作成
※1　2018年度（平成31年3月期）
※2　単位:百万円（%）

は「自動車販売事業」16・5%、「物品販売事業」5・4%、「不動産賃貸事業」0・3%、「その他の事業」3・0%となっている（**図表12**）。

他社との提携でロジスティクス事業の充実を図る

路線輸送事業以外で拡大を狙うロジスティクス事業については、関連の有力企業との戦略的提携を積極的に推進してきた。

たとえば、02年には世界的な物流会社であるドイツの**シェンカー社**と合弁で「西濃シェンカー」を設立。これにより、セイノーの国内外420拠点を結ぶ輸配送ネットワークと、世界1100か所に及ぶシェンカー社の海外ネットワークが融合し、**国際一貫複合輸送**の提供が可能となった。他に山九、日通、ヤマト、日本梱包運輸倉庫、あるいは台湾の大榮汽車貨運などとも提携。引越し事業では01年に、日通、ヤマトに次ぐ業界3位の「アートコーポレーション」と提携している（**図表13**）。

グループ会社は、同社と連結子会社81社、関連会

〈図表13〉他のロジスティクス企業との主な提携

年	相手先企業	内容など
1998年	シェンカー（独）	国際物流で業務提携。2002年には国際一貫複合輸送の提供を目指して、合弁で「西濃シェンカー」を設立
〃	東京納品代行	百貨店への商品一括納品事業
2000年	山九	共同物流を推進するための物流プラットフォーム構築
2001年	大榮汽車貨運（台湾）	宅配便事業での業務・技術協力
〃	アートコーポレーション	引越し事業の一段の強化
2004年	日本通運	宅配便を含む小口貨物輸送分野の強化
2006年	ヤマトホールディングス	通常の宅配便よりやや大型の荷物の集配送事業を行う「ボックスチャーター」を合弁で設立
〃	ドイツ鉄道	シェンカー社の親会社であるドイツ鉄道が、新たにアメリカの物流大手「ＢＡＸグローバル」を買収したため、業務提携を再構築した
2009年	西武運輸	株式取得によりグループ会社化
2015年	関東運輸	株式取得によりグループ会社化
2018年	阪急阪神エクスプレス	国際輸送業務大手の同社と資本・業務提携を行い、国内外で相互に補完しあうことを目指す
2019年	新開トランスポートシステムズ	他社と差別化されたサービスの提供を目指し、精密機器などの特殊輸送に強みを持つ新開ト社と業務提携

出所：同社発表の会社情報などより作成
※　2019年３月末現在

社22社の合計１０４社。内訳は、「輸送事業」（地域ごとの西濃運輸、「セイノー引越」「ボックスチャーター」など国内輸送、「セイノーロジックス」「セイノー通関」など国際輸送）、「自動車販売事業」（「トヨタカローラ岐阜」「岐阜日野自動車」など）、「物品販売事業」（「セイノー商事」「西濃産業」など）、「不動産賃貸事業」、「その他」（広告代理業の「旭エージェンシー」、情報関連の「セイノー情報サービス」「日本物流開発」や、旅行代理、タクシー、保険代理、人材派遣、事務代行など）となっている（**次頁図表14**）。

なお、長距離の自動車輸送では、競合する事業者間で路線が重複していることが多い。そこで、同社が中心になり**特別積合せ事業者**のワーキンググループで検討。その結果、お互いの空きスペースを利用して効率化するなど、特別積合せ業界全体の最適物流を実現するためのマネジメント会社として、09年6月に「エコアライアンス」を設立。当初はセイノーの単独出資だったが、14年からは福山通運が34％の出資で参加している。

〈図表14〉各事業を担うグループ会社

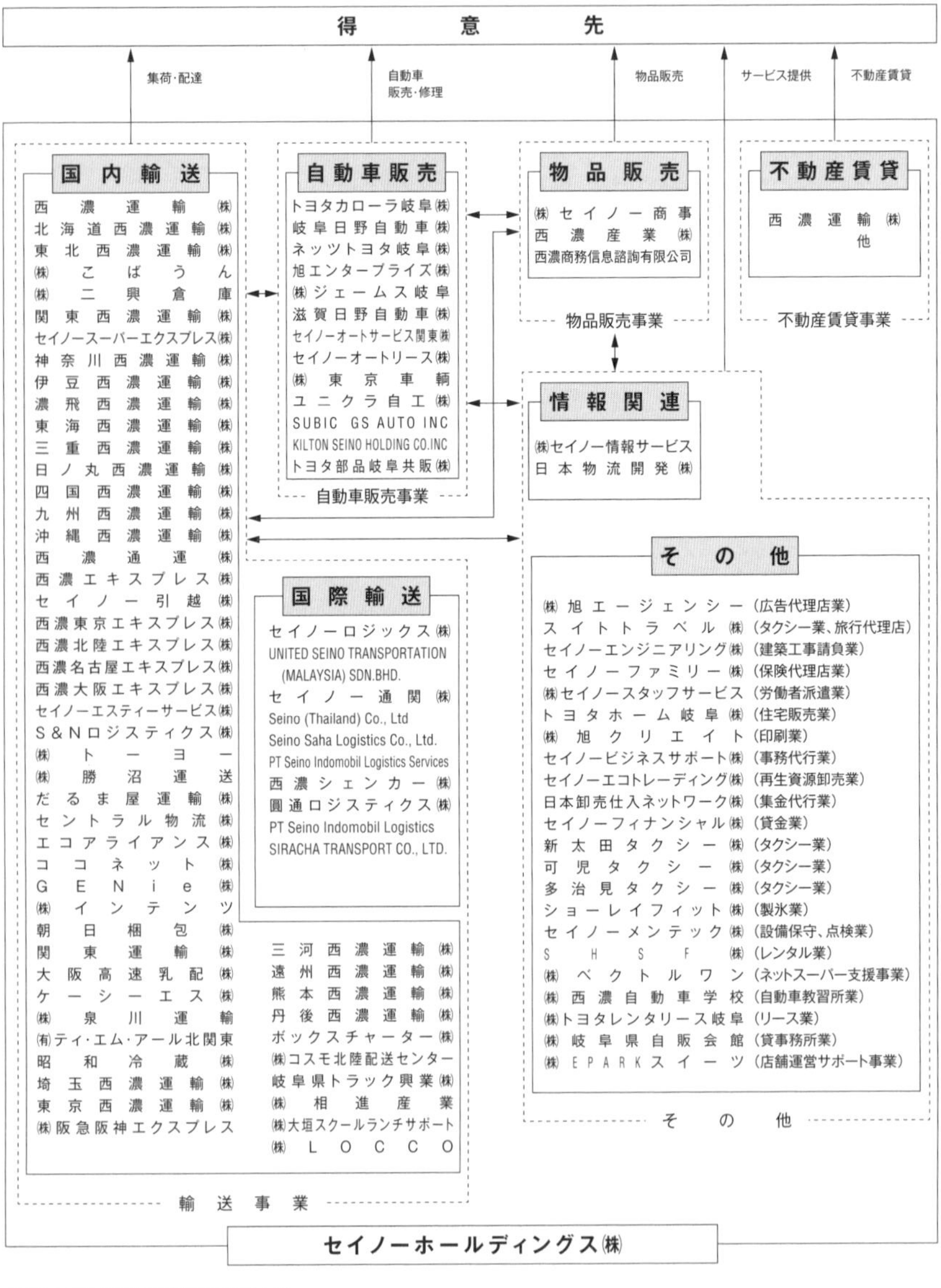
得意先
集荷・配達
自動車
販売・修理
物品販売
サービス提供
不動産賃貸
国内輸送
西濃運輸㈱
北海道西濃運輸㈱
東北西濃運輸㈱
㈱こばうん
㈱二興倉庫
関東西濃運輸㈱
セイノースーパーエクスプレス㈱
神奈川西濃運輸㈱
伊豆西濃運輸㈱
濃飛西濃運輸㈱
東海西濃運輸㈱
三重西濃運輸㈱
日ノ丸西濃運輸㈱
四国西濃運輸㈱
九州西濃運輸㈱
沖縄西濃運輸㈱
西濃通運㈱
西濃エキスプレス㈱
セイノー引越㈱
西濃東京エキスプレス㈱
西濃北陸エキスプレス㈱
西濃名古屋エキスプレス㈱
西濃大阪エキスプレス㈱
セイノーエスティーサービス㈱
S&Nロジスティクス㈱
㈱トーヨー
㈱勝沼運送
だるま屋運輸㈱
セントラル物流㈱
エコアライアンス㈱
ココネット㈱
GENie㈱
㈱インテンツ
朝日梱包㈱
関東運輸㈱
大阪高速乳配㈱
ケーシーエス㈱
㈱泉川運輸
㈲ティ・エム・アール北関東
昭和冷蔵㈱
埼玉西濃運輸㈱
東京西濃運輸㈱
㈱阪急阪神エクスプレス
三河西濃運輸㈱
遠州西濃運輸㈱
熊本西濃運輸㈱
丹後西濃運輸㈱
ボックスチャーター㈱
㈱コスモ北陸配送センター
岐阜県トラック興業㈱
㈱相進産業
㈱大垣スクールランチサポート
㈱LOCCO
自動車販売
トヨタカローラ岐阜㈱
岐阜日野自動車㈱
ネッツトヨタ岐阜㈱
旭エンタープライズ㈱
㈱ジェームス岐阜
滋賀日野自動車㈱
セイノーオートサービス関東㈱
セイノーオートリース㈱
㈱東京車輌
ユニクラ自工㈱
SUBIC GS AUTO INC
KILTON SEINO HOLDING CO.INC
トヨタ部品岐阜共販㈱
自動車販売事業
国際輸送
セイノーロジックス㈱
UNITED SEINO TRANSPORTATION (MALAYSIA) SDN.BHD.
セイノー通関㈱
Seino (Thailand) Co., Ltd
Seino Saha Logistics Co., Ltd.
PT Seino Indomobil Logistics Services
西濃シェンカー㈱
圓通ロジスティクス㈱
PT Seino Indomobil Logistics
SIRACHA TRANSPORT CO., LTD.
輸送事業
物品販売
㈱セイノー商事
西濃産業㈱
西濃商務信息諮詢有限公司
物品販売事業
不動産賃貸
西濃運輸㈱
他
不動産賃貸事業
情報関連
㈱セイノー情報サービス
日本物流開発㈱
その他
㈱旭エージェンシー（広告代理店業）
スイトトラベル㈱（タクシー業、旅行代理店）
セイノーエンジニアリング㈱（建築工事請負業）
セイノーファミリー㈱（保険代理店業）
㈱セイノースタッフサービス（労働者派遣業）
トヨタホーム岐阜㈱（住宅販売業）
㈱旭クリエイト（印刷業）
セイノービジネスサポート㈱（事務代行業）
セイノーエコトレーディング㈱（再生資源卸売業）
日本卸売仕入ネットワーク㈱（集金代行業）
セイノーフィナンシャル㈱（貸金業）
新太田タクシー㈱（タクシー業）
可児タクシー㈱（タクシー業）
多治見タクシー㈱（タクシー業）
ショーレイフィット㈱（製氷業）
セイノーメンテック㈱（設備保守、点検業）
SHSF㈱（レンタル業）
㈱ベクトルワン（ネットスーパー支援事業）
㈱西濃自動車学校（自動車教習所業）
㈱トヨタレンタリース岐阜（リース業）
㈱岐阜県自販会館（貸事務所業）
㈱EPARKスイーツ（店舗運営サポート事業）
その他
セイノーホールディングス㈱

出所：同社の有価証券報告書より
※　2019年3月末現在

5

鉄道輸送

日本貨物鉄道（ＪＲ貨物）

旧国鉄の貨物輸送部門を引き継ぎ、唯一の全国ネットによる鉄道輸送事業を展開

「モーダルシフト」の動きが追い風に

わが国で唯一、全国展開をしている鉄道貨物輸送事業者。鉄道貨物全体の輸送量のうち重量ベースで７割強（輸送トンキロでは約99％）を扱い、同じく営業収入のうち９割以上を占める。

１９８７（昭和62）年、旧国鉄の分割・民営化の際に、貨物輸送部門を引き継いで誕生。早期の完全民営化を目指してはいるが、現在は独立行政法人鉄道建設・運輸施設整備支援機構が全株式を持つ特殊会社である。

「鉄道事業法」では鉄道事業を、営業で使用する線路が自社保有の第一種と、他社保有の第二種とに分けている。同社の場合、２０１９（平成31）年４月現在の営業キロは75線区、約７９６０キロあるが、そのうちの第一種事業区間は10区間、約35キロに過ぎず、残りはＪＲ旅客鉄道各社などの路線を借りて第二種事業として営業している（次頁**図表15**）。

19年３月期の連結売上は１９１７億円で、うち87％が「鉄道ロジスティクス事業」、12％が「不動産事業」だ（次々頁**図表16、17**）。事業の根幹である鉄道輸送は、輸送形態によって大きく「**コンテナ扱い**」と「**車扱い**」とに分かれる。同社の年間輸送量２９２２万トン（前期比７・６％減）のうち、「コンテナ扱い」が２０２７万トン（同９・６％減）と七割で、残りの８９５万トン（同２・８％減）が「車扱い」だった。それぞれの輸送品目別の内訳などについては、本書の69頁で紹介している。

わが国の物流において、鉄道輸送は高度経済成長

〈図表15〉ＪＲ貨物の主な経営資産

営業線区				75線区　うち第一種鉄道事業区間　10区間
営業キロ				7,959.1km　うち第一種鉄道事業区間　35.3km
取扱い駅				241駅
列車本数（1日）[2019年3月ダイヤ改正]				427本
列車キロ（1日）[2019年3月ダイヤ改正]				189千キロ
輸送量				2,922万トン（2018年度実績）
輸送トンキロ				190億トンキロ（2018年度実績）
車輌	機関車	電気機関車		410両
		ディーゼル機関車		143両
	貨物電車			42両
	貨車	JR	コンテナ車	7,152両
			その他	66両
		私有貨車		1,871両
コンテナ	JR			68,044個
	私有コンテナ			18,885個
荷役機械	トップリフター			95台
	フォークリフト			458台

出所:同社公表の企業情報より作成
※　2019年4月1日現在

期に自動車輸送に主役の座を取って代わられてしまったが、近年の「**モーダルシフト**」の動きを追い風にして、巻き返しを図っているところだ。同社もさまざまな対策を実行して、積極的にその風に乗ろうとしている。それにより、たとえば自動車輸送事業者から、宅配便の幹線輸送部分を任されるといった動きも出てきている。

また、マルチテナント型の物流施設「東京レールゲートWEST・EAST」を建設中で、グループ会社の経営資産なども活かしながら、鉄道輸送に保管・荷役サービス等を組み合わせて提供する、総合物流企業グループへの脱皮を目指している。

グループ会社は事業内容で5つに分かれる

グループ会社は、同社と連結子会社22社、関連会社11社の合計34社で構成され、事業内容ごとに分類すると、次のように5つに分かれる。

まず、同社の関連会社が臨海工業地帯の貨物輸送を担う〝臨海鉄道〟部門。保管や流通加工のための

〈図表16〉ＪＲ貨物の最近の業績

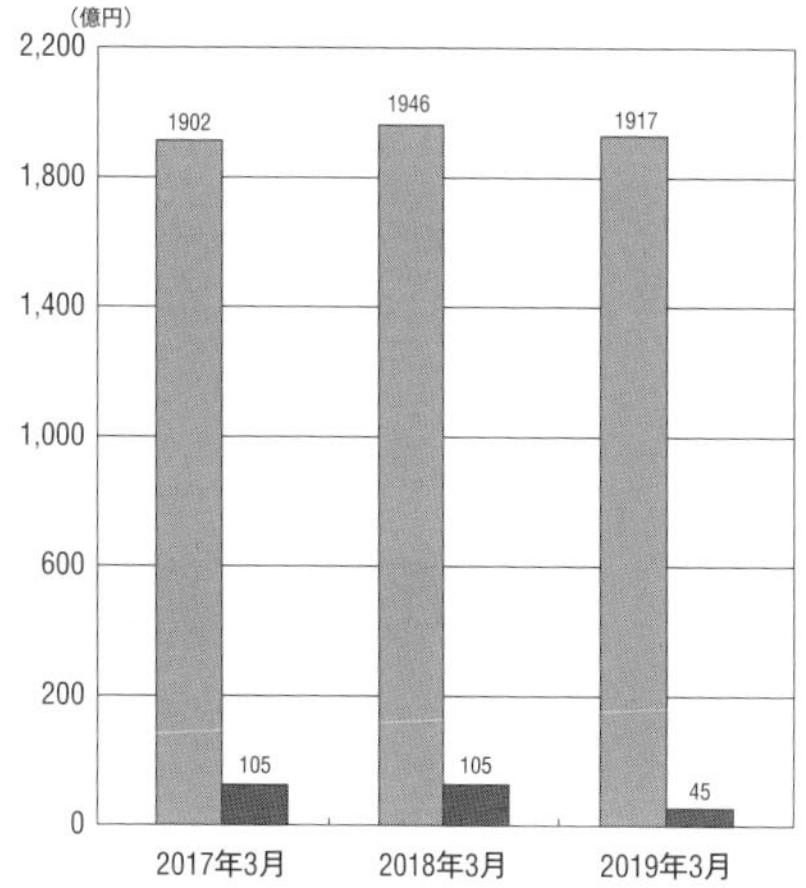

出所:同社の決算短信より作成
※1　連結売上高と経常利益の推移
※2　億円未満は四捨五入

〈図表17〉ＪＲ貨物の事業展開

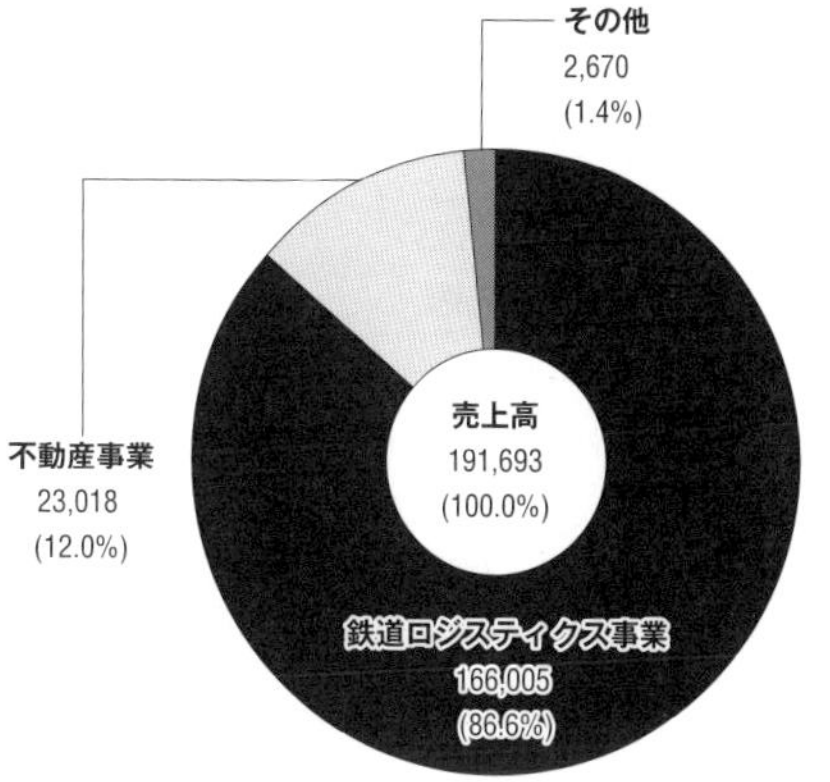

出所:同社の決算短信より作成
※1　2018年度(平成31年3月期)
※2　単位:百万円(%)

倉庫と、物流拠点としての物資別ターミナルを運営する〝倉庫〟部門。あるいは、鉄道輸送に自動車輸送を組み合わせて行う〝利用運送〟部門。鉄道輸送業務の受託、中古コンテナや輸送資材の販売、フォークリフトの整備、パレットの製作など運輸付帯サービスを行う〝ロジスティクス〟部門。そして、リースや不動産管理、物流施設管理運営、ホテル・飲食、警備、鉄道施設の改良工事・貸付、物流に関する調査・研究、運賃支払い保証、パレットのレンタルなどの〝関連・その他〟部門だ。

　それぞれの内訳は、〝臨海鉄道〟10社（「八戸臨海鉄道」「鹿島臨海鉄道」「水島臨海鉄道」など）、〝倉庫〟7社（「日本運輸倉庫」「日本オイルターミナル」など）、〝利用運送〟2社（「全国通運」「日本フレートライナー」）、〝ロジスティクス〟11社（「JR貨物・東北ロジスティクス」「JR貨物・九州ロジスティクス」など）、〝関連・その他〟3社（総合リースの「JRF商事」、物流施設管理・運営の「北九州貨物鉄道施設保有」、不動産の「JR貨物・不動産開発」）となっている（次頁**図表18**参照）。

〈図表18〉各事業を担うグループ会社

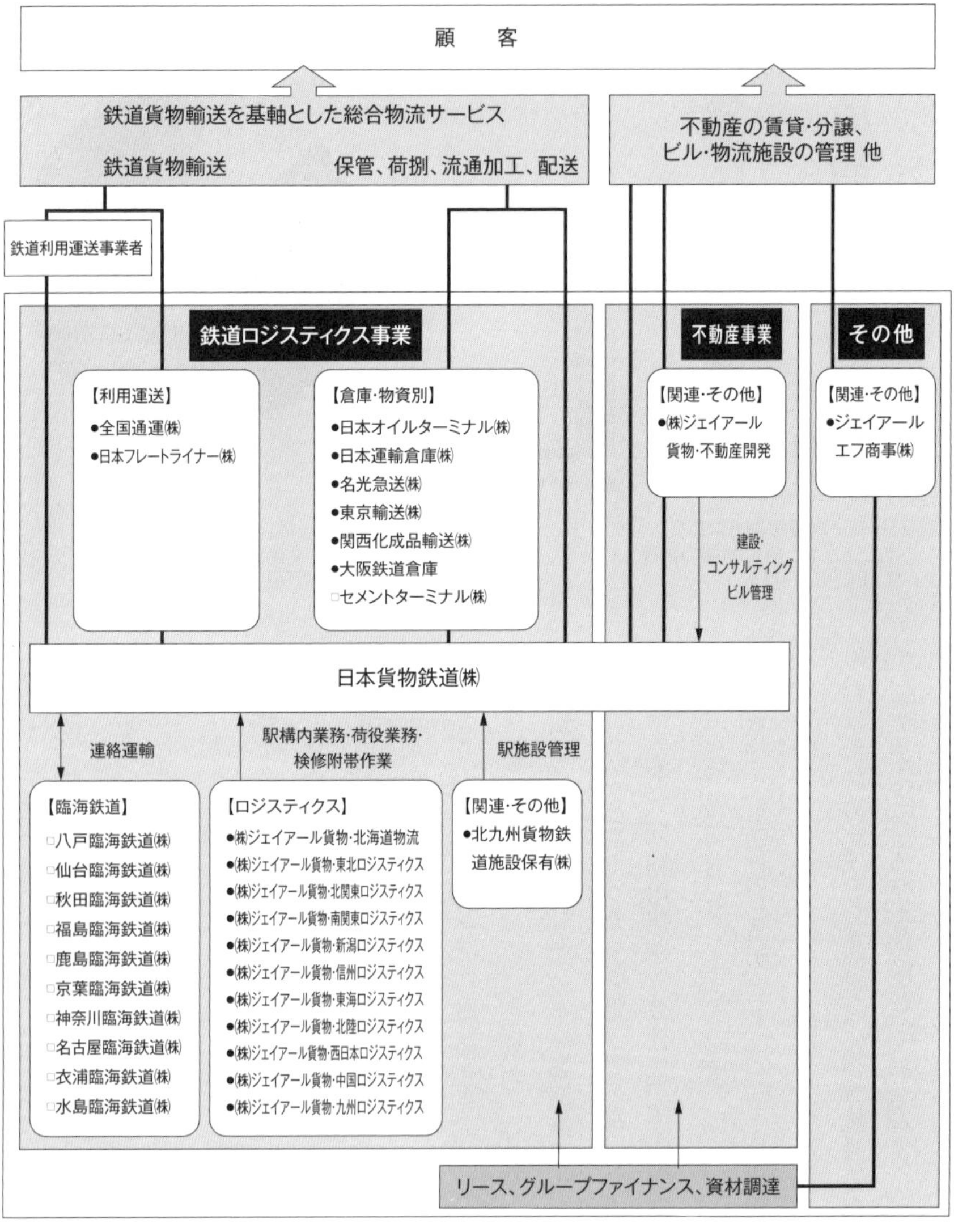

顧　客
鉄道貨物輸送を基軸とした総合物流サービス
鉄道貨物輸送
保管、荷捌、流通加工、配送
不動産の賃貸・分譲、
ビル・物流施設の管理 他
鉄道利用運送事業者
鉄道ロジスティクス事業
不動産事業
その他
【利用運送】
●全国通運㈱
●日本フレートライナー㈱
【倉庫・物資別】
●日本オイルターミナル㈱
●日本運輸倉庫㈱
●名光急送㈱
●東京輸送㈱
●関西化成品輸送㈱
●大阪鉄道倉庫
□セメントターミナル㈱
【関連・その他】
●㈱ジェイアール
貨物・不動産開発
【関連・その他】
●ジェイアール
エフ商事㈱
建設・
コンサルティング
ビル管理
日本貨物鉄道㈱
連絡運輸
駅構内業務・荷役業務・
検修附帯作業
駅施設管理
【臨海鉄道】
□八戸臨海鉄道㈱
□仙台臨海鉄道㈱
□秋田臨海鉄道㈱
□福島臨海鉄道㈱
□鹿島臨海鉄道㈱
□京葉臨海鉄道㈱
□神奈川臨海鉄道㈱
□名古屋臨海鉄道㈱
□衣浦臨海鉄道㈱
□水島臨海鉄道㈱
【ロジスティクス】
●㈱ジェイアール貨物・北海道物流
●㈱ジェイアール貨物・東北ロジスティクス
●㈱ジェイアール貨物・北関東ロジスティクス
●㈱ジェイアール貨物・南関東ロジスティクス
●㈱ジェイアール貨物・新潟ロジスティクス
●㈱ジェイアール貨物・信州ロジスティクス
●㈱ジェイアール貨物・東海ロジスティクス
●㈱ジェイアール貨物・北陸ロジスティクス
●㈱ジェイアール貨物・西日本ロジスティクス
●㈱ジェイアール貨物・中国ロジスティクス
●㈱ジェイアール貨物・九州ロジスティクス
【関連・その他】
●北九州貨物鉄
道施設保有㈱
リース、グループファイナンス、資材調達

●印:連結子会社、□:持分法適用会社

出所:同社の公表資料より
※　2019年3月末現在

6

海運①

日本郵船（NYK）

世界有数の海運会社。総合物流戦略で物流業界トップ級の売上

三菱グループの源流企業として誕生

連結の海運部門の売上でわが国のトップを走り、世界的にも有数の海運会社。のみならず、総合物流戦略を推進し、陸運主体で総合物流企業の日通と物流業界トップを競い合っている。

幕末期に、当時の土佐藩の組織である「土佐商会」で藩貿易に携わっていた岩崎彌太郎が、その後身である「九十九《つくも》商会」を明治初期の廃藩置県後に譲り受けて創業。後の三菱グループの源流企業といわれる。

「三菱商会」さらに「郵便汽船三菱」に改称して海運を営んでいたが、1885（明治18）年に政府の後押しで、ライバル会社である「共同運輸」と合併し、「日本郵船」が創立される。資本金1100万円、所有汽船58隻による船出で、93年には日本初の株式会社の1つになっている。

事業の軸足を日本沿岸・近海航路から遠洋航路に移し、中国、マニラ、ボンベイ（現ムンバイ）航路を開設。96年には欧州、豪州、米国の三大航路を、1915（大正4）年には世界一周航路も開始し、ほぼ世界中に航路を巡らすとともに、世界最大の船隊を持つ海運会社に成長する。

だが、第二次世界大戦勃発により、戦時海運管理令で国の管理下に入り、保有船舶を空母に改造されたり、輸送船として徴用されたりした上、約8割を失って終戦を迎える。

戦後に事業をリスタートさせ、戦前の定期航路もほぼ再開。ただし、わが国の産業構造が重工業中心

基礎知識
歴史
実力地図
最新動向
主要企業
組織と仕事

に変化したため、海運も多角化が求められるようになる。

そこで、タンカーをはじめ、鉄鉱石や石炭などを運ぶ専用船を次々に開発、投入。また、新しい物流システムとして登場したコンテナ輸送に対応して、コンテナ専用船やコンテナターミナルを開設する一方で、海運以外の他の輸送機関も合わせての**複合一貫輸送**システムの構築を行い、物流企業としての総合力アップを果たしてきた。

64（昭和39）年のいわゆる「**海運集約**」では、「三菱海運」を合併。その後も昭和海運を合併するなどして、業容を拡大している。

コンテナ船事業の邦社3社による共同運航を開始

2019（平成31）年3月末現在、グループ会社は同社および連結子会社が約510社、それに関連会社約200社が加わり合計710社超の一大グループに（167頁**図表22**）。連結売上は前期比16・2%減の1兆8293億円で、次の6つの事業で構成される（次々頁**図表19、20**）。

まず、海運のなかでも、食料品や日用品、電化製品など一般消費財を主に運ぶコンテナ船部門がある。それに、物流の中継基地となる各地の港湾で、コンテナ船、自動車専用船、客船などのターミナル運営と荷役サービス、船舶代理業、曳船業など、船のスムースな運航をサポートするための、港湾関連サービスを提供するターミナル関連部門を加えた「定期船事業」。

グループ会社の「**日本貨物航空（NCA）**」によって、日本発着を中心に北米、欧州、アジアとの国際航空貨物輸送を行う「航空運送事業」。そして、グループ会社「**郵船ロジスティクス（YLK）**」が中核を担い、世界45か国で約590か所の物流センター、332万㎡に及ぶ倉庫を運営し、保管・物流加工・配送や通関サービスなどを行う「物流事業」がある。なお、これら3つの事業は「一般貨物輸送事業」としてカテゴライズされている。

さらには「不定期専用船事業」として、輸送対象によって、乗用車、トラック、工業用車両などを運ぶ自動車輸送部門、鉄鉱石や石炭、木材チップなどのドライバルク部門、原油や石油製品・LPG（液化石油ガス）、LNG（液化天然ガス）などのリキッド部門に分かれている。

自動車輸送は、世界最大規模の約120隻の専用船を運航。自動車の海外生産化に伴う三国間輸送への対応をしつつ、欧州、中国、東南アジアの沿岸輸送網の構築、各地での専用ターミナルの建設や運営、内陸輸送網の構築など、インフラ整備を進める。

ドライバルク部門の**バルク**というのは穀物、塩、石炭、鉱石などのように、粉粒体のまま包装せずに積み込まれる貨物のことで、ばら積み貨物とも呼ばれる。バルク貨物を運ぶ船は、ばら積み船、バルクキャリヤー、バルカーなどというが、世界各国の製鉄、電力、製紙会社や資源会社等と長期契約を結び、世界の経済活動に不可欠な鉄鉱石、石炭、木材チップなどを輸送している。

リキッド部門は、原油タンカーやプロダクトタンカー、LPG船、LNG船など約170隻という業界有数の船隊を駆使し、人々の暮らしに欠かせないエネルギー資源の安全・安定輸送を実現している。

ほかには、不動産の賃貸・管理・販売の「不動産事業」、船舶用機械器具卸売り、その他運輸付帯サービス、情報処理サービス、石油製品の卸売りなどを行う「その他」の事業がある（次頁**図表20**、**21**、次々頁**図表22**）。

コンテナ輸送では、同社を含む世界的な海運会社4社で提携する世界最大級の航路ネットワーク「グランド・アライアンス」による共同運航を実施するなどしてきたが、川崎汽船、商船三井と邦船3社の定期コンテナ船事業を統合することを決定。合弁でシンガポールに事業運営会社である「Ocean Network Express（ONE）」を設立し、18年4月よりサービスを開始した（120頁参照）。

「ONE」は、30隻余の超大型コンテナ船を含む総数約240隻の船隊を運航。100か国以上を結ぶ広範なネットワークを構築することで、顧客のさまざまなニーズに対応可能な、世界最高水準のサービスの提供を目指す。「ONE」に対しては国際ターミナル事業の移行準備も進めている。

〈図表19〉日本郵船の最近の業績

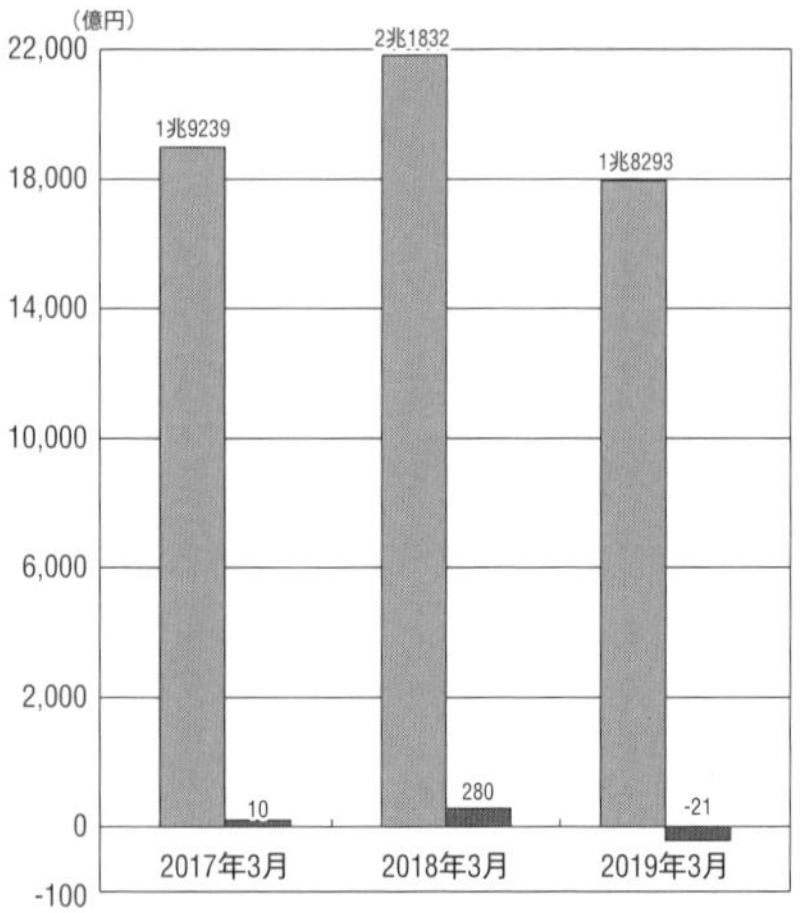

出所:同社の有価証券報告書より作成
※1　連結売上高と経常利益の推移
※2　億円未満は四捨五入

〈図表20〉日本郵船の事業展開

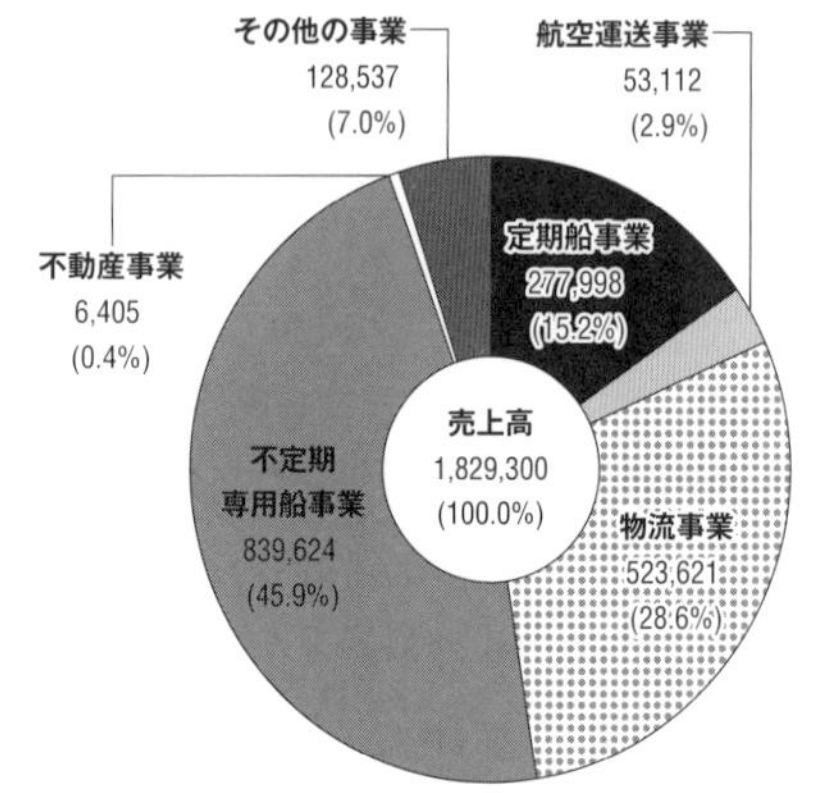

出所:同社の有価証券報告書より作成
※1　2018年度(平成31年3月期)
※2　単位:百万円(%)

〈図表21〉日本郵船の主な経営資産

運航船舶総数(連結)	コンテナ船(セミコンテナ船を含む)	ばら積み船(ケープサイズ)	ばら積み船(パナマックス&ハンディサイズ)	ばら積み船(ハンディサイズ)	チップ船
710隻	63隻	105隻	89隻	163隻	44隻
5875万重量トン	519万重量トン	2065万重量トン	773万重量トン	783万重量トン	238万重量トン
自動車船	油槽船(タンカー)	LNG船	在来・プロジェクト貨物船	その他	客船
118隻	56隻	29隻	42隻	1隻	-
221万重量トン	983万重量トン	221万重量トン	70万重量トン	0.7万重量トン	-
航空機	8機				
物流事業拠点	世界45か国、590事業所				
倉庫拠点	世界357か所、332万㎡				
コンテナターミナル	22か所(2008年12月現在)				
完成車専用ターミナル	11か所(　〃　)				
その他ターミナル	6か所(　〃　)				

出所:同社の有価証券報告書などより作成
※1　特に表記がないものは2019年3月末現在
※2　運航船舶は、同社および同社の連結子会社が直接所有ないし共有、または傭船する船舶で、内航船舶は除いてある
※3　重量トンは、貨物船などの大きさを示す載貨重量トン数＝DWT(Dead weight tonnage)のことで、その船が貨物をどのくらい積めるかの目安。貨物(自己の燃料等も含む)満載時の船の重量から、非積載時の船の重量を引いて求める
※4　ばら積み船の「ケープサイズ」は10万～20万重量トンクラス、「パナマックス」は6万～7万重量トンクラス、「ハンディサイズ」は2万～5万重量トンクラスのこと

〈図表22〉各事業を担うグループ会社

顧客
日本郵船(株)
一般貨物輸送事業
定期船事業
(株)ユニエツクス
旭運輸(株)
郵船港運(株)
日本コンテナ輸送(株)
海洋興業(株)
YUSEN TERMINALS LLC
ACX PEARL CORPORATION
(株)ジェネック
日本コンテナ･ターミナル(株)
アジアパシフィックマリン(株)
内海曳船(株)
(株)ウィングマリタイムサービス
CERES HALIFAX INC.
OCEAN NETWORK EXPRESS PTE. LTD.　他
航空運送事業
日本貨物航空(株)　他
物流事業
郵船ロジスティクス(株)
カメリアライン(株)
YUSEN LOGISTICS (AMERICAS) INC
YUSEN LOGISTICS (UK) LTD
YUSEN LOGISTICS (HONG KONG) LTD
近海郵船(株)
YUSEN LOGISTICS (CHINA) CO., LTD
YUSEN LOGISTICS (THAILAND) CO., LTD　他
不定期専用船事業
NYKバルク･プロジェクト(株)
八馬汽船(株)
INTERNATIONAL CAR OPERATORS N.V.
SAGA SHIPHOLDING (NORWAY) AS
NYK AUTOMOTIVE LOGISTICS (CHINA) CO., LTD.
NYK BULKSHIP (KOREA) CO., LTD
ADAGIO MARITIMA S.A
共栄タンカー(株)
旭海運(株)
NYK BULKSHIP (ASIA) PTE. LTD.
NYK BULKSHIP (ATLANTIC) N. V.
NYK ENERGY TRANSPORT (ATLANTIC) LTD.
NYK SHIPMANAGEMENT PTE. LTD.
NSユナイテッド海運(株)　他
その他事業
不動産業
郵船不動産(株)　他
その他事業
客船事業
郵船クルーズ(株)　他
情報処理サービス業
(株)NYK BUSINESS SYSTEMS　他
機械器具卸売業（船舶用）
三洋商事(株)　他
石油製品卸売業
郵船商事(株)　他
役務提供等の流れ

出所:同社の有価証券報告書より
※　2019年3月末現在

7

海運②

商船三井（MOL）

わが国海運2強の1社。世界最大級の商船隊を率い、物流業界有数の利益水準を堅持

三井、住友のグループ間の壁を超えて誕生

世界最大級の商船隊を率いる屈指の海運会社で、海運売上では「日本郵船」とほぼ互角。経営資源を海運に集中する戦略で、利益面では海運に限らず国内の物流業界で有数の水準を続けている。

発祥は明治10年代。「三井物産」が九州の三井炭の上海への輸送を始めたのに遡る。時代が下って1942（昭和17）年、三井物産が船舶部を分社化し「三井船舶」を設立する。一方、1884（明治17）年に設立された「大阪商船」は、大型船の新造や遠洋航路の拡充を進めて、海運史のなかでも最長距離の定期航路である世界一周航路も開設していた。

三井系、住友系の両社だが、1964（昭和39）年には、政府の進める「**海運集約**」の一環としてグループの壁を超えて合併、誕生したのが「大阪商船三井船舶」である。海運集約では大手6社体制が築かれたが、89年にはそのうちの「ジャパンライン」と「山下新日本汽船」が合併して、「ナビックスライン」が発足。そして99（平成11）年には、「大阪商船三井船舶」が事実上、「ナビックスライン」を吸収合併して「商船三井」が発足した。

その間の94年には、日米欧亜の大手海運4社による「**ザ・グローバル・アライアンス**」（ＴＧＡ）の締結を主導し、95年から共同のコンテナ船サービスを開始した。この戦略的国際提携により、世界で約30あった当時の定期航路が5つに集約され、船舶や港湾施設の共同利用で大幅なコスト削減が実現。業界内の他のアライアンス進展のきっかけにもなった。

連結売上の約9割を海運が占める

２０１９年３月期の連結売上は、前期比25・３％減の１兆２３４１億円（**図表23**）。その事業別の内訳は**図表24**のようになっていて、「特色のある世界最大の海運業」を目指す同社らしく、約９割が海運関連（ロジスティクス関連も含まれる）となる。

連結売上の約24％は、「ドライバルク船事業」による。また、油送船やＬＮＧ船等、不定期専用船の運航に海洋事業も加えた「エネルギー輸送事業」が、売上の約23％となる。

売上の44％を上げる「製品輸送事業」は２部門で、コンテナ船による定期船の運航に、コンテナターミナルの運営、航空・海上フォワーディング、陸上輸送、倉庫保管、重量物輸送等のロジスティクス事業も含めた「コンテナ船事業」が１つ。これに自動車専用船を日本で初めて就航させた自動車輸送に、国内最大規模のフェリー・内航を加えた「自動車船・フェリー・内航ＲＯＲＯ船事業」だ。

〈図表23〉商船三井の最近の業績

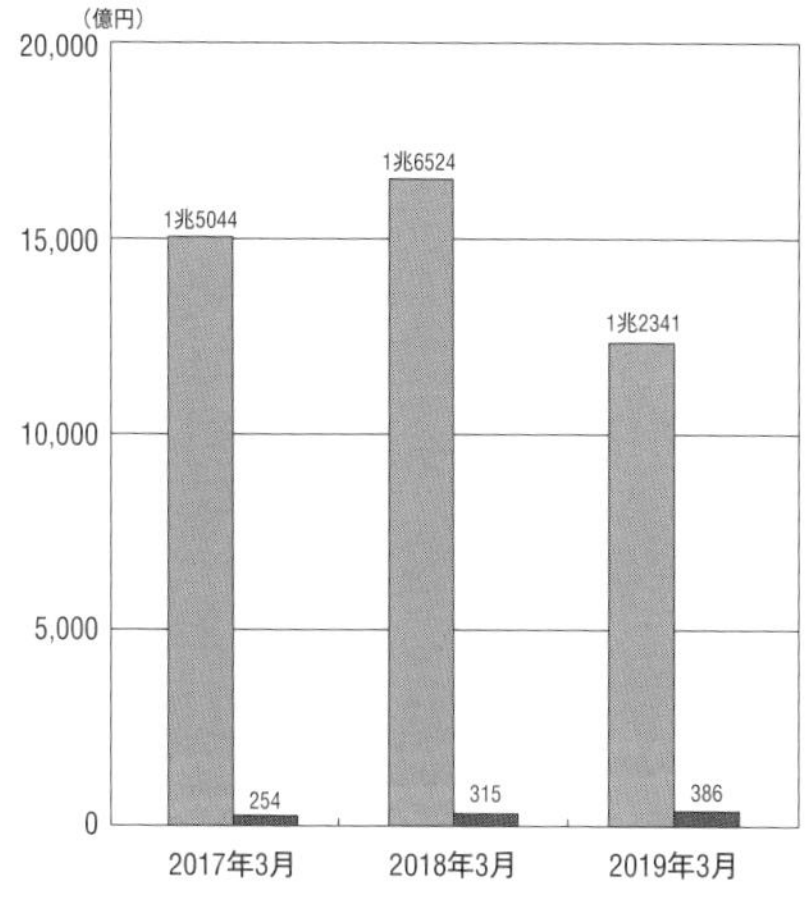

出所:同社の有価証券報告書より作成
※1　連結売上高と経常利益の推移
※2　億円未満は四捨五入

〈図表24〉商船三井の事業展開

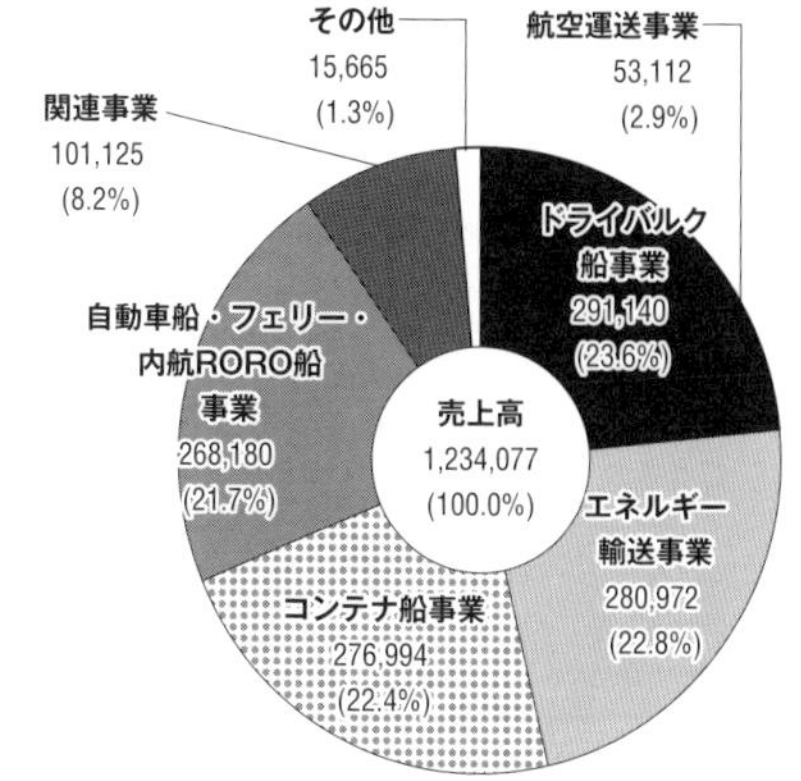

出所:同社の有価証券報告書より作成
※1　2018年度（平成31年3月期）
※2　単位:百万円（%）

残りが、不動産、客船、曳船、商社（燃料・船用資材・機器販売等）、建設、人材派遣などの「関連事業」。そして、船舶管理、金融、造船、情報サービス、経理代行、海事コンサルティングなど「その他」となっている。

船隊規模は海運各社とも毎年変動するが、同社はドライバルク船やLNG船、自動車専用船や油送船などはいずれも世界有数規模で運航し、各物資の安定的供給に寄与している。特にLNG船輸送では、世界のトップクラスの輸送シェアを占める（**図表25**）。

グループ会社は**図表26**のように、同社と連結子会社371社、関連会社90社の合計462社。

「コンテナ船事業」では、定期航路のネットワークを世界各地に拡げるとともに、太平洋、アジア／欧州では、98年に結ばれた「ザ・ニュー・ワールド・アライアンス」（TNWA）が事業の中核を担ってきたが、17年7月、日本郵船、川崎汽船と合同で「Ocean Network Express（ONE）」を設立。18年4月よりサービスを開始した。

〈図表25〉商船三井の主な経営資産

運航船舶総数（連結）	コンテナ船	ドライバルク船（ばら積み船・チップ船）	自動車船	油送船（タンカー）
769隻	65隻	330隻	113隻	170隻
5701万重量トン	593万重量トン	3139万重量トン	187万重量トン	1448万重量トン
	LNG船	フェリー・内航船	客船	その他
	41隻	16隻	1隻	33隻
	313万重量トン	9万重量トン	0.5重量トン	11万重量トン
物流事業拠点	世界27か国、224拠点			
コンテナターミナル	国内5か所、海外8か所			

出所：同社の有価証券報告書より作成
※1　2019年3月末現在
※2　運航船舶は、同社および同社の連結子会社の保有船舶、傭船の合計
※3　重量トンは、貨物船などの大きさを示す載貨重量トン数＝DWT（Dead weight tonnage）のことで、その船が貨物をどのくらい積めるかの目安。貨物（自己の燃料等も含む）満載時の船の重量から、非積載時の船の重量を引いて求める

〈図表26〉各事業を担うグループ会社

顧客 ⇐ 各事業 ⇔ ㈱商船三井

ドライバルク船事業
（船舶運航業、貸船業、船舶管理業、運送代理店業）

商船三井近海㈱
MOL CAPE (SINGAPORE) PTE. LTD.
GEARBULK HOLDING AG

他 77 社　計 80 社

エネルギー輸送事業
（船舶運航業、貸船業、船舶管理業、運送代理店業）

エム・オー・エル・エルエヌジー輸送㈱
MOL CHEMICAL TANKERS PTE. LTD.
PHOENIX TANKERS PTE. LTD.
旭タンカー㈱

他 200 社　計 204 社

製品輸送事業
（船舶運航業、貸船業、コンテナターミナル業、運送代理店業、
貨物運送取扱業、フェリー事業、内航海運業）

㈱宇徳、国際コンテナ輸送㈱、商船港運㈱
商船三井フェリー㈱、商船三井ロジスティクス㈱、日産専用船㈱、
㈱フェリーさんふらわあ、㈱ブルーシーネットワーク
MOL HONG KONG LTD..、TRAPAC, LLC.、
MOL LOGISTICS (EUROPE) B.V.、MOL LOGISTICS (H.K.) LTD.、
MOL CONSOLIDATION SERVICE LTD.
㈱名門大洋フェリー、日本コンセプト㈱
OCEAN NETWORK EXPRESS PTE. LTD.

他 108 社　計 124 社

関連事業

（不動産事業）　ダイビル㈱、商船三井興産㈱
（客船事業）　商船三井客船㈱
（曳船業）　日本栄船㈱、グリーン海事㈱、グリーンシッピング㈱
（商社事業）　商船三井テクノトレード㈱
（その他）　㈱ジャパンエキスプレス、商船三井キャリアサポート㈱、
エムオーツーリスト㈱

他 25 社　計 35 社

その他

（船舶運航業、船舶管理業、貸船業）
㈱MOLマリン、エム・オー・エル・シップマネージメント㈱
（金融業）　EUROMOL B. V.
（その他）　商船三井システムズ㈱、エム・オー・エル・アカウンティング㈱

他 13 社　計 18 社

合計 461 社

出所:同社の有価証券報告書より
※　2019年3月末現在

8

海運③

川崎汽船（〝K〟ライン）

上位2強に次ぐわが国海運大手3社の一角。コンテナ船事業の割合が高い

上位2社に比べてやや遅れての設立

売上規模でも船隊規模でも、わが国海運大手3社の一角。世界的にも4～5番手につける。三菱系の日本郵船、三井、住友系の商船三井に対して、社名が示すように川崎系の海運会社ということになる。

設立は前記の上位2社に比してやや遅く、第一次世界大戦後の1919（大正8）年。「川崎造船所」（現・川崎重工業）船舶部の運航業務を発展させて世界的な海運業を開始するため、同所からストック・ボート11隻の現物出資を受けたのがスタートで、創立百周年を迎えたところだ。

第二次大戦が勃発すると、他の海運会社同様に国家管理され、保有船舶の多くを失って終戦を迎える。

終戦後は船隊の再建に注力し、50（昭和25）年に民営還元で独立を果たす。以後、日本～バンコク間の定期航路開設をはじめ、主要定期航路の再開・新設を進める。64年の「**海運集約**」では「飯野汽船」を吸収合併し、グループの中核会社としている。

さらに、定期航路の拡大を図りながら船隊整備を続け、75年には欧州航路のコンテナ化に対応して、共同配船のため外国船社5社と「ACEグループ」を結成。89（平成元）年には同グループを再編し、外国船社2社との共同運航体制に移行した後、2001年には「**CKYHアライアンス**」を結んだ（120頁参照）。

その間の1971年には米国ロングビーチに現地法人を設立して、港湾作業を行う海外ターミナルの自営に着手するなど、国内外で自営ターミナルを運

営。２０００年には「ケイライン物流ホールディングス」を設立して物流事業の再編を開始している。

次代の中核事業の育成、強化がカギに

２０１９年３月期の連結売上は、前期比６・５％減の８３６７億円（**図表27**）。その内訳は、「ドライバルク事業」が約33％、「エネルギー資源事業」が約11％、そして「製品物流事業」が約53％で、残り４％が「その他」となる（**図表28**）。

「ドライバルク事業」は、ばら積み船による石炭、鉄鉱石、穀物、製紙原料等の原材料輸送サービス。同社の場合、火力発電用の石炭輸送に強みを持つ。「エネルギー資源事業」は、ＬＮＧ運搬船と油槽船によるＬＮＧ、原油・石油製品やＬＰＧなどのエネルギー資源の輸送と、液化ガスの新規事業、海洋エネルギー資源の開発事業を行う。

そして、同社が国内で先鞭をつけた自動車船事業、力を注いできたコンテナ船事業に、近海・内航事業および物流事業（海上貨物以外にも航空貨物、陸送、

〈図表27〉川崎汽船の最近の業績

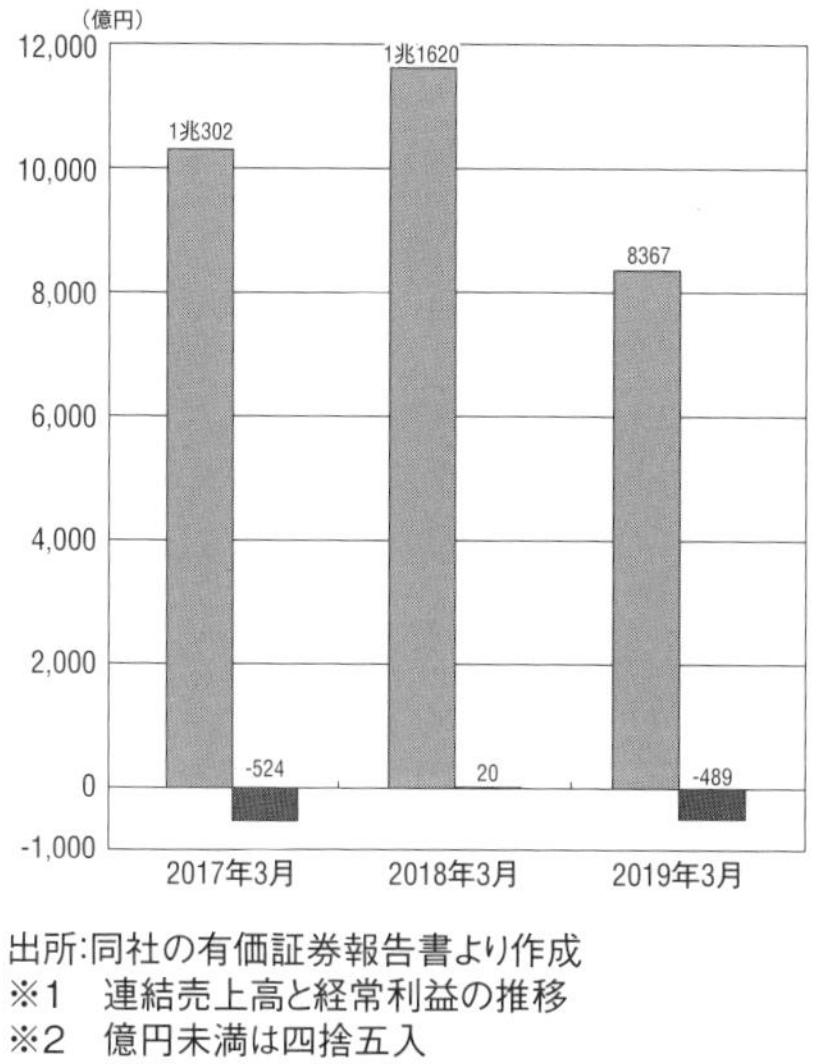

出所:同社の有価証券報告書より作成
※1　連結売上高と経常利益の推移
※2　億円未満は四捨五入

〈図表28〉川崎汽船の事業展開

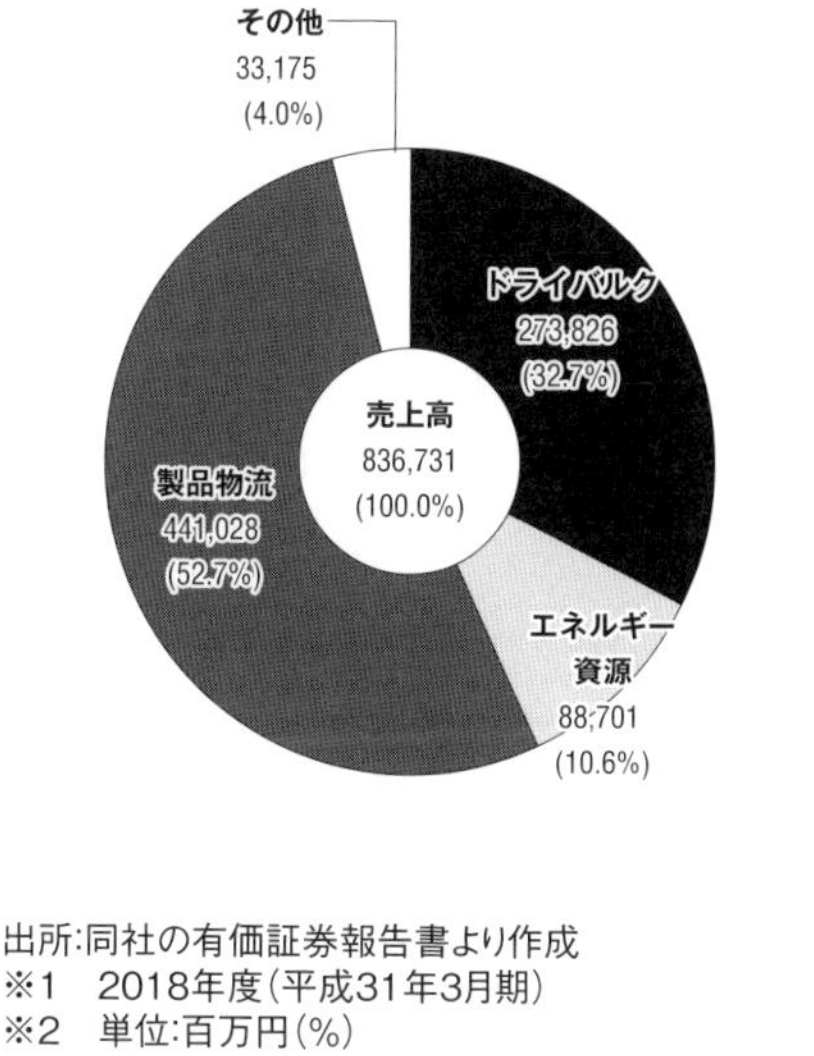

出所:同社の有価証券報告書より作成
※1　2018年度(平成31年3月期)
※2　単位:百万円(%)

倉庫など）、国内外でのコンテナターミナルの運営などの港湾事業によるのが「製品物流事業」だ。

さらに、船舶管理、旅行代理店および不動産賃貸・管理業等を行っているのが「その他」となる。

グループ会社は、連結子会社３００余社と関連会社30社弱となっている（**図表30**）。

コンテナ船部門では、邦船３社の共同運航となる「Ocean Network Express（ＯＮＥ）」の事業が始まった。それを受けて、他に中核事業として強化しようと目論むのが、物流事業と完成車物流、エネルギーバリューチェーン事業だ。

すでに物流関連では、06年7月に、グループ内の利用航空運送会社である「川崎航空サービス」と海上貨物集荷会社の「ケイロジスティックス」を合併して、「ケイラインロジスティックス」を設立。国内外で１７０の拠点を展開し、海運と合わせてグローバルな国際複合一貫体制を固めてきた。

また09年には、ＰＳＡコーポレーション（シンガポール）、日本郵船と3社共同で自動車船専用ターミナル会社をシンガポールに開設している。

〈図表29〉川崎汽船の主な経営資産

運航船舶総数（連結）	ドライバルク事業（ばら積み船・チップ船）	エネルギー資源事業（LNG船・油槽船）	製品物流事業（自動車船、コンテナ船等）
520隻	209隻	103隻	208隻
4292万重量トン	2642万重量トン	946万重量トン	703万重量トン
倉庫拠点	世界136か所、61万㎡		

出所：同社の有価証券報告書より作成

※１　2019年３月末現在

※２　運航船舶は、同社および同社の連結子会社の保有船舶、傭船の合計

※３　DWT（Dead weight tonnage）は「載貨重量トン数」といい、貨物（自己の燃料等も含む）を最大に積んだときの重量。貨物を満載した時の排水トン数＝船の重量から、貨物を積載していない時の排水トン数を引いて求める

〈図表30〉各事業を担うグループ会社

顧客

↑

ドライバルクセグメント

■ドライバルク事業

川崎汽船㈱
"K" LINE BULK SHIPPING (UK) LIMITED
"K" LINE PTE LTD

エネルギー資源セグメント

■エネルギー資源輸送事業
（液化天然瓦斯輸送船事業・油槽船事業・電力炭事業）

■海洋資源開発事業
（エネルギー関連開発事業・オフショア支援船事業）

川崎汽船㈱
"K" LINE (TAIWAN) LIMITED
"K" LINE LNG SHIPPING (UK) LIMITED
"K" LINE DRILLING OFFSHORE HOLDING INC.
K LINE OFFSHORE AS
"K" LINE PTE LTD

製品物流セグメント

■ドライバルク事業
■物流事業
■近海・内航事業
■コンテナ船事業

川崎汽船㈱、川崎近海汽船㈱、㈱ケイラインジャパン、
㈱ダイトーコーポレーション、日東物流㈱、
ケイラインロジスティックス㈱、日本高速輸送㈱、北海運輸㈱、
㈱シーゲートコーポレーション、日東タグ㈱、
オーシャンネットワークエクスプレスホールディングス㈱
K LINE(THAILAND) LTD、"K" LINE (HONG KONG) LIMITED
KAWASAKI(AUSTRALIA) PTY. LTD、"K" LINE (SINGAPORE) PTE LTD
INTERNATIONAL TRANSPORTATION ON SERVICE, INC
UNIVERSAL LOGISTICS SYSTEM INC、"K" LINE AMERICA INC
"K" LINE (Deutschland) GmbH、"K" LINE (France) SAS
"K" LINE (BELGIUM) N V.、PT. K LINE INDONESIA
"K" LINE MARITIME(M) SDN BHD、"K" LINE (Nederland) B. V.
KLINE (CHINA) LTD、"K" LINE (AUSTRALIA) PTY. LIMITED
"K" LINE (EUROPE) LIMITED、"K" LINE PTE LTD
"K" LINE (SCANDINAVIA) HOLDING A/S、"K" LINE (VIETNAM) LIMITED
"K" LINE BRASIL TRANSPORTES MARITIMOS LTDA
"K" LINE SHIPPING (SOUTH AFRICA) PTY LTD
OCEAN NETWORK EXPRESS PTE. LTD
"K" LINE (KOREA) LTD.、"K" LINE European Sea Highway Services GmbH
CENTURY DISTRIBUTION SYSTEMS, INC
"K" LINE (PORTUGAL) - AGENTES DE NAVEGACAO, S. A

その他

川崎汽船㈱、川崎近海汽船㈱
㈱ダイトーコーポレーション、日東物流㈱、
北海運輸㈱、㈱シーゲートコーポレーション、
ケイラインエンジリニアリング㈱、㈱シンキ、
ケイラインエナジーシップマネージメント㈱、
㈱リンコーコーポレーション、
㈱ケイ・エム・ディ・エス、
ケイラインビジネサポート㈱、
㈱ケイラインビジネスシステムズ、
ケイライントラベル㈱、
ケイラインローローバルクシップマネージメント㈱
CYGNUS INSURANCE COMPANY LIMITED
"K" LINE HOLDING (EUROPE) LIMITED

↕

川崎汽船㈱

出所:同社の公表資料より
※　2019年3月末現在

9

倉庫①

三井倉庫ホールディングス（三井倉庫ほか）

わが国の倉庫事業者では最大手。総合物流でのグローバル展開を進める

グループ再編で強い体制づくりを進めてきた

わが国の伝統的倉庫事業者の最大手。普通倉庫では業界最大の**所管面積**を有し、連結売上でも倉庫事業関連の売上でも業界トップを走る。

他の大手倉庫事業者同様に、事業範囲を倉庫保管・荷役事業のみならず物流全般に拡げており、港湾作業・運送、海外における物流サービス・複合一貫輸送、航空貨物輸送、**3PL**、**サプライチェーン・マネジメント**（SCM）支援業務、陸上貨物運送等も充実させてきた。

設立は1909（明治42）年、「三井銀行倉庫部」から「東神倉庫」として独立。42（昭和17）年に現在の「三井倉庫」に改称された。その間の17（大正6）年には、神戸港において港湾運送事業に進出。次いで66年に自動車運送取扱事業を、68年には海上コンテナの取扱いとコンテナターミナルの運営を、69年には貨物自動車運送業の免許を取得してコンテナの自動車輸送を、それぞれ始める。

さらに、国際運送業務（77年）や、航空貨物取扱業務（82年に航空貨物代理店資格を取得）を本格化。2003（平成15）年には国際航空貨物の単独混載の許可を得るなどして、国内外での総合物流事業に対応できる体制を整備してきた。そして06年には、文書保管やデータ入力などの業務プロセス全体にわたるコンサルテーションやサービスを提供する**BPO**（ビジネス・プロセス・アウトソーシング）**事業**を本格展開するために、同事業本部を設置。08年には3PL推進部を設けて、同事業の本格展開を開始。

09年に創立百周年を迎えた翌年、全社組織を改編して事業部制度を導入。さらにグループ外企業との合併も含めて組織統合・改編などを進めつつ、14年には持ち株会社制に移行。「三井倉庫」、「三井倉庫エクスプレス」、「三井倉庫ロジスティクス」、「三井倉庫サプライチェーンソリューション」、「三井倉庫トランスポート」、「三井倉庫ホールディングス」各社を中核としてグループ会社で事業分担を行う、現在の体制へとつなげている。

ヘルスケア物流の拡大に注力

国内外の約400拠点、131万㎡という倉庫や配送センターなどの保有施設では、保管業務のみならず仕分・検品・ラベル貼り・再梱包等々の流通加工業務も行う。加えてBPO事業にも注力。契約書や申込書、貿易関係書類などの文書の作成管理業務、通販やネット販売等のバックオフィス業務などを代行する。書類やデータの保管と管理を行う専用施設として、東京・町田のレコードセンターを皮切りに諸施設を立ち上げ、機能を年々強化している。

1957（昭和32）年には**トランクルーム**業務を開始したが、着物などの衣類、ピアノや応接セットなどの家財から美術品までの保管や引越しに応じ、企業・個人、国内外にかかわらず対応している。現在、注力しているのが医薬品・医療機器専用の「**ヘルスケア物流**」で、4つの温度帯に対応できる高機能施設での受入れなどで、信頼向上に努めている。

不動産事業は、東京と大阪の自社所有地の市街地物件を中心に再開発プロジェクトを推進。同社創立の地に建設した「箱崎ビル」（東京都中央区）を初め、「MSCセンタービル」（東京都港区）などの賃貸ビルや、「ポートヴィラ靱公園」（大阪市西区）などの賃貸マンションの運営管理を行う。

2019年3月期の連結売上は、前期比3・7%増の2419億円（次頁**図表31**）。うち96%が「物流事業」、残り4%が「不動産事業」の構成だ。物流事業の内訳は倉庫保管が13%（売上全体に占める割合。以下同）、倉庫荷役（12%）、港湾作業（8%）、運送（46%）、その他（17%）で、倉庫保管と倉庫

〈図表31〉三井倉庫HDの最近の業績

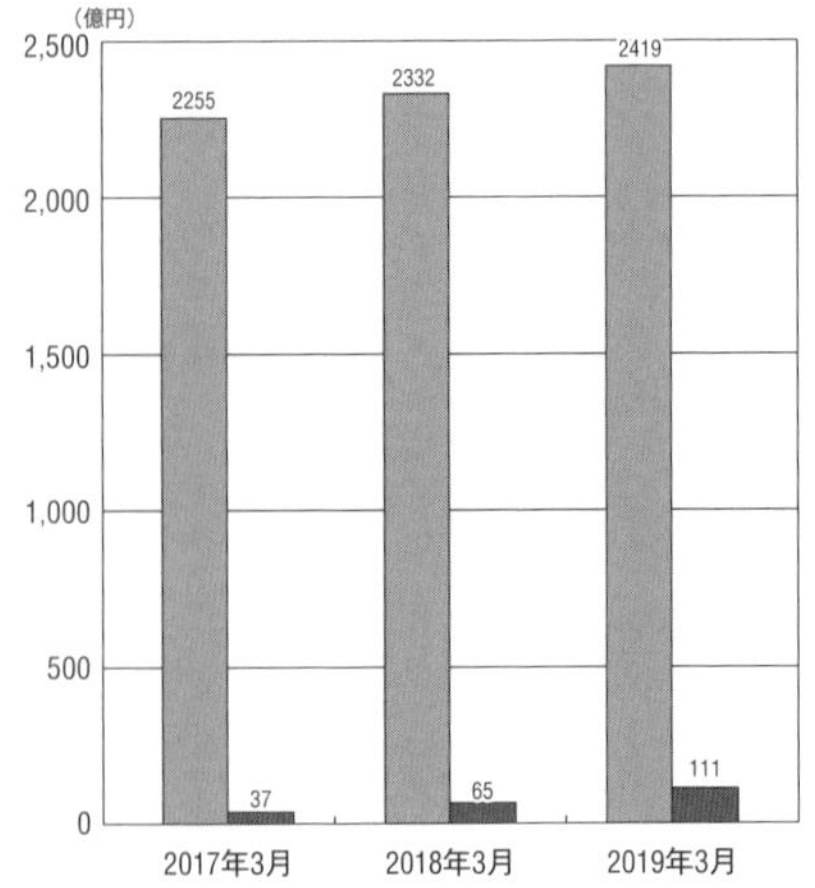

出所:同社の有価証券報告書より作成
※1　連結売上高と経常利益の推移
※2　億円未満は四捨五入

〈図表32〉三井倉庫HDの事業展開

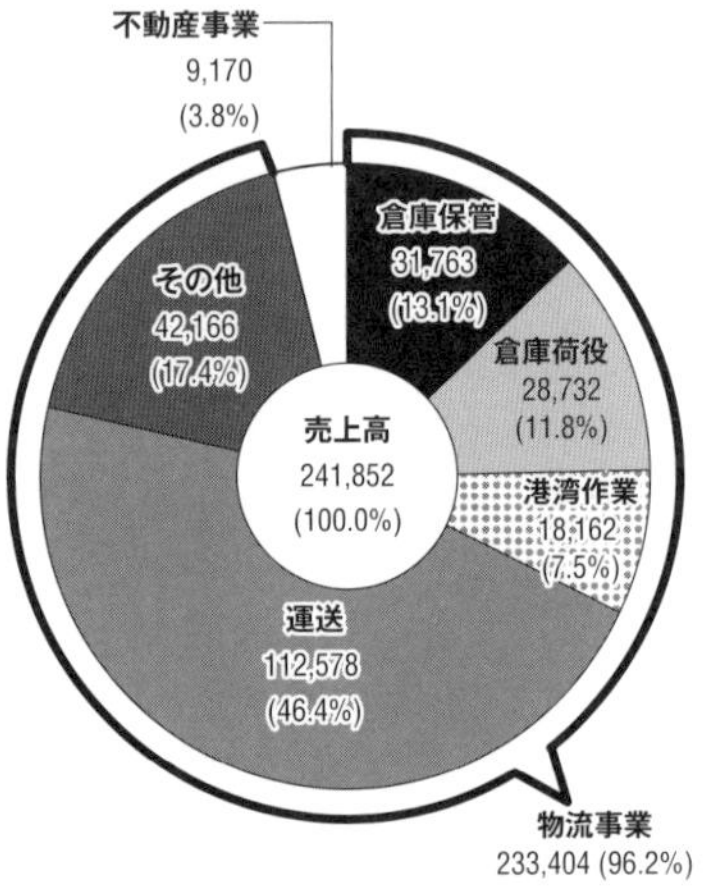

出所:同社の有価証券報告書より作成
※1　2018年度（平成31年3月期）
※2　単位:百万円（%）

〈図表33〉三井倉庫HDの主要業務の取扱高等

倉庫保管	国内平均保管残高	489千トン
	国内貨物回転率	30.10%
	所管面積	1314千㎡
倉庫荷役	国内入庫高	1767千トン
	国内出庫高	1768千トン
港湾作業	コンテナ作業扱高	898136TEU
運　送	国内コンテナ運送取扱高	227485本
	国際運送NVOCC取扱高	40840TEU
	陸上貨物貸切輸送	620439千tKm
	陸上貨物取扱数量	32791千個
	航空貨物取扱高	57540t
	3PL取扱高	139202千個
	SCM支援・販売物流入出庫高	410.7千㎥
不動産賃貸	賃貸面積	172千㎡

出所:同社の有価証券報告書より作成
※　2018年度（平成31年3月期）

荷役を合計すると605億円と、全体の売上のうち25%が倉庫関連収入となっている（**図表32**）。

同社と連結子会社88社、関連会社11社のグループ会社で事業を分担。それぞれの中核となる会社とグループ会社は**図表34**のとおりである。海外21か国に現地法人を設立するなど海外事業を強化しており、売上のうち約25%が海外分による。

〈図表34〉各事業を担うグループ会社

三井倉庫グループ　国内連結子会社:37社、海外連結子会社:49社、持分法適用関連会社:8社

顧　　客

事業名	提供するサービス	社名
物流事業	倉庫・港湾運送、海外における物流サービス	事業会社:三井倉庫㈱ （その他連結子会社） 三井倉庫九州㈱、三井倉庫ビジネスパートナーズ㈱、アイエムエキスプレス㈱、三倉㈱、東港丸楽海運㈱、サンソー港運㈱、三興陸運㈱、三栄㈱、㈱ミツノリ、三井倉庫港運㈱、㈱サンユーサービス、神戸サンソー港運㈱、㈱サン・トランスポート、エムケイサービス㈱、井友港運㈱、博多三倉物流㈱、那覇国際コンテナターミナル㈱ 三井倉庫NEA㈱、三井倉庫（中国）投資有限公司, Mitsui-Soko International Pte.Ltd. Mitex Logistics（Shanghai）Co.,Ltd., MSC Trading（Shanghai）Co.,Ltd., 上海茗之意商貿有限公司, Mitex Shenzhen Logistics Co., Ltd., Mitex International (Hong Kong) Ltd., Mitex Multimodal Express Ltd., Noble Business International Ltd., 三倉（天津）有限公司, Mitsui-Soko (Taiwan) Co.,Ltd., Mitsui Soko (Korea) Co.,Ltd., Mitsui Soko（Singapore）Pte. Ltd., Mitsui Soko Southeast Asia Pte.Ltd., Mitsui Soko Vietnam Co.Ltd., Mitsui Soko (Thailand) Co.,Ltd., Mitsui Soko (Chiangmai) Co., Ltd., Mits Logistics (Thailand) Co., Ltd., Mits Transport (Thailand) Co., Ltd., MS North Star Logistics Co., Ltd., Mitsui Soko (Malaysia) Sdn.Bhd., Mitsui Soko Agencies (Malaysia) Sdn.Bhd., Integrated Mits Sdn. Bhd., PT Mitsui Soko Indonesia, Mitsui Soko (Philippines), Inc., Mitsui Soko（U.S.A.）Inc., Mitsui Soko (Americas) Inc. , Mitsui Soko (Mexico) S.A. de C.V., Mitsui Soko (Europe) s.r.o., PST CLC,a.s. Prime Cargo A/S, Prime Cargo (H.K.).Ltd., Prime Cargo Shanghai Ltd., PC KH ApS, Prime Cargo Poland, Prime Cargo USA Inc., PST Hungary Kft.（持分法適用関連会社） 上海錦江三井倉庫国際物流有限公司, Joint Venture Sunrise Logistics Co.,Ltd., 南通新輪国際儲運有限公司, AW Rostamani Logistics LLC. Key Logistics AB
	航空貨物輸送、複合一貫輸送	事業会社:三井倉庫エクスプレス㈱ （その他連結子会社） MSE China (Guangzhou) Co., Ltd., MSE Express America, Inc., MSE Express Mexico, S.A. DE C.V., MSE DO Brasil Logistica Ltda., MSE Express (Thailand) Co.,Ltd., N.V. MSE Europe S.A., MSE Europe Tasimacilik, Organizasyon, Lojistik Limited Sirketi, MS Express South Africa (Pty) Ltd. （持分法適用関連会社） MSE China (Beijing) Co.,Ltd., PT. Puninar MSE Indonesia, MSE Forwarders India Pvt. Ltd.
	3PL	事業会社:三井倉庫ロジスティクス㈱ （その他連結子会社）北海三井倉庫ロジスティクス㈱、MS ロジテクサービス㈱、㈱コネクスト
	サプライチェーンマネシメント支援	事業会社:三井倉庫サプライチェーンソリューション㈱ （その他連結子会社）ロジスティックスオペレーションサービス㈱、MS Supply Chain Solutions (Thailand) Ltd., MS Supply Chain Solutions (Malaysia) Sdn. Bhd.
	陸上貨物運送	事業会社:三井倉庫トランスポート㈱ （その他連結子会社） 丸協運輸㈱（大阪）、丸協運輸㈱（愛媛）、㈱AMT、丸協運輸㈲（九州）、丸協グループ協同組合、スワロー物流㈱、藤松運輸倉庫㈱、丸協殖産㈱、㈲キワゼネラルサービス、上海丸協運輸有限公司、張家港保税区丸協運輸貿易有限公司
	その他	三井倉庫ビズポート㈱
不動産事業	不動産賃貸	持ち株会社:三井倉庫ホールディングス㈱

（非連結子会社:2社）㈱三港フーヅ他　（持分法非適用関連会社:3社）アメリカンターミナルサービス㈱他

出所:同社の有価証券報告書より
※　2019年3月末現在

10

倉庫②

三菱倉庫

倉庫業界の2番手につけるが、物流事業全般と不動産事業にも強み

国際複合一貫輸送体制を構築

現在の経営規模的にはわが国の倉庫業界の2番手だが、長く業界を牽引してきたトップ企業である。

旧三菱財閥系の銀行業務と倉庫業務を行うために1880（明治13）年に開業していた「三菱為替店」の倉庫業務を継承。87年に有限会社「東京倉庫会社」として創業した。1907年には神戸の和田岬に海運連絡橋を築造して、わが国最古の港湾倉庫業の体制を確立。18（大正7）年には現在の「三菱倉庫」に商号を変更している。

31（昭和6）年になると、わが国で初めて「**トランクルームサービス**」を開始。その後、51年に「菱倉運輸」を設立して自動車運送事業に着手。70年に米国に現地法人を設立したのを皮切りに、それ以後も米国、アジアや欧州各地に倉庫会社や運送取扱会社（**フォワーダー**）等を設立。順次拠点を整備拡大して国際輸送事業のネットワークを構築する。

71年には「ユニトランス」を設立して航空貨物運送代理業にも進出。さらには2003（平成15）年に、航空貨物運送混載事業を本格的に開始するなど、倉庫事業に加えて港湾運送事業や、国内外と陸・海・空にわたるグローバルで複数の輸送手段を提供できる**国際複合一貫輸送**体制を着々とつくり上げた。

一方の不動産事業は、62（昭和37）年に東京・深川にコンピュータ・倉庫・住宅の複合賃貸ビルを建設し、コンピュータ用賃貸ビル事業に進出。92年には神戸・高浜地区に、賃貸用商業・オフィス施設や複合商業施設「神戸ハーバーランド」を建設するな

ど、データセンター対応オフィスビルの開発・賃貸を中心に、商業施設、住宅にも取扱いを拡大した。

2014年には、東京・日本橋に所有する「倉庫ビル」（本店事務所、トランクルーム）を建て替え、本店事務所、賃貸用オフィス、トランクルームを擁するオフィスビルを建設。18年には災害に強い環境配慮型オフィスビル「S-GATE日本橋本町」を竣工。いずれも賃貸を開始して好評を得ている。

国際物流と不動産事業に強み

2019年3月期の連結売上は、前期比5・5%増の2272億円（**図表35**）。うち83%が「倉庫・港湾運送等の物流事業」、残り17%が「不動産事業」と不動産事業の割合が比較的高い。物流事業の内訳は、倉庫事業と国際運送取扱事業、陸上運送事業がそれぞれ全体の20%超とほぼ同規模の売上で、それらの半分弱の港湾運送事業が続く（**図表36**）。

国内外に保有する所管面積96万㎡の倉庫や配送センターでは、保管だけでなく検品・梱包・組立など

〈図表35〉三菱倉庫の最近の業績

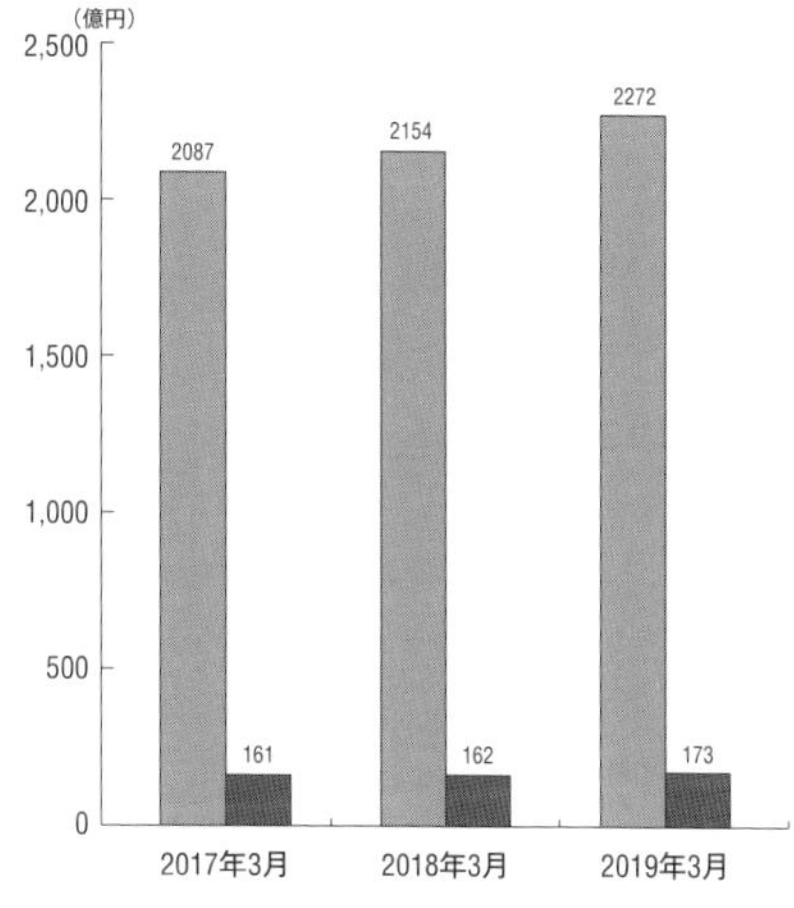

出所:同社の有価証券報告書より作成
※1　連結売上高と経常利益の推移
※2　億円未満は四捨五入

〈図表36〉三菱倉庫の事業展開

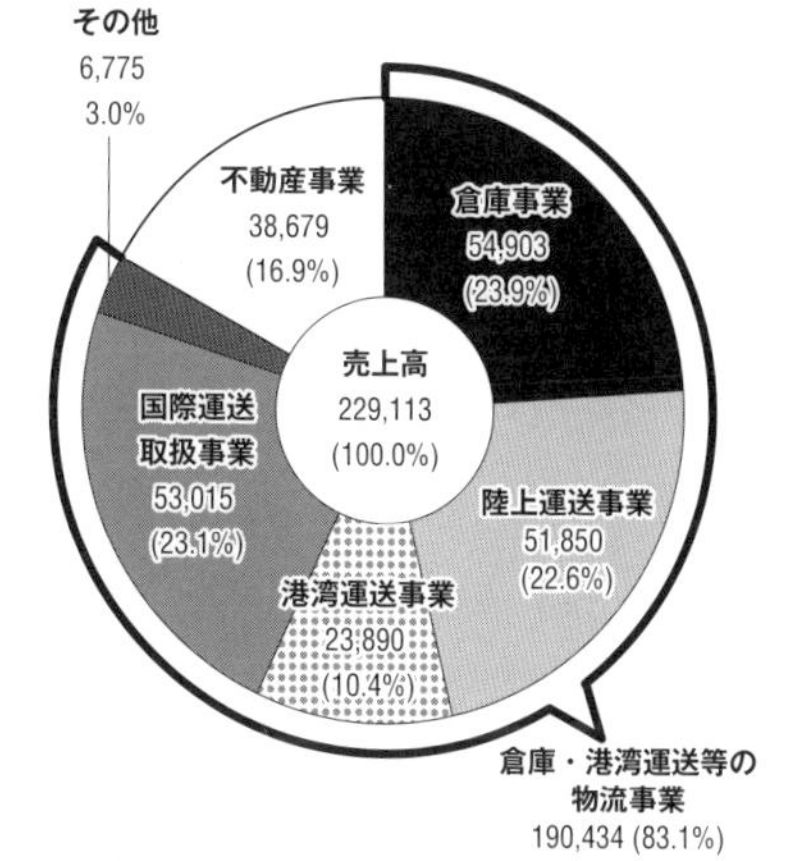

出所:同社の有価証券報告書より作成
※1　2018年度（平成31年3月期）
※2　単位:百万円（%）
※3　内部取引調整前

の流通加工や受発注代行業務も実施している。

扱い品目は、食品、飲料、自動車部品、化学品などさまざまだが、近年は温度管理などで付加価値の高い医薬品の扱いに力を入れる。特に医療・ヘルスケア、食品・飲料、機械・電機を重点分野として、**サプライチェーン**全体の課題に対応することで、事業領域およびシェアの拡大を図っている。99年に東京・大井埠頭、02年に神戸・六甲アイランドに倉庫を建設して本格進出した冷蔵倉庫事業では、各地に冷蔵倉庫を増やして需要増に応えている。

海外ではアジア、特に中国とのネットワークの強化を推し進めてきた。さらに東南アジア(ASEAN)等において増加が見込まれる高品質な**コールドチェーン**需要を狙い、医療・ヘルスケア、食品・飲料分野における顧客のサプライチェーンのサポート体制の充実とフォワーディング事業に力を入れる。

事業分野拡充のための経営統合などにも積極的で、10年には「富士物流」の株式公開買付を実施して、同社および同社の子会社10社を連結子会社化。18年には、港運事業の基盤強化のため、三菱グループ内の日本郵船と共同で「エム・ワイ・ターミナルズ・ホールディングス」を設立。傘下に日本郵船グループの国内港運事業子会社を収める経営統合を実施するなどしている。そうした結果、19年3月末現在でグループ会社は、同社と子会社が55社、関連会社15社。内訳は「倉庫・港湾運送等の物流事業」が63社、「不動産事業」が7社(**図表38**)だ。

〈図表37〉三菱倉庫の主要業務の取扱高等

倉庫保管	保管残高(数量・月末平均)	935千トン
	貨物回転率(数量・月間平均)	43.3%
	所管面積	960千㎡
倉庫荷役	国内入庫高	4859千トン
	国内出庫高	4856千トン
陸上運送	陸上運送高	21624千トン
港湾運送	沿岸荷役高	80804千トン
	船内荷役高	64801千トン
国際運送取扱	国際運送取扱高	11328千トン
不動産賃貸	賃貸面積	
	オフィス用	405千㎡
	商業用	433千㎡
	住宅用	76千㎡

出所:同社の有価証券報告書より作成
※ 2018年度(平成31年3月期)

〈図表38〉各事業を担うグループ会社

得　先　社

↑

三菱倉庫㈱

倉庫・港湾運送等の物流事業 （倉庫・陸上運送・港湾運送・国際運送取扱いの各事業）	不動産事業 （不動産賃貸・不動産販売等の事業）

倉庫・港湾運送等の物流事業

連結子会社（44社）

- 東北菱倉運輸㈱
- 埼菱サービス㈱
- DPネットワーク㈱
- 東京ダイヤサービス㈱
- ダイヤ情報システム㈱
- 菱倉運輸㈱
- ユニトランス㈱
- 東菱企業㈱
- 京浜内外フォワーディング㈱
- 東菱企業㈱
- 富士物流㈱
- 東京重機運輸㈱
- エスアイアイ・ロジスティクス㈱
- 富士物流サポート㈱
- 金港サービス㈱
- 中部貿易倉庫㈱
- 名菱企業㈱
- 菱洋運輸㈱
- 旭菱倉庫㈱
- 阪菱企業㈱
- 神菱港運㈱
- 内外フォワーディング㈱
- 九州菱倉運輸㈱
- 門菱港運㈱
- 博菱港運㈱
- 西邦海運㈱
- 佐菱サービス㈱
- 米国三菱倉庫会社
- 加州三菱倉庫会社
- 欧州三菱倉庫会社
- 富士物流ヨーロッパ会社
- 三菱倉庫（中国）投資有限公司
- 上海菱華倉庫運輸有限公司
- 上海菱華慶勝倉庫有限公司
- 上海青科倉儲管理有限公司
- 上海菱運国際貨運有限公司
- 富士国際貨運（中国）有限公司
- 富士物流（大連保税区）有限公司
- 富士物流（上海）有限公司
- 香港三菱倉庫会社
- 富士物流（香港）会社
- 泰国三菱倉庫会社
- インドネシア三菱倉庫会社
- P.T.DIA-JAYA FORWARDING INDONESIA
- 富士物流マレーシア会社

持分法適用会社（3社）
（関連会社3社）

- エム・ワイ・ターミナルズ・ホールディングス㈱
- ㈱草津倉庫
- JUPITER GLOBAL LIMITED

持分法を適用していない会社（16社）
（うち非連結子会社4社）

- 内外船舶㈱
- 菱陽国際貨運代理（深圳）有限公司
- シンガポール三菱倉庫会社
- ダイヤロジスティックスマレーシア会社

（うち関連会社12社）

- 湘南企業㈱
- 第一港運㈱
- 福井倉庫㈱
- 中谷運輸㈱
- ㈱ナカタニクリエイト
- MMトランスポート㈱
- ㈱平井庄商店
- 神戸倉庫㈱
- 相互運輸㈱
- 北京環捷物流有限公司
- MLC ITL LOGISTICS COMPANY LIMITED
- JUPITER MLC LOGISTIC (MYANMAR) LIMITED

不動産事業

連結子会社（7社）

- ダイヤビルテック㈱
- 横浜ダイヤビルマネジメント㈱
- 中貿開発㈱
- 名古屋ダイヤビルテック㈱
- 大阪ダイヤビルテック㈱
- 神戸ダイヤメンテナンス㈱
- ㈱タクト

出所：同社の有価証券報告書より
※　2019年3月末現在

11

倉庫③

住友倉庫

大手倉庫事業者3強の一角。倉庫事業を核にしつつ物流全般を事業範囲に

物流事業全般への進出が目立つ

旧財閥系による大手倉庫事業者3強の一角。倉庫事業を核としながら事業範囲を物流全般に拡大・発展させてきている。

「住友本店倉庫部」として大阪で創業したのが1899（明治32）年。1921（大正10）年に「住友合資会社倉庫部」に改組し、23年に「住友倉庫」として設立された。以後、国内各地で倉庫事業を展開しつつ、72（昭和47）年には米国に海外駐在員事務所を設置して、海外進出を本格化する。82年以降、ドイツ、米国、シンガポール、中国などに現地法人を設立。特に中国では各地に進出している。

96（平成8）年には、免震工法を採用したトランクルーム専用倉庫を建設。98年には、神戸で冷蔵倉庫を併設した倉庫を建設して冷蔵貨物の取扱いを開始するなど、倉庫事業の新分野にも挑戦してきた。

その間、68年に神戸および東京でコンテナターミナル業務を開始して以後、主要各港で本格化。また85年に国際航空貨物の代理店資格を取得し、92年には単独で混載事業を開始するなど、物流全般へ事業を拡げている。2006年には、中堅の自動車輸送事業者「遠州トラック」や、流通業、製造業、金融業、物流業等のコンピュータソフトウェアの受託開発などを行う「アイスター」の子会社化も果たした。

さらには、74年に大阪で「川口住倉」ビルを建設して賃貸を開始し、不動産賃貸業務を本格化させた。88年には超高層のオフィスビルである「東京住友ツインビル」を、2001年には横浜に賃貸用商業ビ

ル「T-PLATZ」を建設して賃貸を始めるなど、不動産事業でも足跡を残してきた。

国内物流の基盤強化や海外物流事業の拡充等を推し進める同社の物流関連業務は、以下のように整理できる。まず、保管用面積の合計で71万㎡を有する倉庫によって、物品の保管やその入出庫、付随する流通加工等の「倉庫業務」。そして、国内の港湾における、海上運送に接続する貨物の船積みおよび陸揚げ、その荷捌き等の「港湾運送業務」。陸海空の各種輸送手段を結び、輸出入貨物の国際複合輸送と海外での保管、荷役および運送等を行う「国際運送取扱業務」。国内の自動車貨物運送ならびに自動車および鉄道による運送の取扱いを行う「陸上運送業務」。さらに、船舶を使った貨物運送業務および海運代理店等の業務である「海運事業」だ。

倉庫事業は「アーカイブ事業」を軸に展開

7月には創業120周年を迎えた19年3月期の連結売上は、前期比5・9％増の1862億円。うち81％が「物流事業」、残りが「海運事業」（14％）と「不動産事業」（6％）となっている。物流事業では、陸上運送事業が25％（全体の売上に対する割合。以下同）、港湾運送業務と国際運送取扱業務がともに20％強を占め、14％弱に留まる倉庫業務の比率は相対的に低いといえる（次頁図表39、40）。

倉庫事業では、保管文書の電子情報化を初めとする総合文書管理サービスである「**アーカイブ事業**」を、埼玉・羽生に専用倉庫を増設するなどして本格展開。高品質なサービスの提供で顧客の信頼を得ている。また、顧客のサプライチェーン全体の在庫を管理する能力、倉庫を中心とした国内外の物流インフラ、グローバルな物流の構築・運営能力を融合して、配送センター業務の強化や顧客の情報システムとのネットワーク化を推進。顧客の物流業務全般を引き受ける**3PL**的な業務も増加している。

また、海外にも拠点を充実させながら、日中間を中心に一貫輸送を強化したり、ベトナムやインドネシア、タイ、フィリピン、シンガポールといった東南アジアや欧州での物流事業の拡充を図っている。

〈図表39〉住友倉庫の最近の業績

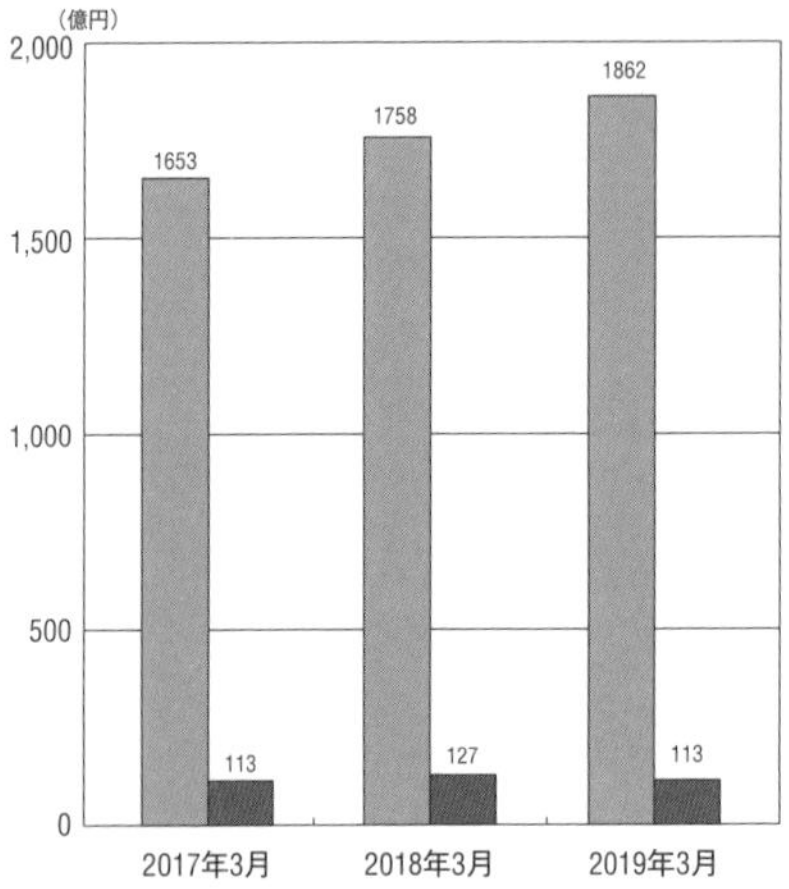

出所:同社の有価証券報告書より作成
※1　連結売上高と経常利益の推移
※2　億円未満は四捨五入

〈図表40〉住友倉庫の事業展開

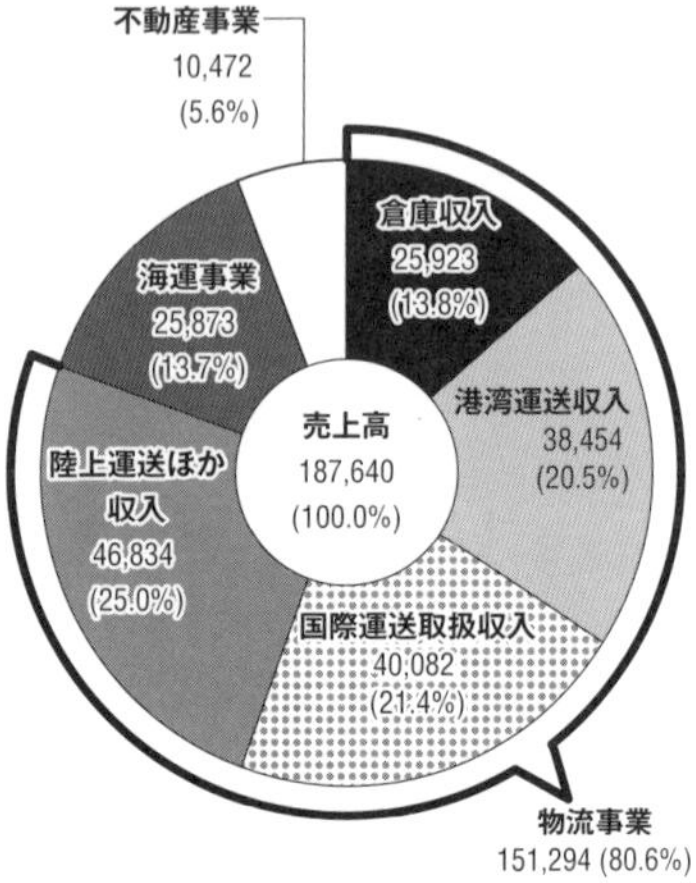

出所:同社の有価証券報告書より作成
※1　2018年度(平成31年3月期)
※2　単位:百万円(%)
※3　内部取引調整前

〈図表41〉住友倉庫の主要業務の取扱高等

倉庫	保管用面積	714千㎡
	入庫高	2217千トン
	出庫高	2212千トン
	保管残高（期末）	545千トン
	貨物回転率（月平均）	33.20%
港湾運送	沿岸荷役	1871千トン
	一般荷捌	9742千トン
	コンテナ荷捌	52162千トン
	船内荷役	647千トン
国際輸送	国際輸送	13874千トン
海運	輸送量	4380千トン
不動産賃貸	賃貸ビル等	279千㎡

出所：同社の有価証券報告書より作成
※　2018年度（平成31年3月期）

サウジアラビアでは現地法人を設立して、同国で生産される石化製品の工場内物流なども担う。

不動産事業では、保有資産、特に首都圏への重点投資、倉庫施設の再配置、既存不動産の最適活用を図り、物流施設や商業施設などの開発を進めている。

２０１９年３月末現在でグループ会社は、同社と子会社が50社、関連会社10社。内訳は「物流事業」が48社、「海運事業」が12社、「不動産事業」が１社である（**図表42**）。

〈図表42〉各事業を担うグループ会社

得意先

↑

㈱住友倉庫

物流事業（倉庫業、港湾運送業、国際輸送業、陸上運送業、その他事業）	不動産事業

↑

物流事業	海運事業	不動産事業
連結子会社（34社） アイスター㈱ 厚木泉倉㈱ 井住運送㈱ 遠州トラック㈱ 遠州トラック関西㈱ 大阪捆包運輸㈱ 神港作業㈱ 住友倉庫九州㈱ 泉倉作業㈱ 泉洋港運㈱ 大成海運㈱ ㈱藤友物流サービス ニッケル、エンド、ライオンス㈱ 博多井住㈱ ㈱若洲 Sumitomo Warehouse (U.S.A.). Inc. Sumitomo Warehouse (Europe) GmbH Sumitomo Warehouse (Singapore) Pte Ltd Union Services (S'pore) Pte Ltd Sumiso (Malaysia) Sdn. Bhd. Roiana Distribution Center Co. Ltd. Sumiso (Thailand) Co., Ltd. Sumiso (Laem Chabang) Co., Ltd. PT. Sumiso Logistics Indonesia PT. Sumitomo Warehouse Indonesia Sumitomo Warehouse (Vietnam) Co., Ltd. 台湾住倉股份有限公司 住友倉儲（中国）有限公司 上海住友倉儲有限公司 上海住倉国際貨運有限公司 香港住友倉儲有限公司 住友倉儲（深圳）有限公司 広州住倉国際貨運有限公司 青島住倉国際物流有限公司	連結子会社（9社） ウエストウッドシッピングラインズジャパン㈱ J-WeSco㈱ センワマリタイムエージェンシー㈱ Westwood Shipping Lines, inc.. Westwood Shipping Lines Canada. Inc. SW Maritime 1. Inc. SW Maritime 2. Inc. SW Maritime 3. Inc. SW Maritime 4. Inc.	連結子会社（1社） 住倉建物サービス㈱
非連結子会社 持分法非適用会社（4社） 三栄カーゴエーゼンシー㈱　PT. Sumiso Jasantara Nusacaraka　ほか	非連結子会社　持分法非適用会社（2社） 太平海運㈱　ほか	
関連会社　持分法適用会社（6社） オムロン住倉ロジスティック㈱ 商船港運㈱ 住和港運㈱ Rabigh Petrochemical logistics LLC 上海錦江住倉国際物流有限公司 武漢万友通物流有限公司		
関連会社 持分法非適用会社（3社） アメリカンターミナルサービス㈱　ほか	関連会社　持分法非適用会社（1社） 錦江シッピングジャパン㈱	

出所：同社の有価証券報告書より
※　2019年3月末現在

12

その他①

日立物流

物流子会社から発展。3PL事業では国内首位級の実力を持つ

日立製作所の物流子会社として誕生

陸運としては大手と肩を並べる規模に発展。3PL事業では日通に伍して国内トップの実力を持つ。

1950（昭和25）年、日立製作所の輸送業務を請け負う**物流子会社**「日東運輸」として創業。日立の工場内作業の一括受託、国内外における超重量物の輸送などを担い業容を拡大。52年に「日立運輸」に商号を変更。67年に「西部日立運輸」「東京モノレール」と合併し、「日立運輸東京モノレール」に。85年、創業35年を期に現社名に商号を変更した。

その間、54年に海上貨物船積業務、86年には航空運送代理店業、89（平成元）年には国際利用運送事業を開始。76年にはシンガポールに最初の合弁会社を設立している。78年に販売物流情報システムの運営を開始するなど、物流情報システムの構築に早期から取り組み、企業の物流業務を包括的に受託する「システム物流」（3PL事業）を86年から展開。幅広い業種・業界での実績を積み上げてきた。

主力の3PL事業で幅広く支持を受ける

2019年3月期の連結売上は、前期比1・2%増の7088億円（**図表43**）。うち61%が「国内物流」、36%が「国際物流」、3%が「その他物流周辺事業」という構成（**図表44**）。現在も日立製作所が株式の3割超を持つが、同グループへの売上は14%に留まる。売上を大きく支えるのはシステム物流分で、国内外ともにウエートは高い。

〈図表43〉日立物流の最近の業績

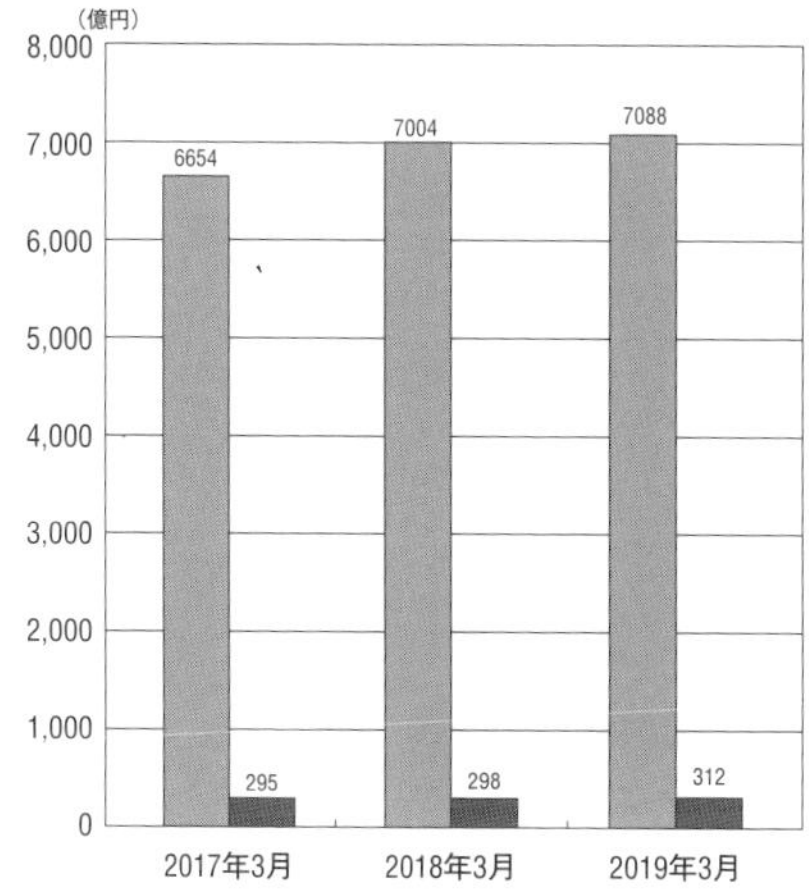

出所:同社の有価証券報告書より作成
※1　連結売上高と営業利益の推移
※2　億円未満は四捨五入

〈図表44〉日立物流の事業展開

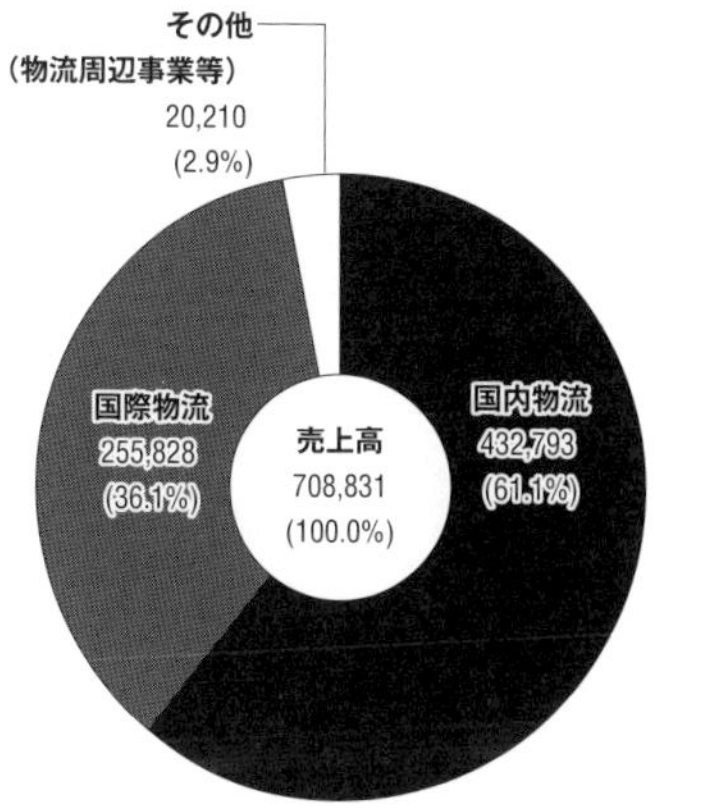

出所:同社の有価証券報告書より作成
※1　2018年度（平成31年3月期）
※2　単位:百万円（%）

国内325拠点、海外28か国・地域の415拠点の一大ネットワークを活かし、調達から販売まで国内外一貫受託（**ワンストップサービス**）のグローバルシステム物流事業を加速。米国・欧州・中国など東アジア・その他アジア太平洋地域での事業基盤を強化・拡大している。結果、売上のうち欧州10%、中国7%、アジアと北米が6%ずつ、その他1%と海外分の合計で3割弱を占めるようになっている。

また、鉄道車両、電力プラント、産業機械などの巨大な重量品から、特別に繊細な取扱いが必要な精密機器、医療機器、工作機械などを、安全確実に輸送、移設する重量機工・移転の業務も柱の1つだ。

グループは、同社と子会社84社、関連会社20社（次頁**図表45**）。11年からは「近鉄エクスプレス」（次項）と合弁事業を展開。16年3月には、「**佐川急便**」とその親会社「**SGホールディングス**」との間で資本業務提携を結び、経営統合も含めて協議・検討を継続。19年3月には、中国・東南アジアを中心にした国際輸送会社「**エーアイティー**」との資本業務提携も行うなど、総合物流企業への道を進む。

〈図表45〉 各事業を担うグループ会社

顧　客

その他の関係会社：㈱日立製作所

㈱日立物流

その他の関係会社:SGホールディングス㈱（資本業務提携）

国内物流

3PL事業［国内］
（物流システム構築、情報管理、在庫管理、受発注管理、流通加工、物流センター運営、工場構内物流作業、輸配送など　物流業務の包括的受託）等

子会社

㈱日立物流東日本
㈱日立物流関東
㈱日立物流首都圏
㈱日立物流南関東
㈱日立物流中部
㈱日立物流西日本
㈱日立物流九州
日立物流コラボネクスト㈱
日立物流ファインネクスト㈱
日立物流ダイレックス㈱
㈱バンテック
㈱バンテックセントラル
㈱バンテックイースト
㈱ バンテック九州
常盤海運㈱

関連会社

㈱九州鉄鋼センター
佐川急便㈱（資本業務提携）
佐川ヒューモニー㈱

国際物流

3PL事業［国際］
（通関手続き、陸上・海上・航空の輸送手段を利用した国際一貫輸送など物流業務の包括的受託）等

子会社

㈱日立物流バンテックフォワーディング
J.P. Holding Company, Inc.
Carter Logistics. LLC
Carter Express, Inc.
Astro Enterprises, Inc.
Pasco Enterprises, Inc.
Hitachi Sistema de Transporte Mexico, S.A. de C.V.
James J. Boyle & Co.
JJB Link Logistics Co. Limited
JJB LINK LOGISTICS COMPANY LIMITED
Shanghai Link Cargo International Freight Forwarding Co., Lid.
JJB Link Logistics Hong Kong Limited
Pacific Aviation Freight Forwarding Limited
JJB Link Logistics Co., Inc
Multiplus Logistics China Limited
Hitachi Transport System (Europe) B.V.
ESA s.r.o.
ESA LOGISTIKA, S.r.o.
Mars Lojistik Grup Anonim Sirketi
Mars Lojistik Uluslararasi Tasimacilik Deploma Dagitim ve Ticaret Anonim Sirketi
Mars Logistics S.a.r.l.
Mars Sigorta Aracilik Hizmetleri Limited Sirketi
Mars Hava ve Deniz Kargo Tasimaciligi Anonim Sirketi
Hitachi Transport System (Asia) Pte. Ltd.
Hitachi Transport System (M) Sdn. Bhd.
Hitachi Transport System Vantec (Thailand), itd.
TST Sunrise Service, Ltd.
Eternity Grand Logistics Public Co., ltd
Eternity Consulting & Service Co., Ltd
Pands Group Logistics Co., Ltd
PT Berdiri Matahari logistik
PT Hitachi Transport System Indonesia
Hitachi Transport System India Pvt. Ltd
Fly jac Logistics Pvt. Ltd.
Hitachi Transport System (Australia) Pty. Ltd.
Hitachi Transport System Forwarding (Australia) Pty. Ltd.
Hitachi Transport System (Vietnam) Co., Ltd.
Hitachi Transport System (Korea), Ltd.
日立物流(中国)有限公司
日立物流萬特可(香港)有限公司
日立物流(上海浦東)有限公司
日立物流(天津)有限公司
深圳日禾国際貨運有限公司
CDS Freight Holding Lid.
CDS Global SDN BHD
Liaoning ZHH-CDS Logistics Co., Ltd.
台湾日立物流股份有限公司
花櫻物流（上海）有限公司
Vantec Hitachi Transport System (USA), Ine.
香港バンテックワールドトランスポート㈱
オランダバンテックワールドトランスポート㈱
テイエーシーシーホールディングス㈱
タイバンテックワールドトランスポート㈱
中国 バンテックワールドトランスポート㈱
広州バンテックワールド トランスポート㈱
バンテックヨーロッパ㈱
VANTEC HTS LOGISTICS (RUS). LLC
バンテックアマタロジスティクスタイランド㈱
バンテックトランスタイランド㈱
武漢万友通物流有限公司
バンテック・ロジスティクス・メキシコ㈱
バンデック・ロジスティクス・インド㈱
PT VANTEC INDOMOBIL LOGISTICS

関連会社

㈱プロジェクトカーゴジャパン
HTS Forwarding Malaysia Sdn. Bhd.
Manila International Freight Forwarders, Inc.
Miffi Logistics, Co. Inc.
㈱エーアイティー（資本業務提携）
上海愛意特国際物流有限公司
AIT International of America, Inc.
台湾愛意特国際物流股份有限公司
AITC LOGISTICS (VIETNAM) CO., LTD.
愛特（香港）有限公司
日新運輸㈱
ニッシントランスコンソリデーター㈱
NISSHIN (MYANMAR) CO., LTD.
日一新国際物流(上海)有限公司
上海遠新国際運輸有限公司
上海協新報関有限公司
暖新国際貿易（上海）有限公司

その他

情報システム開発、自動車販売・整備、旅行代理店等

子会社

日立物流ソフトウェア㈱
㈱日立オートサービス
㈱日立トラベルビューロー
Sunrise Logistics Solutions (America), Ltd.
日立物流軟件系統（上海）有限公司
日立旅行社（上海）有限公司

（実線枠）内 連結子会社(84社)、（点線枠）内　持分法適用関連会社(20社)

出所:同社の有価証券報告書より
※　2019年3月末現在

13

その他②

近鉄エクスプレス

国際航空フォワーダーとして国内2位、世界的にも十指に入る

エレクトロニクス関連を主に扱い品目を拡大

コア事業である国際航空フォワーディングで、日通に次ぐ国内2番手の規模。世界的にも十指に入る。

１９４８（昭和23）年、「近畿日本鉄道業務局」で国際貨物・旅客取扱いを開始。55年に総合旅客貨物取扱業者である「近畿日本ツーリスト」に。70年に「近鉄航空貨物」として独立を果たし、89年に現社名に商号を変更。現在でも「**近鉄グループホールディングス**」が発行済株式の44％余を保有する。

69年に米国と香港に現地法人を設立して海外進出を開始。現在では46か国３１９都市に８６０拠点を擁する「世界五極体制」を構築。それらを有機的に結ぶ空・海・陸にわたる輸送体制と情報システムによって、**国際複合一貫輸送**体制を確立している。

主力のフォワーディング事業では、電子部品や半導体などのエレクトロニクス関連の比率が高く、自動車部品、医療・医薬品、工作・建設機械、航空機関連品などに扱い品目を拡大している。

主力事業・地域以外に柱を育てる

２０１９年3月期の連結売上は、前期比７・０％増の５９２０億円。内訳は「航空貨物輸送」36％、「海上貨物輸送」28％、「ロジスティクス」30％、「その他」７％（次頁**図表46、47**）。海外売上が76・１％で、アジア・オセアニア34・７％（うち中国16・５％）、北米29・６％（うち米国27・５％）、欧州７・７％、中南米２・８％、その他（南アフリカ、

アラブ首長国連邦）１・３％となっている。

中国には１００か所以上の拠点を配して業界最大級の輸送サービス網を整備。上海、北京などには大型倉庫を相次いで開設し、グループ全体の倉庫・物流施設は４２１か所、２８０万㎡を超える。

主力事業や進出地域以外にビジネスを拡大するのに、他社との提携などにも積極姿勢を見せる。たとえば「トランスコンテナ」とロシア鉄道輸送におけるコンテナ輸送販売代理店契約を結び、ロシアやインド、ベトナム、中東など新興地域にも進出した。

最近では11年に「日立物流」（前項）と共同出資で「プロジェクト カーゴ ジャパン」を設立。各種機械やプラントの輸送・据付などを合弁で行う。

15年にはシンガポールの海運会社傘下の物流大手「ＡＰＬロジスティクス」を完全子会社化。買収金額が当時の売上の40％を超える１４００億円余で危惧されたが、２０００億円近い売上増（18年度）に加え、相互補完効果と相乗効果も出ているようだ。

グループ会社は同社と子会社１３２社、関連会社11社となっている（**図表48**）。

〈図表46〉近鉄エクスプレスの最近の業績

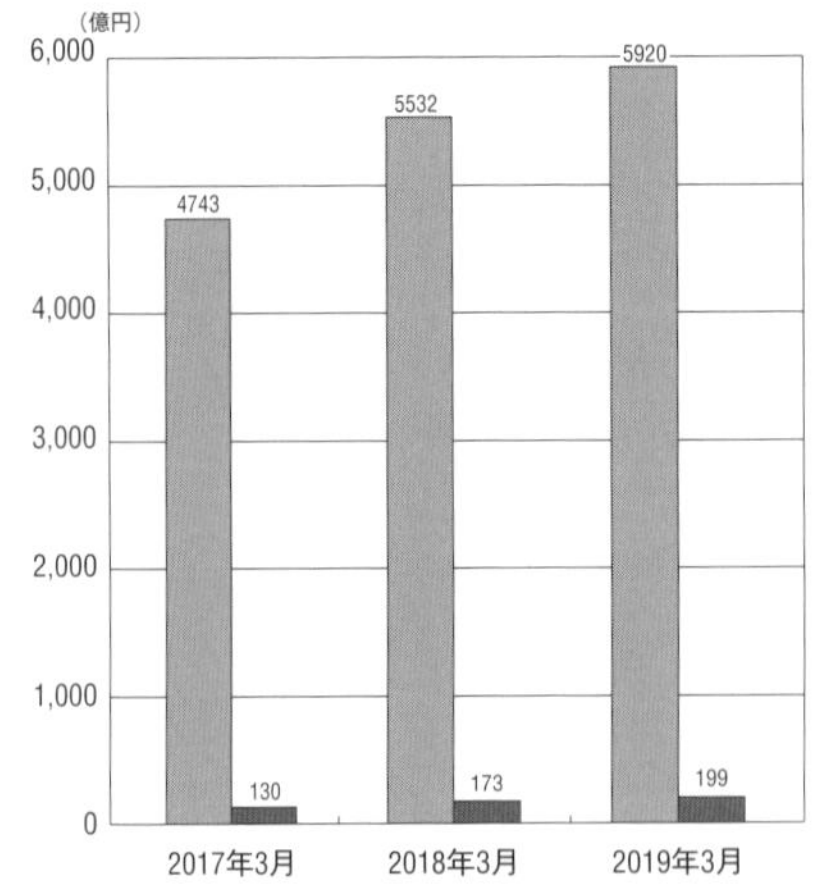

出所:同社の有価証券報告書より作成
※1　連結売上高と経常利益の推移
※2　億円未満は四捨五入

〈図表47〉近鉄エクスプレスの事業展開

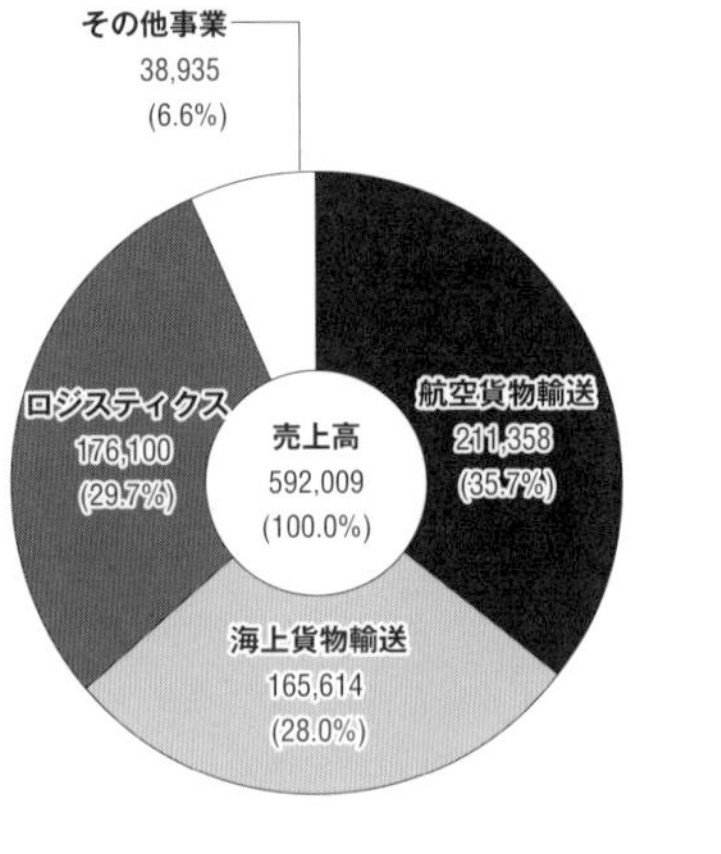

出所:同社の有価証券報告書より作成
※1　2018年度(平成31年3月期)
※2　単位:百万円

〈図表48〉各事業を担うグループ会社

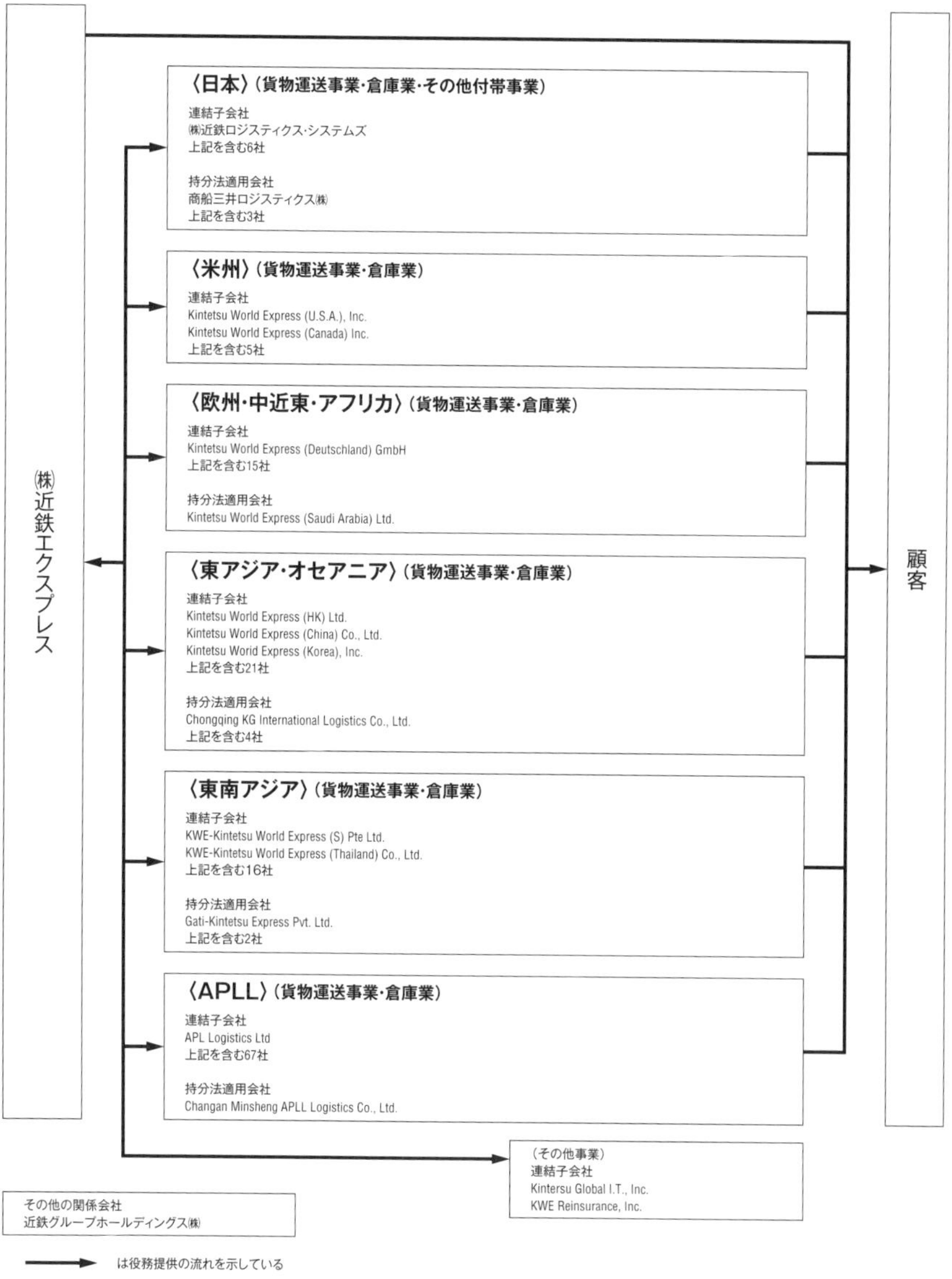
㈱近鉄エクスプレス
顧客
〈日本〉(貨物運送事業・倉庫業・その他付帯事業)
連結子会社
㈱近鉄ロジスティクス・システムズ
上記を含む6社
持分法適用会社
商船三井ロジスティクス㈱
上記を含む3社
〈米州〉(貨物運送事業・倉庫業)
連結子会社
Kintetsu World Express (U.S.A.), Inc.
Kintetsu World Express (Canada) Inc.
上記を含む5社
〈欧州・中近東・アフリカ〉(貨物運送事業・倉庫業)
連結子会社
Kintetsu World Express (Deutschland) GmbH
上記を含む15社
持分法適用会社
Kintetsu World Express (Saudi Arabia) Ltd.
〈東アジア・オセアニア〉(貨物運送事業・倉庫業)
連結子会社
Kintetsu World Express (HK) Ltd.
Kintetsu World Express (China) Co., Ltd.
Kintetsu World Express (Korea), Inc.
上記を含む21社
持分法適用会社
Chongqing KG International Logistics Co., Ltd.
上記を含む4社
〈東南アジア〉(貨物運送事業・倉庫業)
連結子会社
KWE-Kintetsu World Express (S) Pte Ltd.
KWE-Kintetsu World Express (Thailand) Co., Ltd.
上記を含む16社
持分法適用会社
Gati-Kintetsu Express Pvt. Ltd.
上記を含む2社
〈APLL〉(貨物運送事業・倉庫業)
連結子会社
APL Logistics Ltd
上記を含む67社
持分法適用会社
Changan Minsheng APLL Logistics Co., Ltd.
(その他事業)
連結子会社
Kintersu Global I.T., Inc.
KWE Reinsurance, Inc.
その他の関係会社
近鉄グループホールディングス㈱
は役務提供の流れを示している

出所:同社の有価証券報告書より
※　2019年3月末現在

14 その他③ 山九

鉄鋼や石油化学の輸送に強く、中国物流御三家のうちの1社

中国を中心に海外事業にも力を注ぐ

売上規模では大手に追随。鉄鋼や石油化学の輸送に強く、早くから中国に進出して多くの拠点を持つ。

主に中国大陸や朝鮮半島からの鉄鉱石や石炭の輸送・陸揚げなどを行っていた「磯部組」を母体に、「山九運輸」が創立されたのは1918（大正7）年。社名の由来は、磯部組の経営基盤である山陽地区と九州地区の頭文字を取るとともに、英語の「ありがとう」の意を託したといわれている。

日本石油や八幡製鉄の構内荷役事業を請け負うなどしながら拡大し、59（昭和34）年に「山九運輸機工」に。80年には現社名に改称。90（平成2）年には「岡崎工業」と合併してほぼ現在の体制に。

その間、48年に貨物自動車運送事業免許を取得。76年には内航海運業を、95年には内航コンテナサービス事業を開始するなど、後の基幹事業である陸上トラック運送業務や港湾業務、重量物・大型貨物の輸送、産業機械の解体・梱包、据付、通関・通運等へ進出。早くから国際化にも熱心で、54年にユーゴスラビア向けのプラント輸出一貫作業を受注してから、積極的に海外拠点を整備してきた。

機工事業の展開が大きな特徴の1つ

創立100周年を迎えての2019年3月期の連結売上は、前期比7・6％増の5725億円。うち51％が「物流事業」、45％が「機工事業」、残り4％余が「その他事業」（**図表49、50**）。また、グループ

会社は、同社と子会社70社、関連会社20社があり、「物流事業」関連は国内が24社、国外が25社だ（次頁**図表51**）。08年に日本郵便と共同で設立した国際航空貨物輸送会社を、19年4月に完全子会社化（「**サンキュウ エア ロジスティクス**」）している。

物流事業は、国際物流、港湾物流、ロジスティクスが3つの柱で、鉄鋼、石油化学業界が主要取引先。なかでも荷主企業の物流事業全般を一括して請け負い、最適物流を提供するシステムの提案・実現・運営を実行する**3PL**を伸ばしている。

機工事業というのは、各種機械やプラントの据付、メンテナンスなどが主体で、顧客の生産設備保全業務のアウトソーシングニーズに応え、計画から施行までを一括して行う。トータルコストを下げて安定稼働を提供する3PM体制が強み。他には、情報システム、人材派遣などの事業を行っている。

海外には41の現地法人等があり、東アジア、東南アジアでは日系物流企業で最大級のネットワークを誇る。売上のうち17%が海外分。特に中国物流では、**日通**などとともに御三家と呼ばれるほどだ。

〈図表49〉山九の最近の業績

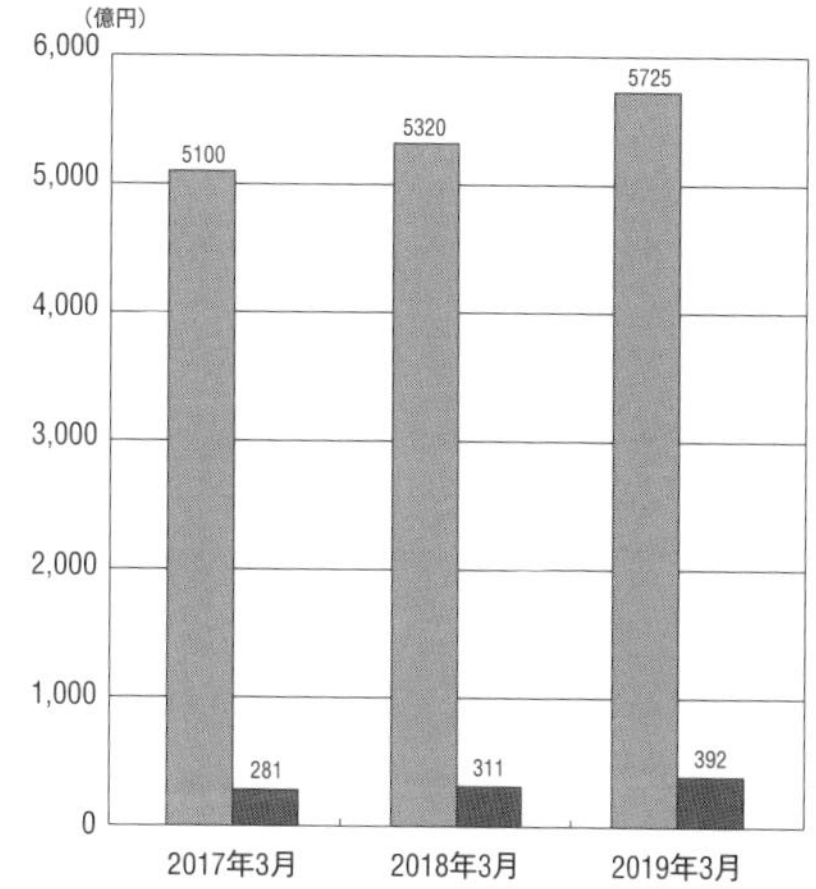

出所:同社の有価証券報告書より作成
※1　連結売上高と経常利益の推移
※2　億円未満は四捨五入

〈図表50〉山九の事業展開

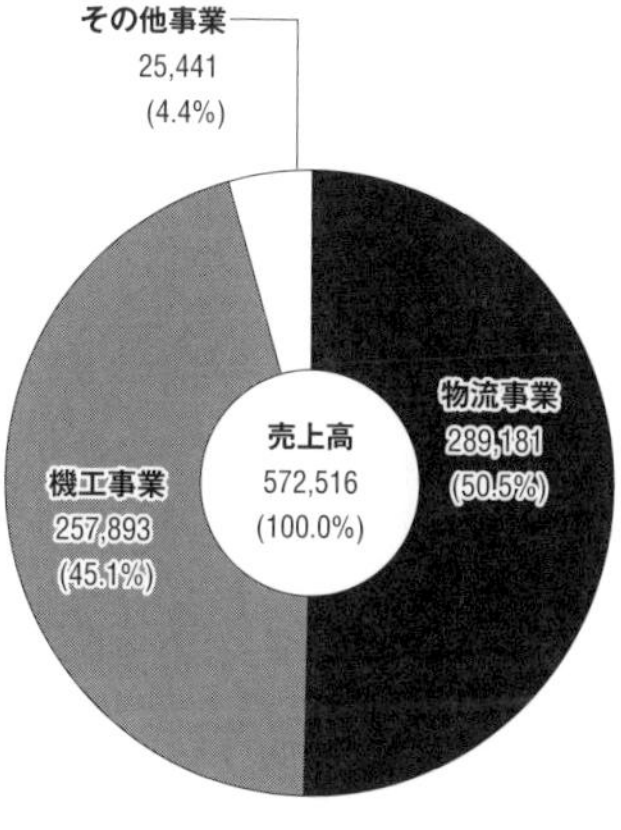

出所:同社の有価証券報告書より作成
※1　2018年度(平成31年3月期)
※2　単位:百万円(%)

〈図表51〉各事業を担うグループ会社

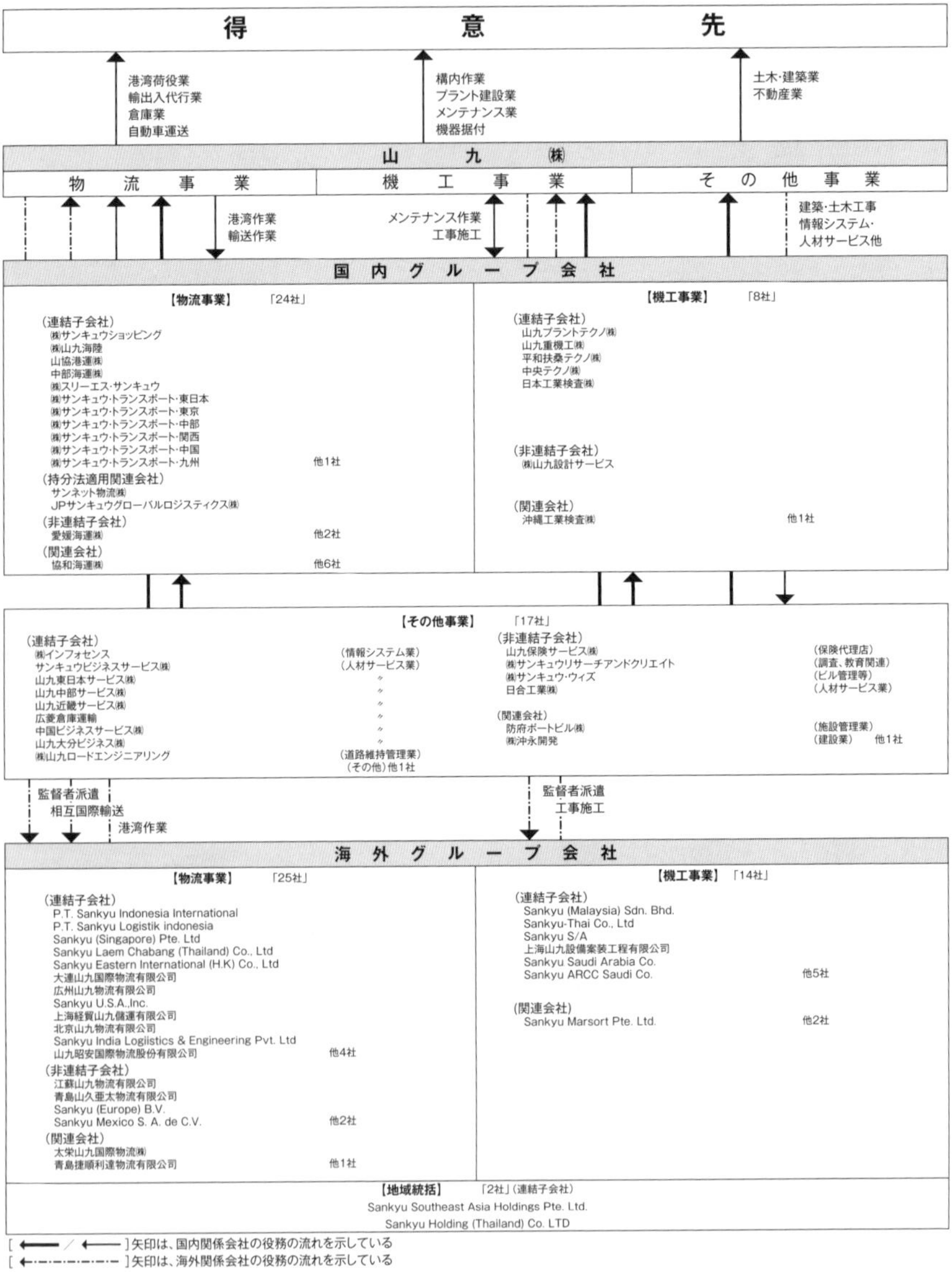
得　意　先
港湾荷役業
輸出入代行業
倉庫業
自動車運送
構内作業
プラント建設業
メンテナンス業
機器据付
土木・建築業
不動産業
山　九　㈱
物　流　事　業
機　工　事　業
そ　の　他　事　業
港湾作業
輸送作業
メンテナンス作業
工事施工
建築・土木工事
情報システム・
人材サービス他
国　内　グ　ル　ー　プ　会　社
【物流事業】「24社」
（連結子会社）
㈱サンキュウショッピング
㈱山九海陸
山協港運㈱
中部海運㈱
㈱スリーエス・サンキュウ
㈱サンキュウ・トランスポート・東日本
㈱サンキュウ・トランスポート・東京
㈱サンキュウ・トランスポート・中部
㈱サンキュウ・トランスポート・関西
㈱サンキュウ・トランスポート・中国
㈱サンキュウ・トランスポート・九州　他1社
（持分法適用関連会社）
サンネット物流㈱
JPサンキュウグローバルロジスティクス㈱
（非連結子会社）
愛媛海運㈱　他2社
（関連会社）
協和海運㈱　他6社
【機工事業】「8社」
（連結子会社）
山九プラントテクノ㈱
山九重機工㈱
平和扶桑テクノ㈱
中央テクノ㈱
日本工業検査㈱
（非連結子会社）
㈱山九設計サービス
（関連会社）
沖縄工業検査㈱　他1社
【その他事業】「17社」
（連結子会社）
㈱インフォセンス　（情報システム業）
サンキュウビジネスサービス㈱　（人材サービス業）
山九東日本サービス㈱　〃
山九中部サービス㈱　〃
山九近畿サービス㈱　〃
広菱倉庫運輸　〃
中国ビジネスサービス㈱　〃
山九大分ビジネス㈱　〃
㈱山九ロードエンジニアリング　（道路維持管理業）
（その他）他1社
（非連結子会社）
山九保険サービス㈱　（保険代理店）
㈱サンキュウリサーチアンドクリエイト　（調査、教育関連）
㈱サンキュウ・ウィズ　（ビル管理等）
日合工業㈱　（人材サービス業）
（関連会社）
防府ポートビル㈱　（施設管理業）
㈱沖永開発　（建設業）　他1社
監督者派遣
相互国際輸送
港湾作業
監督者派遣
工事施工
海　外　グ　ル　ー　プ　会　社
【物流事業】「25社」
（連結子会社）
P.T. Sankyu Indonesia International
P.T. Sankyu Logistik indonesia
Sankyu (Singapore) Pte. Ltd
Sankyu Laem Chabang (Thailand) Co., Ltd
Sankyu Eastern International (H.K) Co., Ltd
大連山九国際物流有限公司
広州山九物流有限公司
Sankyu U.S.A.,Inc.
上海経貿山九儲運有限公司
北京山九物流有限公司
Sankyu India Logiistics & Engineering Pvt. Ltd
山九昭安国際物流股份有限公司　他4社
（非連結子会社）
江蘇山九物流有限公司
青島山久亜太物流有限公司
Sankyu (Europe) B.V.
Sankyu Mexico S. A. de C.V.　他2社
（関連会社）
太栄山九国際物流㈱
青島捷順利達物流有限公司　他1社
【機工事業】「14社」
（連結子会社）
Sankyu (Malaysia) Sdn. Bhd.
Sankyu-Thai Co., Ltd
Sankyu S/A
上海山九設備案裝工程有限公司
Sankyu Saudi Arabia Co.
Sankyu ARCC Saudi Co.　他5社
（関連会社）
Sankyu Marsort Pte. Ltd.　他2社
【地域統括】「2社」（連結子会社）
Sankyu Southeast Asia Holdings Pte. Ltd.
Sankyu Holding (Thailand) Co. LTD
[⟵ / ⟵]矢印は、国内関係会社の役務の流れを示している
[⟵・―・―・―]矢印は、海外関係会社の役務の流れを示している

出所:同社の有価証券報告書より
※　2019年3月末現在

Chapter 6

ロジスティクス企業の組織と仕事

——どんな仕事を、どんな組織で行っているのか

1 ロジスティクス企業の組織はどうなっている

基本部分は他業界と変わらないが、大規模な現業部門を持つところが多い

会社組織は業界ごとに大きく違うわけではない

自社のHPなどに組織図を掲載している会社は多い。そこにあるさまざまな部署から、会社組織は複雑だと感じる人がいるかもしれない。たしかに会社がどんな形態で運営されているのかは、その会社の社員でも入社してまだ日の浅いうちはわかりにくいものだ。他社それも他業界の会社のことならなおさらで、仕事を続けるうちに各部署の役割や部署間の関連などが実感を伴って見えてくるものである。

一般的には、会社の設立時から現在の組織図にある形態だったわけではない。会社が成長するなかで、より効率的で経営効果の高いように組織を動かしているうちに、現在の形態で運営されるようになったはずである。新しい事業に進出してそのための部署が増えたり、これまで必要だった仕事の有用性が薄れ、その担当部署を閉鎖したりしてきたのだ。

そして会社組織というのは、属する業界や業種、業態、扱う商品や経営の形態などが近ければ似かよってくる。だが、業種や業態の違う会社でも、組織の基本的な形態はあまり違わないのが実状である。つまりどんな会社でも、収入を得るための「稼ぐ」ことと、稼ぐことを続けられるように「回していく」ことの2つが必要となる。逆にいうとこれら2つの仕事を行う組織があれば、会社経営ができるということでもある。この稼ぐ仕事をする部署を「**現業部門**」、回していく仕事をする部署を「**管理部門**」という。現業部門がモノをつくる会社は製造業、商品を仕入れて販売する会社は流通業、何らかのサー

ビスを提供する会社がサービス業である。

つくったり仕入れた商品、提供できるサービスがあっても、それらを買ったり利用したりする人がいないと会社の収入にはつながらない。そのため、顧客に購買や利用を促す仕事も必要で、それを担うのが「**営業部門**」である。営業部門は現業部門の一部分として捉える考え方もある。製造業であってもモノをつくればそれで終わりではないし、サービス業が良いサービス内容をつくり上げてもそうだ。どちらも営業活動をして、対価を得ることにつなげられなければ存続はできないからだ。

現業部門が営業・販売の仕事を行う会社が、流通業や販売業だ。ただし、営業の仕事については、商社や販売代理店に任せてしまうこともあるし、他社でなくてグループ内に販売会社をつくってそこに担当させるケースもある。その場合は、社内に営業と称する部署があっても、本格的な営業活動をするというよりは、むしろ営業管理的な仕事や、販売代理店や販売会社の活動を側面から補助する「ディーラー・ヘルプス」の仕事を担当することになる。

個人創業の会社であれば、現業、管理、そして営業のすべての仕事を独りで切り盛りすることになる。が、やがて社員を増やし、経営者は自分の一番得意なことに集中するといった形で近しい人に仕事の一部を任せて権限委譲していくのが、会社の成長の過程だといえる。その際の基本的な組織を構成するのも管理部門と現業部門や営業部門であろう。

もしあなたがロジスティクス業界やその企業に対して、就職先や取引先として関心を抱いたり、単純に興味の対象に感じたりしたら、まずその会社の組織図を見てほしい。基本的な組織形態はいま述べたようになっているだろうが、業界の特徴を示す部分も発見できるはずだし、そこにあなたが担当してみたい仕事が見つかるかもしれない。

管理部門は各社共通的な仕事を行う

ロジスティクス業界に属する会社の組織図をざっと見たときにまず手がかりとなるのは、各組織図に共通して出てくる部署だ。わかりにくいかもしれな

基礎知識
歴史
実力地図
最新動向
主要企業
組織と仕事

いが、名称にかかわらず多くの会社に共通して存在する仕事や部署があり、それらを総称して管理部門と呼ぶことをまず覚えておいてほしい。

たとえば「経営企画部」や「総務部」といったものがそうだ。また、会社によって「広報部」「広報室」「広報センター」というように、呼び方が違うものの同じような仕事をしていると想像される部署もある。これは、その仕事を会社がどの程度まで行おうと考えているかという組織の位置付けが違っていたり、会社によって部署のネーミングのルールが違っていたりすることによる。

あるいは、ある会社の組織図に載っていて、他の会社の組織図に名前のない部署もあるだろう。その部署の仕事内容について会社が必要性を感じていれば、専担か兼任かは別にして他の部署の中にそうした仕事をしている人がいることも多い。A社では「人事部」と呼ばれている部署の仕事が、B社では「労務部」が行っていたり、C社では「経理部」が行っている仕事を、D社では「財務部」が担当していたりすることもある。

物流の進化によって変化した物流の現業部門

会社は自社の経営資源を活用して商品やサービスを用意し、消費者や利用者に提供することで収益を得ている存在だ。管理部門に対して、この収益を得るための直接的な営みを行うのが現業部門である。現業部門は、各社に共通する組織というわけではなく、業界や会社で独自の組織であることが多い。

物流は流通の機能の一部を担い、輸送、保管に加えて荷役、包装、流通加工、情報管理などの業務を含んでいる。以前は、これらの業務は専門事業者によって個別に行われることが多く、彼らは陸運、海運、空運の輸送事業者とか倉庫事業者、荷役事業者などとして捉えられていた。そのため、トラックや船舶、航空機などを使って輸送を行う部署やそれらの運行（航）管理を担当する部署、荷物を保管する倉庫部門、港湾や空港、トラックターミナル等での荷役を行う部署などがまさに現業部門であった。

しかし物流の概念が登場し、**ロジスティクス**から

ＳＣＭへと進化した。さらにグローバル化の波も加わり、それらの事業者の多くが隣接分野に業務を拡大するなどして、事業の総合化を目指したり**国際複合一貫輸送体制**をつくり上げたりしている。

その結果、現在の物流関連の事業者というのは、経営の本丸の業務は持ちつつも、さまざまな関連サービスまで提供する一種のサービス業者だという のが実態となっている。つまり従来に比べて現業部門が複合化するとともに、それらを関連づけたサービスを荷主に提案して、そのマネジメントを行いつつトータルでサービスを提供する部署というのが、現業部門として存在感を増しているのだ。

特に、自らは物流資産を持たずとも**キャリヤー**を使うことで複合サービスを提供する**フォワーダー**（利用運送事業者）や、ノンアセット型の**３ＰＬ**事業者などでは、物流に関するコンサルティングなども含めた業務の比率が高まっている。

さらにいえば、情報システムを担当する部署の役割も大きくなっている。情報システムといえば、以前は経理処理や資材管理、得意先管理など経営管理的に使うのが一般的であった。しかし現在は、輸送事業での荷物の追跡、倉庫事業での在庫管理や自動ピッキング（注文に応じた集荷）、配送先の自動仕分けなどに活用。提供する物流サービスの向上とそのことによる顧客満足（ＣＳ）度アップなど、守りの経営管理ではなく攻めの現業として、積極性を持って経営に大きく寄与するようになっている。

各社の組織図でも、その売上を支える営業活動を事業ごとに統括する各事業部が並ぶ。元々、海外売上高の高い外航海運各社や国際物流に積極的に挑戦しているような事業者であれば、海外の現地法人が関係会社として組織図に並ぶことも多い。また、キャリヤーとして輸送機関を持つ事業者には、それらの整備を行う整備部門なども存在している。

なお、１９９７（平成９）年の独占禁止法の改正によって、**純粋持ち株会社制**が採用可能となり、陸運大手各社では「ヤマト運輸」「佐川急便」「西濃運輸」などが採用。「ヤマトホールディングス」「ＳＧホールディングス」「セイノーホールディングス」などが設立されて移行している。

2

ロジスティクス企業の仕事にはどんなものがあるか

共通的な管理部門の仕事と、事業の特徴の出る現業部門の仕事の内容は

管理部門の主な仕事の内容は

管理部門の仕事というのは、本来はどんな会社にも必要な次のようなものである。

「**経営企画**」……会社をどうしていくかの経営計画の立案、社内制度に関する研究、調整など、いわゆる経営管理を行う。会社やグループの将来像を描き、それをどう現実のものにしていくかを経営者に示し、全社的に実行されるようにフォローしていく。

「**広報**」……マスコミや消費者への対応、社内報づくりなど、社内外に対して自社の存在価値をアピールする。クレーム処理も守備範囲だが、これについては専門の窓口を設けるところが増えている。

「**総務**」……会社運営全般を事務的にサポートする。業務組織や社内規則の制定、改廃などの実務、各種契約書や許認可文書の保管、商標登記登録申請といった法務関連、株主総会や取締役会の開催など。社員の健康診断の実施、事務所の管理、備品の調達や管理など庶務的な仕事もある。役員のスケジュール管理なども守備範囲だが、それには「**社長室**」とか「**秘書室**」など専担の組織をつくることもある。

「**人事**」……総務が担当することもあるが、社員の採用から退職まで、その配置や賃金などの処遇、労働条件、教育などヒトにまつわるすべての仕事。

「**経理**」……予算の編成、決算業務、現金管理、資金調達など、会社のカネにまつわるすべての仕事。経営判断のための経理的資料づくりも。経理の仕事をさらに一歩進め、コスト管理や利益管理、資産運用などを行うのが「**財務**」。

物流事業者の現業部門の主な仕事の内容は

現業部門の仕事は、主たる事業の違いによって内容が異なるが、主に輸送事業で共通的なものは以下。

「輸送」「保管」「荷役」「包装」「流通加工」……物流事業者にとってまさに本丸部分。労働集約的な面が強く、各社ともに大規模な部署となることが多い。陸運であればSD（セールスドライバー）、海運の海上職などが担当する。保管や荷役、包装や流通加工なども含めてやや専門性の高い業務である。

「営業」……各地に事業所を展開し、積み荷を集めて回る仕事。トラック輸送の個人向けの小口貨物であれば、コンビニや酒店など取扱い店を開拓していく。あるいは、陸海空ともに、定期、非定期にかかわらず大口の荷物を動かす企業などには、自社を使ってもらえるよう働きかける。攻略しようとする地域、業種、扱う荷物の種類等々で担当を分けている場合が多い。他の物流サービスも同様で、サービスを提供する対象を得ることが営業活動である。

「運行（航）管理」……営業活動によって得られた荷物は、確実に発荷主から受け取り、納期どおり着荷主に届けることが大前提だ。そのために、輸送機関がきちんと運行（航）できるように、車両や船舶、航空機のやり繰りなどを行う。納期やコスト、届け先によって、自社便だけでは届けられない場合には、利用運送事業として他社の輸送機関を活用するが、そのための手配を行う。

「技術開発」……多様な積み荷の輸送をより効率的に行えるよう、トラックや船舶、航空機などの改良や新造の技術、荷役の技術、輸送の技術など、さまざまな技術についての研究開発を行う。

「情報システム」……輸送中の荷物が現在どういう状態なのかを瞬時に把握できるシステムを構築し、それによって積み荷のリスクを避けたり、確実に納期を守れるように調整したりすることによって、顧客満足度を高め、競争力アップを実現する。

「物流コンサルティング」……荷主企業のSCM実現のためにも、3PLとして物流業務を一括して請け負うにも重要度を増している。

3 ロジスティクス企業が求める仕事は

企業個々の事業展開によって求められる仕事内容が変化している

陸運をはじめとした大規模な現業部門を抱える企業にとって、荷物量が減少している現状には厳しさを感じているはず。それでも、将来にわたっての安定的な組織運営やビジネススキルの継承のために、各世代のボリュームにあまり大きな差がつかないよう、意識して定期採用に力を入れている。また海運業界のように、業界として日本人船員の確保に力を入れているケースもある（128頁参照）。業界ごとの採用の内容はどうなっているのだろうか。

陸運会社では大卒の多くは総合職での採用

陸運会社の採用に関しては、その名称はともかく、大きく「総合職」と「ドライバー職」とに分けて募集する。基本的にどちらも文系・理系に関係なく、応募が可能だ。4年制の大学卒業の場合は総合職採用が大半で、ほとんどが管理部門に配属されて、総務、人事、経理、教育、管理、情報システムや、営業といった仕事を担当することになる。

たとえば宅配便首位の「ヤマトホールディングス」グループの「ヤマト運輸」では例年、新卒採用として大卒・大院卒の場合、事務系総合職を120名前後と乗務系総合職（セールスドライバー＝SD）を20～30名採用する。事務系総合職は、現業として最前線で働くSDのフォローや新しいサービスの開発、その他の管理的な仕事を主に担当する。SDの多くは大卒未満で、営業拠点ごとに採用されることが多い。大卒・大院卒のSD職は各拠点に配属されて彼らと一緒に現場に入り、将来は現業部門の幹部として、拠点経営に携わることが多い。

また、路線トラック大手の「セイノーホールディングス」傘下の「西濃運輸」の場合は、総合事務職とドライバー職を採用している。総合事務職は、本社では企画、管理、労務、広報、経理、財務、総務などを、営業所では営業、発送、到着、会計、労務などを担当する。一方のドライバー職は、集配中心の小型セールスドライバー職と、幹線輸送を担う大型路線乗務職とに分かれる。ドライバー職にはそれら以外にも運行管理の業務社員、現場荷役管理の現業社員、整備士の技術社員などが含まれる。

最大手の「日本通運」の場合は、物流現場で実際にモノを輸送する仕事をしている技術職と、営業、企画・営業開発、オペーレーション、管理、情報システムなどを担当する総合職を採用する。近年の総合職の採用実績は、年間で300名くらい、400名を超える年もある。

「SGホールディングス」の「佐川急便」では、営業職とCS（カスタマーサービス）職、本社スタッフ職に分けて採用される。本社スタッフ職は営業部、CSR推進部、安全推進部、人事部、人材戦略部などに配属される。一方の営業職は営業所へ赴任し、セールスドライバーなどとして、営業、荷物の発着、会計、労務などの仕事を中心に担う。

いずれにしても、労働集約制の高いこの業界においては、総合職（事務職）採用の管理部門の人たちによって経営戦略が立案され、それを多くの人数を抱える現業部門が、各ラインの長の指導のもとに実現していくのが基本となる。その際にはもちろん、現場からの意見のフィードバックなど、双方のコミュニケーションが重要なことはいうまでもない。

ただし総合職で採用された場合でも、入社後の実地研修の一環として、やはり陸運会社の事業の根幹をなす運輸業務の現場である営業拠点に配属になることが多い。そこでドライバーの車に同乗するなどして、荷物の流れや顧客対応を体験し、その上で本来のキャリアを積んでいくことになる。なかには現場のダイナミズムに魅せられ、いったん本社の管理部門に戻っても再度現場行きを希望して、営業所や支店のラインの幹部社員として拠点経営に携わっていく社員も少なからず存在している。本社と営業拠

基礎知識
歴史
実力地図
最新動向
主要企業
組織と仕事

点間の人事ローテーションは、どの企業に限らず頻繁に行われることが多い。

海運会社の採用は陸上職と海上職とに分かれる

海運会社については、必ずしも経営スタッフと現場のラインという構造ではなく、「陸上職」と「海上職」という分類によって採用が行われている。現実に各社の社員の内訳としては、管理部門や船の運航・港の管理を行う運航管理部門、営業部門などの陸上職社員に対して、全社員の3割強を占めるのが航海士や機関士として船に乗る海上職社員や陸上勤務の船員だという。

世界的な外航海運会社の「日本郵船」の場合、同じ陸上社員でも、営業、運航管理、企画、環境、法務、調査、人事、財務、経理、システム開発などを担当する事務系と、新技術開発、新造船計画、図面承認、新造船建造監督、船舶保守管理業務などを担当する技術系とに分けて採用する。

また日本郵船と双璧の「商船三井」でも同様に、陸上総合職社員を、営業部門における船舶の運航管理・運送契約獲得の営業・船舶調達、管理部門における財務・法務・企画・人事などの事務系と、技術部門における新造船・改造船の計画・契約、船体・機関・電機設計の計画・立案、設計図の査定、建造監督、ならびに技術研究開発・調査などの技術系とに分けて採用している。

海上職採用に関しては従来、商船大など船員教育機関の出身者のみの募集だった。しかし、日本郵船も商船三井でも自社養成コースとして、一般大学の卒業生を受け入れるようになった。ただし、外航船に船員として乗船するためには航海士や機関士の国家資格が必要なため、入社後に海技大学校で2年間学んで三級海技士（航海／機関）のライセンスを取得し、外国航路船舶の運航業務を行うことになる。さらには、海上勤務で得た経験・知識に基づいて、営業・管理・技術部門においてサポート業務を行うのが一般的である。

陸上職採用の場合は、営業、経理、財務などの職種を、入社後3～4年ごとに異動する人事ローテーションの対象となることが多いようだ。本社の海外事務所や現地法人の関連会社なども多いため、海外勤務になるケースも決して少なくない。

海運ではないが倉庫業界の場合は、各社とも倉庫事業の割合が低くなっており、国際輸送、港湾運送、不動産などの事業分野での採用も多くなっている。

入社後の研修や異動はどうなる

さて、物流業界の会社に限らないが、入社したら人材育成の観点からジョブローテーションが待っているのが一般的だ。基本的には自己申告によって本人の希望勤務地や希望業務を考慮し、2～3年ごとに他の支店や部署に異動させ、会社全体の仕事を視野に入れさせながら各人のスペシャリティを深く追求するための施策だ。総合職として採用されても、現業部門へ配属され、仕事の基本、自社の基本を学ぶことは非常に多いと思われる。

またグローバル化の進むロジスティクス業界にあって、各社が海外展開を進めているだけに、外国勤務も十分あり得る。そうでなくとも、国際輸送事業に就けば、海外との連絡は基本的に英語で行われるので、ある程度の英会話能力は必須となる。これからの物流事業では、イヤでも語学の必要性が高まる。「自分の語学能力を活かして働きたい」という向きにはよいチャンスだが、学生時代に語学熱心でなかった人も心配は要らない。実践的な語学のカリキュラムを会社が用意してくれることも多いし、切羽詰まって学ぶ語学は確実に身に着くものである。ただし、通常の仕事をこなしながらの語学習得はハードだ。そのとき苦労するよりは、学生時代から準備をしておくことをおススメしておきたい。

大半の会社では語学に限らず、入社後は新入社員教育をはじめ各キャリア別の能力開発研修や、管理職へのマネジメント研修、仕事に関連する事業部門別の研修や通信教育制度等、社員1人ひとりの能力を伸ばす教育研修制度が準備されているものだ。競争の激しい時代だからこそ、社員1人ひとりの力量をアップすることが、遠回りでも会社の成長につながる道であるからだ。

【著者紹介】
二宮 護（にのみや・まもる）
秋田市生まれ。早稲田大学商学部を卒業してビジネス系出版社に入社。月刊の経営情報誌の記者として取材執筆活動を行った後、書籍の編集に携わり、書籍編集長、ムック編集長を歴任。2000年に独立し、現在はフリーで書籍の企画・制作のかたわら経営誌等で執筆を続ける。著書に『鉄道業界大研究』（産学社）、『小売業界ハンドブック』（共著・東洋経済新報社）などの他、13歳でガンを発病した長男の闘病と看取りの日々を綴った『別れを力に』（dZERO）がある。

ロジスティクス業界大研究［新版］
初版 1刷発行●2020年 1月20日

著 者
二宮 護
発行者
薗部 良徳
発行所
㈱産学社
〒101-0061 東京都千代田区神田三崎町2-20-7 水道橋西口会館
Tel.03（6272）9313 Fax.03（3515）3660
http://sangakusha.jp/
印刷所
㈱ティーケー出版印刷

ISBN 978-4-7825-3540-0 C0036